猫课电商运营大系

开店无忧
淘宝天猫
开店、装修、运营、推广
与管理技能速查速用

猫课 ◎ 编著

清华大学出版社
北京

内 容 提 要

本书从网店经营者的实际需要出发，以淘宝/天猫平台上的网店为例，全面而又系统地讲解了网店在开设与经营过程中的各种常见技术、技巧与经验，实操性非常强，是一本拿到手就用得上的好书。

全书共分为16章，第1章主要讲解了开网店前的准备工作；第2章主要讲解了选择商品与寻找货源的方法；第3章主要讲解了商品标题设置、详情页撰写及定价的方法与技巧；第4章主要讲解了商品上下架与出售方面的管理方法；第5章主要讲解了商品图片的拍摄技法；第6章主要讲解了商品图片的后期处理与特效制作技巧；第7章主要讲解了网店装修的技能；第8章主要讲解了网店视觉设计方面的技巧与经验；第9章主要讲解了微淘、直播与短视频等内容营销方面的技巧；第10章主要讲解了各种促销活动的举办方法与要点；第11章主要讲解了直通车、智钻和淘宝客这三大付费推广的营销方法与要点；第12章主要讲解了利用微信、微博和QQ等社交软件来进行营销的方法；第13章主要讲解了网店团队建设与管理的方法；第14章主要讲解了网店财务分析及管理的方法；第15章主要讲解了客服工作管理的方法与技巧；第16章主要讲解了客户关系管理的方法。

本书偏重实践，使用真实的操作案例进行讲解，旨在让读者快速掌握各种网店经营的技能与技巧。本书内容既不缺乏深度，也不缺乏广度，更兼具实操性，既适合想要尽快掌握开网店的技能技巧，以便少走弯路的新手阅读，也适合经营经验不足，想要快速提高经营水平的网店店主阅读。此外，对于电子商务相关专业的学生、教师和电子商务研究者而言，本书也具有较大的学习和参考价值。

本书封面贴有清华大学出版社防伪标签，无标签者不得销售。

版权所有，侵权必究。举报：010-62782989，beiqinquan@tup.tsinghua.edu.cn。

图书在版编目（CIP）数据

开店无忧：淘宝天猫开店、装修、运营、推广与管理技能速查速用 / 猫课编著.— 北京：清华大学出版社，2022.1

（猫课电商运营大系）

ISBN 978-7-302-55788-3

Ⅰ.①开… Ⅱ.①猫… Ⅲ.①网店－运营管理 Ⅳ.①F713.365.2

中国版本图书馆 CIP 数据核字（2020）第 105221 号

责任编辑：栾大成
封面设计：杨玉兰
责任校对：徐俊伟
责任印制：杨 艳

出版发行：清华大学出版社
网　　址：http://www.tup.com.cn, http://www.wqbook.com
地　　址：北京清华大学学研大厦 A 座　　邮　　编：100084
社 总 机：010-62770175　　邮　　购：010-83470235
投稿与读者服务：010-62776969, c-service@tup.tsinghua.edu.cn
质 量 反 馈：010-62772015, zhiliang@tup.tsinghua.edu.cn

印 装 者：北京同文印刷有限责任公司
经　　销：全国新华书店
开　　本：170mm×240mm　　印　　张：21.5　　字　　数：508 千字
版　　次：2022 年 1 月第 1 版　　印　　次：2022 年 1 月第 1 次印刷
定　　价：69.00 元

产品编号：085446-01

前言

近年来，网购已经逐渐在消费者的生活中占据了重要的地位，网购市场变得越来越热火，相应地，网店数量也在逐年增长，网店之间的竞争也变得更加激烈。为了在竞争中不被市场淘汰，网店经营者们研究出了大量的网店经营技术，总结出了大量的网店经营经验，让网店经营变得越来越多样化、专业化和精细化。

很多网店经营者或准备开设网店的人也都意识到了网店经营技术与经验的重要性。要获得这两样东西，最快、最经济的方法就是进行学习，而不是花费大量的时间、精力与金钱去从头实践。只有不断学习成功者总结出来的知识和经验，才能更好地掌握网店经营的方法。

鉴于此，本书编者收集了网店开设与经营过程中经常会遇到的重点与难点问题及其解决方法，并将它们汇编成册，以飨读者。本书内容包含了店铺开设、寻找货源、商品管理、店铺装修、营销推广、团队建设、财务管理、客服管理和客户关系管理等多方面的内容，几乎涵盖了网店经营的方方面面，非常适合网店新手以及想要提高经营水平的网店经营者阅读。

本书编者在收集资料的过程中，不仅采访了四十多位资深网店店主，认真记录了他们在网店经营中运用的技术与总结的经验，还与国内一线电商教育品牌"猫课"合作，从"猫课"的资深电商教师处得到了很多宝贵的意见和建议，让本书在各方面都更加完善，整体品质也有较大的提升，在此对这些朋友们的帮助表示诚挚的谢意。

本书内容涵盖面广，结构完整，条理清晰，应用性强，对于网店新手而言无疑是一本"入门宝典"，而对于有一定经验的网店经营者而言，阅读本书也可以达到查漏补缺，提高整体经营水平的效果。此外，本书也适合普通高校电子商务专业的学生学习，或可供与电子商务相关的研究人员、管理人员参考。

由于编者水平有限，成书时间仓促，书中错误、疏漏之处在所难免，敬请广大读者和同行不吝斧正。

编　者

课 件 下 载

目录

第1章 网上开店你准备好了吗

1.1 认识网上开店 2
1.2 了解电商环境的变化 2
1.3 经营网店的主要工作内容 3
1.4 个人店和企业店的区别 4
1.5 开网店应具备的条件 5
1.6 了解各种销售模式 6
1.7 网店的定位和规划的技巧 6
1.8 开网店所需的常用硬件设备 7
1.9 开网店所需的常用软件 8
1.10 认识网店的营销推广 8
1.11 网店店家应具备的能力 9
1.12 合伙开网店的注意事项 10

第2章 寻找适合的类目、商品及货源

2.1 分析商品、类目的数据分析平台 15
2.2 根据行业大盘确定类目 16
2.3 根据细分市场确定类目 17
2.4 分析类目市场容量 19
2.5 竞品分析 20
2.6 了解网店商品的类型 22
2.7 从客户角度分析选品 23
2.8 从生命周期分析商品 24
2.9 从地域角度分析商品 25
2.10 了解热销商品种类 25
2.11 常用进货渠道 26
2.12 国内实体进货市场概览 28
2.13 实体批发市场进货技巧 29
2.14 从网上进货 30

第3章 商品标题设置、详情页撰写及定价方法

3.1 商品标题的构成 37
3.2 收集关键词 38
3.3 筛选关键词 41
3.4 常见关键词分类 42
3.5 使用关键词组合商品标题 42
3.6 在商品标题中突出卖点 43
3.7 了解详情页的作用 44
3.8 撰写详情页的技巧 45
3.9 激发客户兴趣的详情页 46
3.10 影响商品价格的因素 47

3.11 常见的定价方法 49　　3.12 高定价法则与低定价法则 51

第4章　商品上架与出售管理

4.1 开通网店 56
4.2 准备发布商品信息所需资料 59
4.3 设置可以方便套用的运费模板 62
4.4 发布"一口价"商品 63
4.5 注意手机端商品详情页的描述 67
4.6 认识淘宝租赁 68
4.7 商品上下架操作 69
4.8 合理设置上下架时间 71
4.9 修改商品信息 72
4.10 争取商品新品标 73
4.11 加入消费者保障服务 74

第5章　网店商品拍摄技法

5.1 电脑端商品主图的基本拍摄要求 78
5.2 移动端商品主图的设计和制作 79
5.3 构图的基本原则 80
5.4 商品拍摄的构图方法 82
5.5 选择商品的取景角度和拍摄角度 85
5.6 选择合适的拍摄器材 86
5.7 选择适合的灯光器材 88
5.8 拍摄出清晰图片的技巧 89
5.9 利用模特拍摄商品图片 89
5.10 利用不同光线拍摄商品 90
5.11 巧用双光源拍摄商品 92
5.12 拍摄反光材质商品的方法 93
5.13 室外模特实拍注意事项 93
5.14 借助小道具为模特图添彩 94
5.15 用强光拍出透明商品的通透感 95
5.16 使用小景深拍出商品清晰背景虚化的照片 95
5.17 手机也能拍出好图片 96
5.18 为手机加装外接镜头 97

第6章　商品图片的后期处理与特效制作

6.1 调整图片的尺寸大小 102
6.2 裁剪图片让构图更佳 103
6.3 处理曝光不足的商品图片 104
6.4 调整图片色差让颜色更真实 106
6.5 制作背景虚化图片效果 107
6.6 锐化处理让图片更清晰 109
6.7 更换图片背景以增加吸引力 110
6.8 为图片添加说明文字与装饰边框 112
6.9 为图片添加防盗水印 114
6.10 为图片中的商品添加阴影效果 116
6.11 调整图片的饱和度让颜色更出彩 117
6.12 批处理商品图片提高效率 118

第7章　网店装修必备技能

7.1 网店装修注意事项 123
7.2 确定网店的装修风格 123
7.3 了解常见的网店布局 125
7.4 为网店装修收集图片素材 126

7.5 在装修页面中编辑店铺模块 128
7.6 店标的制作与上传 130
7.7 设置店铺友情链接 133
7.8 防止图片或文本超链接出错 134
7.9 制作一键"返回顶部"超链接 134
7.10 使用"锚点定位跳转"到当前页面指定位置 135
7.11 获取网店的"收藏"链接 135
7.12 获取店铺的ID 136
7.13 获取"客服旺旺"的链接 137
7.14 备份与还原店铺模板 137
7.15 开通淘宝旺铺 139
7.16 选购旺铺模板 140
7.17 突破旺铺全屏海报950宽度的限制 143
7.18 移动端淘宝店铺装修的注意事项 144
7.19 移动端店铺装修的小技巧 144
7.20 设置移动端淘宝优惠券 146

第8章 网店视觉设计

8.1 网店的色彩构成和配色比例 151
8.2 网店装修配色方案与应用 152
8.3 网店常用的8种价格字体和5种英文书法字体 158
8.4 网店店招的设计原则和设计要点 161
8.5 店铺页尾的视觉设计要点 162
8.6 店铺背景的视觉设计要点 163
8.7 店铺海报的视觉设计要点 164
8.8 店铺商品陈列展示区的设计 166
8.9 直通车图片的设计要领 168
8.10 直通车图片的差异化设计 168
8.11 直通车图片的设计技巧 170
8.12 直通车图片的设计风格 171
8.13 钻展图的视觉设计要求 172
8.14 设计高点击率钻展创意图的原则 173
8.15 根据展示位置设计钻展图 175

第9章 内容营销

9.1 认识微淘 178
9.2 吸引粉丝关注微淘 179
9.3 了解微淘类型 180
9.4 发布微淘内容 180
9.5 认识淘宝直播 182
9.6 开通淘宝直播 183
9.7 与直播达人合作销售商品 184
9.8 善用增值内容来满足用户需求 185
9.9 树立专家形象增加说服力 186
9.10 抓住限时心理做特价活动 186
9.11 认识站内短视频 187
9.12 站内短视频分析 188
9.13 了解热门的社交短视频平台 190
9.14 短视频运营的核心要素 191
9.15 社交平台短视频营销 193
9.16 制作短视频的流程 194

第10章 网店促销活动一网打尽

10.1 促销活动带流量 200
10.2 借助活动消化库存积压商品 201
10.3 利用促销活动带热新品销售 202
10.4 了解平台官方组织的活动 202
10.5 参加聚划算活动 203
10.6 设置淘金币活动 204

10.7 加入试用中心 205
10.8 参加"双十一"活动 206
10.9 参加"双十二"活动 207
10.10 参加年货节活动 208
10.11 策划店铺活动的注意事项 208
10.12 策划节日促销活动 211
10.13 策划店庆活动 211
10.14 策划换季活动 212
10.15 策划关联销售 212
10.16 发放优惠券吸引客户 213
10.17 使用"限时打折"和"满就送"吸引客户 214

第11章　付费推广技巧

11.1 了解直通车投放的目的 218
11.2 了解直通车的展示位 218
11.3 什么商品适合直通车推广 219
11.4 投放直通车的条件限制 220
11.5 投放直通车计划 221
11.6 提高直通车质量分 222
11.7 电脑淘宝直通车与手机淘宝直通车的区别 223
11.8 智钻投放的目的 224
11.9 智钻展位的类型与特点 224
11.10 什么情况下适合投放智钻计划 226
11.11 智钻资源位的选择 227
11.12 做出高点击的创意图 227
11.13 智钻计划的定向选择 228
11.14 了解智钻收费方式 229
11.15 认识淘宝客推广 229
11.16 开通淘宝客的条件 230
11.17 淘宝客营销计划类型 230
11.18 淘宝客与网络红人的合作销售商品 231
11.19 招募淘宝客的注意事项 232
11.20 了解淘宝客合作雷区 233
11.21 认识超级推荐 234
11.22 加入超级推荐 235
11.23 超级推荐投放模式 235
11.24 超级推荐商品推广 236
11.25 超级推荐人群定向推广 237

第12章　轻松玩转社交平台引爆流量

12.1 借助微信发展客户池 241
12.2 搭建人格化微信形象 241
12.3 用微信功能增加好友 245
12.4 微信营销前的准备工作 246
12.5 内容三度原则 247
12.6 创造销售机会的6种内容 250
12.7 店家常用的加粉方式 252
12.8 通过微博进行推广宣传 254
12.9 通过QQ进行推广宣传 255
12.10 在论坛中进行营销推广 258
12.11 在贴吧中自我推广 259
12.12 利用电子邮件推广 260
12.13 为推广寻找热门话题 262

第13章　网店团队建设与管理

13.1 了解个人主义团队架构 267
13.2 了解小型规模的电商团队架构 267

- 13.3 了解大型规模的电商团队架构 268
- 13.4 运营编辑岗位工作职责与考核表 268
- 13.5 美工编辑岗位工作职责与考核表 270
- 13.6 客服岗位工作职责与考核表 271
- 13.7 仓库管理岗位工作职责与考核表 272
- 13.8 财务管理岗位的工作职责 274
- 13.9 建立团队激励机制 274
- 13.10 定期培训与学习 275
- 13.11 企业文化管理 276

第14章 财务分析及管理

- 14.1 了解影响盈利的因素 283
- 14.2 认识平台成本的基本构成 283
- 14.3 运营成本的构成与控制 284
- 14.4 商品成本的构成与控制 284
- 14.5 人员成本的构成与控制 286
- 14.6 制作网店收支账记录 287
- 14.7 制作商品进销存管理表 289

第15章 客服管理

- 15.1 认识网店客服的重要性 296
- 15.2 了解客服团队的组织框架 297
- 15.3 客服的职业素质、行为规范及工作准则 298
- 15.4 各岗位客服的工作内容与职责 300
- 15.5 客服人员应熟悉商品信息及促销信息 301
- 15.6 设置快捷回复短语提高回复客户的效率 302
- 15.7 客服应掌握的商品销售技巧 304
- 15.8 应对客户讲价的技巧 306
- 15.9 售中订单的操作处理 307
- 15.10 退换货问题的处理 308
- 15.11 通过对比工作成绩促进客服人员成长 309
- 15.12 了解客服考核与薪资 311

第16章 做好客户关系管理

- 16.1 认识客户关系管理的重要性 317
- 16.2 分析客户最近消费时间 318
- 16.3 分析客户购买间隔时长 318
- 16.4 建立客户信息档案库 319
- 16.5 客户分级及管理 320
- 16.6 分析客户生命周期 321
- 16.7 激活沉睡的客户 321
- 16.8 挽救流失的客户 322
- 16.9 提升客户的满意度 323
- 16.10 提升客户的忠诚度 324
- 16.11 认识客户满意度与客户忠诚度的关系 326
- 16.12 零食店客户消费时间与客户关系的划分小案例 327

第1章

网上开店你准备好了吗

本章导读

近几年，网络购物已经发展成一种热门购物形式。随着消费者的增多，开网店的群体也在不断增加。网上开店还能赚钱吗？本章从最根本的问题出发，介绍目前的电商环境，以及网上开店的步骤、条件等，旨在帮助各位新手店家或准备开店的群体更全面地认识网上开店。

1.1 认识网上开店

随着网络的飞速发展，网上娱乐、消费已经极大地改变了人们的传统生活方式。例如，网络购物现已成为人们的一种生活习惯，消费者从电脑端或手机端的购物平台浏览、选择心仪的商品并下单支付后，静待店家打包、发货，收到商品后如不满意，还可联系店家进行退换货服务。整个流程方便、快捷，广受消费者欢迎。

也正因为消费者的数量增多，很多人都有意开设属于自己的网店。网上开店就是经营者在互联网上注册一个虚拟网上商店并出售相应的商品或服务。相比传统的实体店，网店投入更少、时间更灵活、操作更简单。

网上开店需要选择一个好的平台，店家通过注册成为该网站会员，然后依靠该网站开设店铺。目前，常见的几大网上开店平台分别是淘宝、天猫、京东、拼多多等。其中，淘宝平台有着用户数量多、开店门槛低等优点，是新手开店的首选平台。

淘宝网是阿里巴巴集团于 2003 年 5 月 10 日投资创办的网上开店平台。截至 2019 年 3 月底，淘宝、天猫移动月度活跃用户达到 7.21 亿人，比上年同期上涨了 1.04 亿人。随着淘宝网规模的扩大和用户数量的增加，淘宝已发展为世界范围内的电子商务交易平台之一。

在淘宝上，可以开设个人店铺、企业店铺和天猫店铺。其中，企业店铺和天猫店铺都需要营业执照、品牌注册商标等资料。而开设个人店铺，所需资料相对较少，如注册开店时，只需提供公民有效身份证、个人支付宝等资料即可。

1.2 了解电商环境的变化

无论在哪个平台开设网店，都属于电子商务，都要遵守相应规则。例如，在 2018 年 8 月 31 日，全国人大常委会通过了《中华人民共和国电子商务法》。随着《中华人民共和国电子商务法》的颁布和实施，电商行业实现了有法可循、有法可依，电商市场也变得更加规范有序。

1. 电商市场更规范

相比之前的刷单、以次充好等现象，现在的电商市场更加规范。因为虚假评价、虚假销量等行为会对客户和正常店家造成严重危害。所以国家出台相应政策，严格管制不规范行为，给电商环境中的店家带来相对平等的竞争机会，营造良性竞争的氛围。

同时，通过法律监管，也给客户一个更有保障的市场，减少由于刷单带来的虚假销量和虚假评论等现象。

2. 扩展经营渠道

起初，很多店家只在单个平台开设店铺。但随着新电商平台的不断涌现（如各类微店），一个店家同时在多个电商平台经营网店已成为主流趋势。例如，某店家在淘宝和天猫都开有店铺专营母婴商品。为寻找更多客户，店家也在宝宝树、育儿网、妈妈网等网站发帖、回帖，推广自己的商品。

3. 注重内容营销

内容营销，指的是以文字、图片、视频等介质传达有关店铺的相关内容给客户，从而促进销售的一种营销方式。以淘宝平台为例，通过微淘、直播等方式来创建、发布与店铺、商品相关的信息，最终达到营销目的。

电商环境的变化，对所有涉足电子商务的店家而言，既是一种考验，也是一种机遇。善于学习并把握住形势的店家，必定能在新的电商环境中成长壮大。

1.3 经营网店的主要工作内容

现在互联网上有多个网购平台，如淘宝、天猫、京东、拼多多等。在这些平台上开设店铺的工作内容大同小异。如图1-1所示，网上开店要围绕开店、装修、营销推广和管理4个方面展开。

图1-1 网上开店流程

1. 开店

要在网上开店，首先要有店铺定位与规划。在开店之前，应先分析得出各个平台适合什么商品。例如，京东平台适合经营家电；当当平台适合经营图书等。目前，淘宝是最适合新手店家试水的平台，投入少、门槛低、人气高，只要掌握好装修、营销推广等技巧，很快就能够有所收获。

在选择好平台后，可根据店家实际情况去选择商品类目、样式以及寻找进货渠道进货、定价等。处理完以上工作后，还需要了解该平台的开店申请规则。例如，在淘宝平台开设个人实物店铺，就必须提供身份证、支付宝、手机号等资料。根据相关提示，注册店铺。有了店铺后，店家还要学会如何上下架商品，撰写商品标题、详情页等。

2. 装修

为了使店铺和店内商品更具吸引力，店家还应掌握一定的美工技巧。例如，商品主图直接影响客户的点击行为。想要商品获得更多的点击、转化，主图必须在吸引客户眼球的同时突出卖点。所以，店家应掌握主图的拍摄技巧和后期处理技巧等。

另外，为了方便客户的点击、购买，店家还应掌握店铺装修技巧。例如，制作图片展示栏、制作商品分类按钮、制作"一键"返回顶部"超链接等。部分店铺的商品有自己的调性，如某店铺主营学院风的女装，其装修方面应注意色彩搭配，表现出青春、活力等元素。

3. 营销推广

同样商品类目的店铺，为什么有的店铺动辄销量数十万，而有的店铺却门可罗雀？这和营销推广有着密不可分的关系。常见的营销推广可分为四大类。

- **内容营销**：以图文、视频的形式，来侧面说明商品的优点，刺激客户下单。如目前较为热门的微淘营销、直播营销和短视频营销。
- **活动营销**：以参加站内活动和自发组织的活动为主，通过让利、优惠、回馈、新品促销等方式来吸引客户关注活动、参与活动，从而带动店内商品的销量。
- **付费营销**：花费金钱找营销工具促使商品、店铺获得更多曝光量。如目前淘宝平台的直通车、智钻、淘宝客等。
- **社交平台营销**：因为社交平台使用范围广、使用率也高，所以店家可以把新老客户引到固定的社交平台中，进行一对多的营销推广。

4. 管理

店铺的运营离不开管理，而且很多小店铺没有特定的管理岗位，主要由店家自己来管理店内的大小事务。所以，店家必须掌握一定的管理技巧。例如，根据店铺实际情况，设立相应的岗位；熟悉财务管理，能够计算销量、库存、成本、活动价、推广费用等；为监督管理客服工作，应明确售前、售中、售后的主要工作及考核内容；认识到客户关系管理的重要性，掌握客户关系管理的内容和技巧等。

除以上内容外，店家还应学会分析店铺的日常数据。例如，店铺层级、DSR 评分的变化趋势、退款相关指标、综合支付转化率的变化情况等。通过数据分析，可以防患于未然，把问题消灭在萌芽之中。

1.4 个人店和企业店的区别

新手店家可在淘宝平台开设个人店或企业店。个人店铺对应的经营主体是个人身份信息，企业店铺对应的经营主体是企业营业执照。企业店铺在子账号数、店铺名设置和直通车报名方面会有对应的权益。企业店铺在店铺首页有企业店铺的标识，如图 1-2 所示。

图1-2　企业店铺标识

部分类目的个人店如果有能力，可申请升级为企业店。如食品类目的店家必须有食品流通许可证。个人店铺在能力允许的情况下，最好升级为企业店铺。一方面，企业店铺有流量扶持；另一方面，客户选择性广，更愿意在实力强的店铺购买商品或服务。

1.5 开网店应具备的条件

相对于实体店来说，网上开店是一个很灵活的创业投资渠道。网上开店的资金投入可大可小，店铺规模没有硬性要求，时间也比较灵活。但想在网上开店，还是应具备相应条件。例如，稳定的进货渠道、充足的时间、便捷的物流等。

1. 稳定的进货渠道

货源是开店的根本，如果没有稳定的货源，如常出现缺货、供货不及时、货物质量参差不齐等现象，必定会导致客户不信任店铺，从而无法开展正常的销售工作。所以，店家在开店前，要仔细分析自己的进货渠道是否有保障。

2. 充足的时间

虽然网店不像实体店一样，可以兼职经营。但网店也需要人做好店铺接待工作，做好商品推荐工作以及处理售后等客服工作。另外，店家需要进行上下架商品、打包、统计库存、进货、发货等工作。所以，网上开店也需要有充足的时间来处理事务。只是，这些时间相对灵活。如打包、发货等工作可以在晚上没事的时候来做。特别是代销商品、虚拟商品，省去了进货、发货等工作，只需做好客服工作和联系厂家等工作即可。

3. 便捷的物流

在网上经营的实物商品，都需要物流运输。所以物流也是网店经营中的重要环节。例如，某店铺想主营地方农产品，但由于该地区比较偏远，只能选择发邮政快递。但由于平时该地区收发快递量比较小，所以有时打包好快递后，可能会被滞留在快递点，不能及时发出。针对这样的情况，店家必须联系其他快递公司，找到更为快捷的物流，才能保证商品及时送达到客户手里。

物流方面，费用的高低也影响商品的销量和店铺的利润。部分偏远地区，有些快递员可以加价上门服务，但也需要支付更多的费用。

以上就是物流不够便捷，带来的发货难问题和费用高问题。想在网上开店经营实物商品，就必须有便捷的物流做支撑。店家最好能够在众多物流公司中，选择一两家服务和信誉均良好的来建立长期合作关系。这样不但以后发货及时方便，而且货物一旦发生损坏、丢失等情况，沟通解决起来也会轻松很多。

1.6 了解各种销售模式

目前,网上店铺出售的商品从属性上来分可以分为虚拟商品和实物商品两类。就经营模式而言,淘宝网的经营模式可分为批发零售模式、分销模式、特产模式、实体店网店模式和虚拟产品模式。这里主要从商品属性进行分析,帮助店家选择经营模式。

1. 实物商品

实物商品,指的是在市场上能够看到,并且能够通过交易进行正常接触使用的商品。实物商品基本覆盖了客户的方方面面,如生活中高频使用的衣食住行商品。经营模式中,除了虚拟产品模式外,其余都属于实物商品经营模式。

- **批发零售模式**:是一种较为经典的传统网店经营模式。例如,某店家去批发市场选取一定量的鞋挂在淘宝网上售卖,赚取批发和零售的差价。
- **分销模式**:属于零投资、零库存的经营模式,店家只要在自己的店铺中发布所代理商品的信息,当有客户下单后,代销店家同步与供应商下单,供应商就会根据代销店家提供的地址将商品发送给客户。店家所赚取的利润,就是这个过程中产生的利润差价。
- **特产模式**:把当地有名的东西,挂在网上售卖。因为这类模式竞争激烈,所以店家必须有稳定的货源和竞争性的价格。
- **实体店网店模式**:把线下实体店的同类商品挂在网上售卖。这种模式只适合有实体店的品牌商品,且成本应该低于实体店商品。

2. 虚拟商品

虚拟商品,顾名思义,指的是没有实物的商品。例如,淘宝网中的网络游戏点卡、网游装备、手机话费等。淘宝网对虚拟商品的定义为:无邮费,无实物性质,通过数字或字符发送的商品。

由于虚拟商品无实物性质,所以一般在网上销售时默认无法选择物流运输,通常是自动发货。也正因为如此,一般销售虚拟物品的网店店家,通常都能快速累积较高的店铺信誉等级。这种模式因为门槛低、成本低、易打理,故是很多新手店家的首选。但由于淘宝官方对于这类店铺有很多限制,所以这种经营模式也很难获取较好的利润。

1.7 网店的定位和规划的技巧

网店定位和规划,其实也就是确定自己的店铺适合经营什么商品。除了常规的数据分析热门商品外,店家还可以根据自己的兴趣、能力而选择商品。尽量避免涉足陌生、不擅长的领域。同时,要分析自己擅长领域的目标客户。

1. 以专业技能提供的商品

根据店家所掌握的专业技能来选择经营的商品。如图1-3所示,店家有修图技巧,就可以在淘宝平台上开设一个专业修图的店铺。当客户有旧照片翻新的需求或拍摄婚纱照需精修的需求时，就可以在淘宝网中搜索到该店铺。在店家服务、价格都符合客户的需求时，就可以达成交易。这就是典型的专业对口。

在网络上除了可以经营虚拟的技能商品外，还可以根据自身资源、条件，开辟一些风格独特的商品。例如，自制饰品、玩具DIY、服饰定做等商品或服务，就是不错的网店定位。

2. 挖掘客户的需求

根据商品类型来分析目标客户的兴趣爱好，挖掘这个群体的需求，并根据自己所掌握的资源，分析自己是否能为其提供商品或服务。例如，店家是一个大码女装店的裁缝。因为长期为身材丰盈的女人定制衣服，所以店家知道如何设计显瘦款型，也知道身材丰盈的群体的需求大多以"显瘦""合身"为主。故该店家可以在网络上开设店铺，专门为身材丰盈的人定做服装。

图1-3 以专业技能提供的商品

店家在定位时，不仅要满足消费人群的物质需求，还要多多关注他们的心理需求。例如，抓住客户喜欢实惠的心理,可在商品主图中添加"特价""幸运儿8折"等文字来吸引更多客户。

1.8 开网店所需的常用硬件设备

尽管网上开店投资少，操作简单，但仍需要具备一些硬件设施如电脑、网络、相机等。

1. 电脑

网上开店最好能拥有一台携带方便、随时随地都能投入工作的笔记本电脑。例如，笔记本电脑可以快速、方便地与客户和厂家沟通联系。另外，笔记本电脑还可以起到移动硬盘的作用。

当然，如果店家经常在家里或公司处理网店事务，配置一台台式电脑也是可以的。在特殊情况下，也可以用手机回复客户消息。

2. 网络

有了电脑，还需要网络的支持才能顺利开展工作。网络套餐根据不同地区和不同运营商，有明显差距。店家在选择时，可咨询当地运营商，开通网速快、价格合理的网络套餐。

3. 相机

除了分销商品外，很多店家都喜欢自己拍摄商品图片（店家也可以直接使用厂家提供的商品图）。有了相机，就可以自由地拍摄更多角度的商品图、商品短视频。网络购物主要通过图文、视频来转化、传达商品信息。所以，好的数码相机和娴熟的拍摄技术就显得尤为重要。在拍摄技术方面，可以多请教一下相关的专业人士，也可以通过网络学习一些拍摄方面的技巧。

店家可根据自己的需求，购买打印机、摄影棚等其他设备。

1.9 开网店所需的常用软件

开店初期，店家除了购入硬件设施外，还要掌握一些常用软件的使用技能和技巧。

熟悉网络，会基本的搜索、查阅等操作。如果要求一个没上过网的人，开网店挣钱，这是不太可能的。最起码要熟悉网络，能查阅网络资料、图片，查看知识帖等。

网上聊天软件。例如，熟悉《千牛》软件的使用和操作，能担任开店初期的客服接待工作。在做社交平台营销时，要熟悉微博、微信、抖音等软件的基本操作，维护好与新老客户之间的关系。

图像处理软件。在网络交易中，客户主要通过图文、视频来判定商品，所以精美的商品图片和视频尤其重要。精美的图片往往会吸引客户的眼球，而质量差的图片将会使客户望而却步。相机拍摄的照片，可能会出现曝光不足、反差过高等问题。所以，店家还应掌握图像处理软件，如《美图秀秀》、Photoshop 等。

1.10 认识网店的营销推广

过去，当有人提到奶茶时，很多人第一时间联想到香飘飘；提到凉茶，就联想到王老吉。因为这些品牌花费资金在电视上做营销推广，使得品牌信息深入人心。在传统行业内，消费品的传播渠道与销售渠道，都只能容纳有限的商品。例如，能够在电视上宣传的凉茶品牌也就那么几家，相应的，超市售卖的也是这么几家。所以在长年对这个品类的记忆过程中，电视里、超市里不断重复的就是这几个品牌，而且肯定有一个知名度最高的，就成了行业第一。

但是随着电商平台的兴起，客户搜索任何关键词，展现出来的品牌都不再是几个或是几十个。如图1-4所示，在淘宝平台输入"奶茶"，展现的商品中包含立顿、香飘飘、优乐美等品牌。因为互联网的推广渠道更分散，如果某商品在传统电视台投一个宣传广告，宣传费用高达几百万元也不一定被人们记住；但在淘宝网上，某商品一天只投50元，也有自己的客户。

由此可见，线上开店的营销推广模式不再是过去的电视推广、报纸推广。就目前的网店市场而言，推广方式和经费都发生了明显变化。例如，淘宝平台的直通车推广，推广费用低至几角钱一个点击。

营销推广方式的不同，对于网店店家而言其实有积极作用。对于新店、新商品的推广，可以用自己能承受的费用去做营销推广。

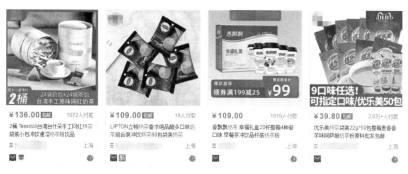

图1-4 "奶茶"搜索结果

网店店家应具备的能力

很多店家认为自己经营网店,最重要的能力是运营。但其实,会运营,并不代表能做一个好的店家,只能说是一个好的老板。运营管理对于店家来说很重要,但是发现机会和搞定货源也很重要。所以,如图1-5所示,一个店家应有以下3个方面的能力。

1. 发现机会

图1-5 店家应具备的能力

在淘宝市场中找到一个竞争不激烈的细分市场,才有机会超过同行,从而获得流量和销售额。例如,某店家在最高法2016年颁布律师出庭必须穿律师服后,发现了律师服这个市场,马上联系律师服工厂,短短两个月内赚了12万元。

2. 搞定货源

在发现机会后,要能搞定货源。例如,某店家虽发现某个细分市场竞争力小,需求量却比较大,但是没有货源,那也是无济于事的。店家在找到货源后,还应挑选最适合店铺定位的商品。例如,某店家在寻找保险柜货源时,需在供应商提供的几十款保险柜中,挑选出符合"家用保险柜"这个定位的商品。

店家在发现原有货源不行时,应用正确思路更换供应商。例如,之前有一位店家售卖女装,但由于其供应商提供的货品质量差,店家花钱做推广也无济于事。店家在对比多家供应商的货源后,找到一家款式相似的货源,其质量好、价格优。于是店家换了供应商,生意渐渐好了起来。

3. 运营管理

部分店家不懂运营管理,选择盲目刷单。在监管不够严格时,可能还能维持不错的收入。但一旦被系统识别出刷单后,生意就会一落千丈,只能自怨自艾。这就是没有抓住网店经营的核心。一个店铺想要成长,必定离不开营销策略,离不开财务管理、员工管理。虽然,店家也可以在人才市场中找到运营管理的高手，但店家自己还是要懂一些。

所以，总体而言，店家应具备发现机会、搞定货源和运营管理3个能力。

说明

一些新手店家，过于迷信"运营大神"的说法，认为只要通过大量运营策略的调整，就能让店铺迅速成长。实际上，如果商品类目和货源存在问题，运营能力再强也是无济于事的。例如，一位女装店家参加各类运营培训，把学到的策略都用到自己店铺中的某款连衣裙时，点击率从0.2%提升到0.4%。后来换了一款连衣裙，即使没有做优化，点击率自己就达到了0.8%。

1.12 合伙开网店的注意事项

部分店家，由于自身资金、能力的限制，都找了合伙人一起开网店。那么，合伙开网店，出资人的股份应该如何分配，有了矛盾又该如何处理呢？这里来谈谈合伙开网店，应注意哪些问题。

1. 出资人的股份怎么分配

必须明确一点：股份一定要和贡献的价值匹配起来，而不是资金投入比例。传统的投资方法都是按照资金比例进行投资的，因为传统商业更加依赖于资金，但是今天的市场更加依赖于创业者的能力，所以一定要让有能力的人，拥有这个公司最大的股份。

但是存在矛盾的是，有能力的人，不一定是最有钱的人。

第一种方法就是让这个有能力的人去借钱，让他出最多的资金。但是这个风险又过大。尤其是一个生意要投资100万元，随便一借就是几十万元，风险很大。如果对生意的把握很大，可以采取这个方法。

为了解决这个问题，还有一种方法，就是股份定期买卖的方法。比如说，一个生意投资100万元，最有能力的A投资25万元，合伙人B投资25万元，资金投资者C投资50万元。获得的比例是3：3：4（资金投资者相对折价），但是可以定好未来比例是5：3：2，那么一开始就为了未来比例进行定价，分两次价格，第一次估值500万元，第二次估值1500万元。也就是A要在未来持股50%，那么第一次增加10%，要花掉50万元，第二次增加10%，要花掉150万元，从而可以向C购买到20%的股份。

算算C的回报，原来40%股份，第一次卖10%，得到50万元，第二次卖10%，得到150万元。而他一开始投入50万元，资本回报，就有4倍。另外最终还有20%的股份。

当然，这里面有个前提就是企业做起来了，如果做不起来，A也就没有钱来购买C手上的股份。一开始也要跟C说好，愿赌服输。

通过该方法，A最终拥有了企业控制力，C也得到了安全感。A与C之间没有利益矛盾。

创业执行团队一定要持股70%以上。从法律上来讲，持股高于67%，可以做一切决定。34%的小股东已经有了否决权。A和B最终拥有80%的股份，可以获得很大的话语权。

2. 合伙人之间的矛盾处理

再看上一个案例，A 与 B 之间，一开始出资金额一样，股份一样，但是 A 有条件收购 C 的股份，而且最终要达到 50%，所以说 A 与 B 一开始的位置就是确定的，A 是绝对的老大。

合伙人之间，一定要确定一个人是绝对权威的，千万不要争这个老大。老大就是做最终决策的那个人，老二可以出主意，但是不能做决策，并且要允许老大决策有合理比例的错误。

员工眼中是不能看到老大、老二不和的，对外一定要统一发出声音。看似这样对老二不公平，但是实际上做决策的那个人承受的心理压力，绝对是老二的 3～5 倍。如果这个老大的决策大多数都正确，这种情况下老二是最舒服的。

3. 不要借钱创业

无论何时，创业的成功率都很低，因为再有经验的人，都无法百分之百预测市场。尽可能用前文提到的后期买卖方法实现股份的流通。对出资者来说，能够出这笔资金，往往他可能已经分散投资了，即便亏了这一笔，其他地方也能够赚回来。但是对创业者来说，除了投入资金，还有时间、精力在里面，这个代价就非常大了。

4. 能拿供应商投资吗

很多店家做好了后，厂家会找上来想投资。一般情况下，不鼓励接受这种投资，有以下两个原因。

- 因为这样相当于让厂家知道了店家的利润。这时，再和厂家进行价格博弈，厂家会因为店家利润高，不给降价。
- 任何厂家都是有生命周期的，这段时间这个厂家的产品有竞争力，但是过了两年还有吗？可能店家就要找其他的供应商了，这个时候厂家就可能不太满意。

当然，有一种情况是可以的，就是厂家是非常熟悉行业的专家，那么可以长期合作。但即便如此，也不要让厂家持股太多，并且允许店家未来以某个价格买回一定的股份，同时也允许店家找其他厂家。

5. 合伙人要拿工资吗

合伙人是应该拿工资的。但是在企业盈利前，建议只拿生活费，或者原来工资的一半就可以了。因为创业是要打持久战的，如果连正常收入都没有，创业者很难坚持得下来。

案例——从打工到开网店，我的年销售额 6000 万元之路

很多人对开网店跃跃欲试，而确实有那么一些人把网店做成功，并获得了不少利润。例如，刘观泽，一位从事销售岗位的人员，凭借多年的工作经验、资源，在行业出现机会时厚积薄发，走上创业道路。他目前有 1 家京东店、1 家天猫店，年销售额达 6000 万元。以下内容源于他的分享。

1. 创业经历

我叫刘观泽，来自云南，2008 年毕业后去了上海，在一家医疗器械公司做销售。随着网购的发展，很多线下大药房把线下商品搬到线上。不久之后，公司放弃传统的经营模式，和线上一家 B2C 电商垂直网站合作。

经过两年多的工作积累，我对商品、渠道、线上销售都有了相应的了解。于是，和

一个关系很好的同事商量，借着风口，开始淘宝创业，经营隐形眼镜。隐形眼镜这个类目，门槛很高。特别是想在天猫开店，不仅需要线下连锁药房的支持，还要办互联网药品经营许可证和互联网药品经营备案。就这些手续，我们前前后后跑了一个月，才办下来。

目前，我的团队一共30多人，美工4人，运营6人，客服7人，仓库10多人。

2. 把握准定位人群的需求

无论是选品、主图视觉、详情页策划、评论，还是客服沟通，我都会紧紧把握准定位人群的需求。

2018年4月，我们打算策划一款美瞳产品。当时在市面上，大多数店家都以展现商品图片、花色图片和包装图片为主。而我们的目标人群，基本可以定位为18～35岁爱美的女孩子。站在她们的角度，只看商品包装和花色的话，会比较迷茫。因为她们不知道这些隐形眼镜戴进眼里是什么效果，会不会过于夸张或平庸。所以，我们策划商品主图时，就找了专业摄影师，拍摄漂亮女模特的佩戴效果以及产品花色。后来的效果非常好。

在客服沟通方面，每半个月进行一次集体培训。不仅让大家熟悉、了解商品信息，了解当下流行的话题、流行语、表情包，让她们在和年轻客户打交道时，像朋友一样，不要有距离感。

3. 如何打造爆款

我认为，所有的标品店家都要懂爆款，并且知道如何打造爆款。我目前有1家京东店和1家天猫店，其中京东做的是自营，天猫则是自己运营。重点说说，在运营天猫店时，是如何打造爆款的。

不是所有商品都适合打造爆款。主要分析这个商品在淘宝、天猫的类目中，能否呈现好的搜索量、流量和转化率。如果这个商品，前期手机淘宝（以下简称手淘）首页就给了一些流量，那我们就会加大商品的推广。例如，直通车推广、引导客户评价，以及美化主图、详情页等工作，让这个商品的流量递增。

紧接着，在天猫、手淘首页域池48天范围内，不断地给流量，让这款商品成长为48天内最大的销量商品。再通过聚划算、淘抢购、老粉丝互动等方式，打造成爆款商品。

需要注意的是，打造爆款对商品、供应链、服务的要求都很高。不管什么类目，如果商品、供应链不合格，真实客户不满意带来差评，对于店家而言百害而无一利。

4. 老客户维护

现在整个电商环境，流量很难得，店家一定要利用好每一个资源。例如，老客户维护。我们抢在很多同行之前，就在做老客户维护工作。老客户维护的好处在于以下3个方面。

推出新品时，用老客户做基础销量。因为都是购买过的精准客户，对权重的提升作用帮助很大。

客户加了微信好友后，如果对商品使用有疑问，对服务不满意，都会通过微信直接沟通，基本不会给差评。

在商品质量有保障的前提下，可以在微信销售高品质、高单价商品。因为在微信上销售商品，没有和同行之间的价格对比，客户更容易接受。

引导客户加微信的方法有很多，最常用的就是使用话术以及赠品（或红包），快速拉近关系，让客户主动加客服。成为好友后，可以定期地与老客户互动，增强相互黏性。在互动内容方面，包括商品内容，如新品预告、买家秀；眼睛护理知识，如用眼卫生、如何保护视力；以及佩戴隐形眼镜的正确操作等。

第2章

寻找适合的类目、商品及货源

本章导读

对于网店而言,货源是一大重点。店家首先应根据目前的热门商品和自己的实际情况选择合适的类目、商品,再从客户角度、商品角度、生命周期、地域角度来分析商品选择是否合适。在确定好商品后,还要学会从批发市场或网上进货。

2.1 分析商品、类目的数据分析平台

店家不能盲目地根据自己的喜好来选择行业和商品,而应充分迎合市场需求。所以,在开店前期,店家就应通过数据分析平台来对行业进行分析。常见的数据分析平台有阿里指数、百度指数等。

1. 阿里指数

阿里指数是以阿里电商数据为核心,专门针对电子商务市场动向研究的数据分析平台。它也是一个社会化的大数据共享平台,主要对电商市场的行业价格、供需求关系、采购趋势等数据进行分析,作为市场及行业研究的参考,帮助中小型企业用户、市场研究人员了解市场行情、查看热门行业,充分掌握市场行情的动态。阿里指数的首页如图2-1所示。根据其功能的不同,阿里指数划分为行业大盘、属性细分、采购商素描、阿里排行等四大功能模块。

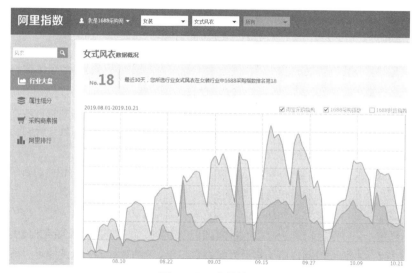

图2-1　阿里指数首页

店家可通过阿里指数查询行业关键词排名情况,如行业关键词的上升榜、热搜榜、转化率榜和新词榜。

- 上升榜是按照搜索关键词的搜索增长幅度来考量行业的需求,某一关键词的增长幅度越大,说明该商品的市场需求具有较大的潜力。
- 热搜榜是按照关键词的搜索指数来对市场需求进行排名,关键词的搜索指数越高,说明该商品具有较大的搜索流量。
- 转化率榜主要是以商品的搜索转化率为参考,对商品进行排名。搜索转化率越高的商品,往往具有较高的销售属性,也是市场较为畅销的商品。
- 新词榜是一个比较特殊的榜单,这类商品的数量较少,搜索量不大,市场的竞争度较小,一旦客户在搜索这类商品,能够直接地获得较大的曝光。

通过以上的行业数据源分析，有助于店家把握市场需求，从而制定更合理的营销策略。

2. 百度指数

百度指数是基于百度网民搜索数据的统计分析平台，从发布之日起就被很多企业用于参考营销策略。如图 2-2 所示，百度指数包括搜索指数、咨询指数、媒体指数、需求图谱、人群画像等功能。因此，店家可使用百度指数来调查客户的关注和需求。

图2-2　百度指数功能

- **搜索指数**：主要以网民的搜索量和搜索关键词作为依据，分析计算各个关键词的搜索频率。搜索指数主要包括搜索指数趋势以及搜索指数概况。
- **咨询指数**：根据百度数据把网民的阅读、点赞、评论、转发等行为的数量加权求和，用数据变化趋势来衡量网民对内容的关注程度。店家可根据这一指数分析网民对某一行业的关注度。
- **媒体指数**：主要指在互联网媒体报道的新闻、资讯中，与商品关键词相关的新闻数量。店家可根据这一数据查看该商品类目近期的火热程度，一般出现在媒体报告中次数较多的商品，是目前较为火热的商品。
- **需求图谱**：针对特定关键词相关检索得到相关关键词，便于店家查看商品热门关键词。
- **人群画像**：在特定时间段内，某个关键词在百度上的搜索规模，以及搜索人群的地域分布、人群属性等内容。店家可根据分析某一商品类目的人群画像来了解该市场行情和客户群体特征。

可供店家分析商品的平台还有很多，如京东平台的商智、淘宝平台的生意参谋等。店家通过分析多个平台的数据来选择商品。

2.2 根据行业大盘确定类目

行业大盘是阿里巴巴通过对用户数据，如浏览、收藏、分享、成交等行为进行量化处理的大数据展示平台。行业大盘主要包括行业数据概况和相关的热门行业、潜力行业。店家在选择类目时，可参考行业大盘数据。

如图 2-3 所示，在阿里指数中输入类目关键词进行查询，这里以输入"女士风衣"为例。数据显示，近 30 天女士风衣类目在全类目中的采购指数的排名是第 18 名。从类目整体的趋势来看，女士风衣随着气温的降低，整体交易呈现上升趋势。

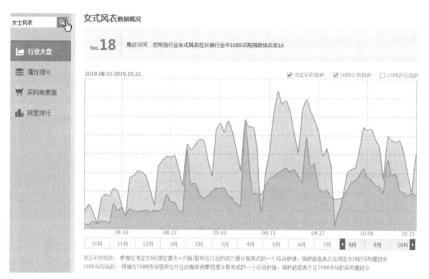

图2-3　女士风衣行业大盘

结合到具体的时间节点来分析，2019 年 10 月 1 日是国家法定节假日——国庆节。在放假期间，大部分人都在欢度佳节，客户和采购店家的数量都有所减少。所以，店家在分析市场发展趋势的时候，一定要结合具体的时间节点，切忌脱离实际来分析。

行业大盘趋势是根据阿里巴巴电商平台的搜索、转化率和成交量等多方面的数据来显示的，数据趋势是实时变化的，需要店家时刻关注，提前布局和规划。

2.3 根据细分市场确定类目

商品属性影响着商品的搜索排名。阿里指数为店家提供热门基础属性、热门营销属性和价格带分布，便于店家定位店铺风格及热门属性商品，获取更多收益。

1. 热门基础属性

如图 2-4 所示，选择商品类目（这里以选择"女式风衣"为例），单击"属性细分"选项。"女式风衣"热门基础属性信息就能得到一个展现，在右侧还伴有数据解读，便于店家分析商品的热门属性。

热门属性的展现以"图案"属性为默认属性，店家可以切换页面中的"流行元素""风格""工艺""袖长"等属性来查看其他属性中的热门属性。需要注意的是，不同类目下的商品，其属性关键词也不一样。

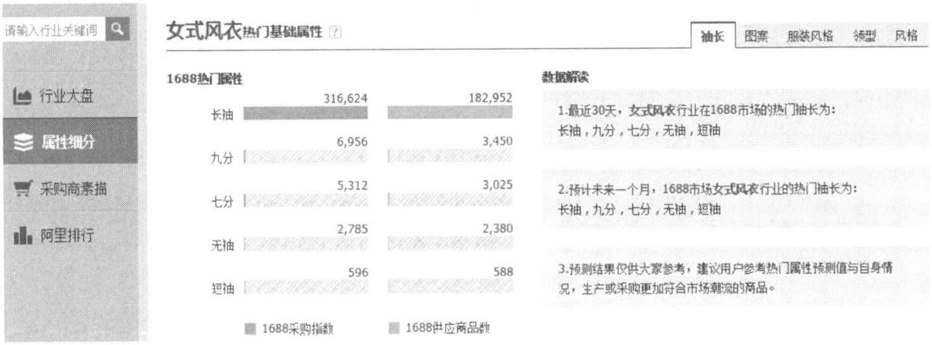

图2-4　女式风衣热门基础属性

2. 热门营销属性

下拉属性细分的页面，显示有女式风衣热门营销属性，如图2-5所示。根据图表和数据解读来看，"新款""创意款"是较受客户喜欢的热门属性。店家就可将该类热门属性关键词加入自己的商品标题中，来迎合客户的喜好，增加商品搜索权重。

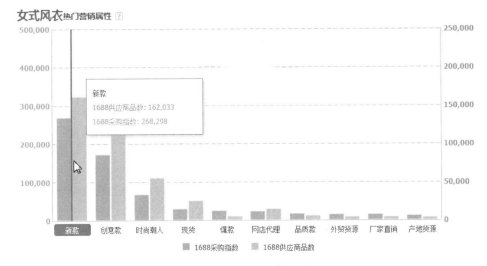

图2-5　女式风衣热门营销属性

3. 价格带分布

为方便店家为商品定价，阿里指数还提供了商品价格带分布图。如图2-6所示，在阿里指数属性分析中，能看到女式风衣在近30天内，客户浏览最多的商品价格带和交易最多的商品价格带均为91.9～146元。通过了解商品热门价格，再结合店内商品实际情况，合理地设置商品价格，在实现增加商品搜索权重的同时也带来可观的利润。

细分市场容量分析的切入点较多，店家需要结合自身产品的属性和卖点，多参考热门类目的属性，关注市场的需求变化，始终以客户需求为导向，找到更多符合市场潮流的类目。

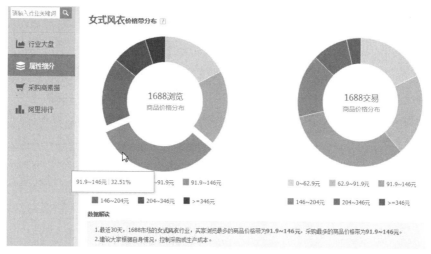

图2-6 女式风衣价格带分布

2.4 分析类目市场容量

市场容量分析,指的是对于市场的整体分析。只有全面地掌握市场容量和存量,才能够根据市场趋势指导店铺运营。例如,分析电商平台中某个类目商品的市场容量,这里以淘宝平台为例。直接在淘宝搜索框中输入关键词"水杯",再选择"销量从高到低"来查找,即可查看最近30天内淘宝销量情况,如图2-7所示。

图2-7 水杯行业淘宝网的市场容量

- **成交量**：水杯的成交量较高，说明市场的需求量非常大，全网成交量最高的一款商品的销量高达 20 万余个。
- **价格**：全网成交量排名靠前的水杯，其价格区间为 14.80～49.90 元，从侧面说明了价格区间是影响成交转化率的重要因素。
- **商品属性**：智能保温杯的成交量大，说明市场对于水杯的细分要求较高，精准化营销的前提是做好水杯的细分工作，因为不同功能和属性的水杯所对应的客户群体有所区别。

店家还可以通过京东平台、拼多多平台等来分析类目市场容量。想要深入研究行业市场容量，就必须从行业的各个细分指标入手，逐步分析指标背后隐藏的信息，剥丝抽茧，精准地获取信息，找到最适合自己的类目。

2.5 竞品分析

正所谓"知己知彼，百战不殆"，商场如战场，淘宝平台就是一个战场。淘宝平台虽然用户基础庞大，但竞争却是非常激烈的。店家如何在这激烈竞争的市场中占有一席之地并生存下去？选对类目至关重要。

店家可以在 1688 淘货源来判断市场竞争规律，具体操作步骤如下所示。

第 1 步：进入 1688 淘货源首页，输入所搜商品名称。这里以输入"风衣"为例，如图 2-8 所示。

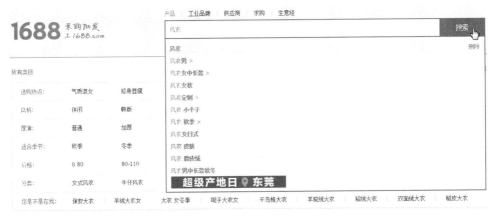

图2-8　输入商品关键词

第 2 步：将鼠标放置在目标商品的主图上，在弹出的框中单击"参谋"选项，如图 2-9 所示。

图2-9 单击"参谋"选项

第3步：在搜索的结果页中，可以很直观地看到同款商品的零售利润、定价区间、月销量以及淘宝零售店数量等关键信息，如图2-10所示。

图2-10 查看同款货源的盈利空间

店家如果想查看更为详细的信息，可以下拉页面，查看商品淘零售价排名及淘店铺定价分布等信息，如图2-11所示。

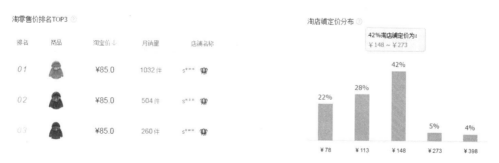

图2-11 查看商品零售价排名

店家可根据 1688 淘货源提供的信息对商品进行一个基本判断。如果能找到销量好、售卖店家少的商品，其竞争力也小，经营起来更容易盈利。但如果是销量少、售卖店家多的商品，其竞争力就会很大，盈利难度大。

其次，该平台还提供"同款货源"功能，可供店家参考，如图 2-12 所示。货源渠道是非常重要的，谁拥有优质的货源渠道，谁就拥有一定的利润空间，因此，店家要通过对货源渠道的多方面分析，选出性价比最优质的货源渠道，保证店铺货源的稳定性和利润的正常化。

图2-12　同款货源信息

电商市场日趋成熟，店家不能为了眼前利益去恶意竞争，为自己带来被降权、下架甚至是封店的风险。

2.6　了解网店商品的类型

店铺的利润空间和拓展性都受制于商品。所以，商品对于店铺的发展具有至关重要的影响。店家在选品时，应该了解商品的基本类型。如图 2-13 所示，商品可分为实物商品、虚拟商品以及服务商品。

1. 实物商品

实物商品是指看得见、摸得着的，实实在在的产品，例如：服饰、箱包、鞋帽、玩具、零食和生鲜等。如图 2-14 所示是女装类实物产品。在"女装"大类目下，细分为若干个子类目，并且每一个子类目都是真实存在的实物产品，能够满足客户不同的需求。

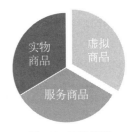

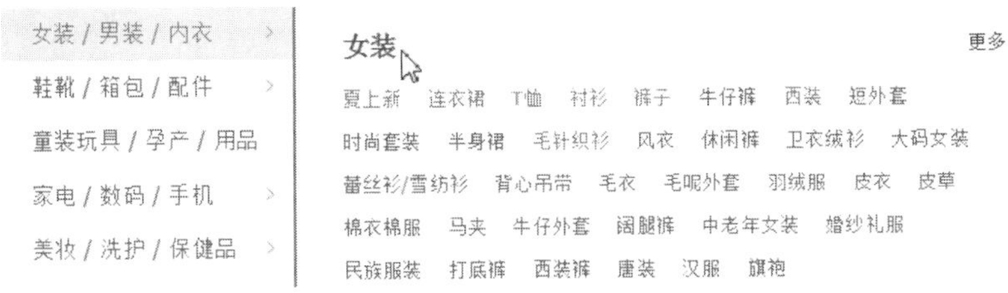

图2-13　商品类型

图2-14　实物产品的细分

2. 虚拟商品

虚拟商品，顾名思义，和实物商品是相对的，属于看不见、摸不着的，但是却又存在的产品，例如：游戏装备、Q币、游戏点卡、虚拟空间、虚拟主机或域名等。如图2-15所示是游戏类虚拟产品。在"游戏"大类目下，根据当前的热门游戏细分为若干个子类目，每个游戏子类目都具有一定的时期代表性，而且背后都有一群忠实玩家，游戏行业也具有巨大的发展前景。

图2-15 虚拟产品的细分

3. 服务商品

不同于实物商品和虚拟商品，有一种类型的商品比较特殊，主要是满足客户的某种特殊的需求，这种应需求而产生的商品，通常被称为"服务商品"，例如：同城跑腿、预约美甲、上门维修或者代缴水电气费。

如图2-16所示的商品是家政服务，能够满足客户对于打扫卫生的需求，服务者则从中赚取一定的费用，完美地衔接线上和线下服务。

实物商品、虚拟商品和服务商品都有自身的特点，店家找准店铺主营商品的特点，则能够把握住商品的运营方法和技巧，在不断摸索中，核算商品的盈利空间，根据市场和行业的变化，制订出不同时间段的营销方案。

图2-16 服务商品页面

2.7 从客户角度分析选品

客户是选品的关键所在，只有选择符合大部分客户需求和喜好的商品，才有机会获得更多的流量和销量。从客户的角度来分析商品，主要是从商品的搜索量和销售量来判断该商品是否热门。这里以阿里指数为例，讲解如何查看热门商品的搜索量和销售量。

第1步：打开阿里指数，选择搜索的地域，这里以"广东省"为例，下拉页面至"类目排行榜"，可直观地查看近期交易指数较高的商品类目，如图2-17所示。

第2步：继续下拉页面至"搜索词排行榜"，可直观地查看近期搜索量较大的关键词，如图2-18所示。

图2-17 类目排行榜页面

图2-18 搜索词排行榜页面

通过分析热门商品类目，再来分析商品目标客户的消费情况，制定适用于自己店铺的营销推广策略。如某主营童装类目的店家在分析童装目标客户时，将在店内有消费记录的客户分为尝鲜客户、主力客户、落伍客户、其他客户。针对不同客户制订不同的推广计划。

- 尝鲜客户：作为店铺的第一批客户，带动了整个店铺的人气和流量，为店铺的发展打下了坚实的基础。针对这类客户，以提升服务和赠送礼品的方式，使其发展为店内的主力客户。
- 主力客户：随着店铺的逐渐发展，店铺的尝鲜客户一部分流失，而另一部分则沉淀下来，成为店铺的主力客户，撑起了店铺销售额的半边天，店铺的利润至少有80%来自主力客户。对于主力客户，注重提升服务，使其感受到店家的用心，与其建立长期、稳定的关系。
- 落伍客户：在主力客户群众中，一小部分客户跟不上店铺发展的脚步，其贡献值越来越低，逐渐落伍，接近于淘汰的边缘。尽力挽回这类客户，但要注意投入和产出的对比。若投入过大，收入较小，可放弃。
- 其他客户：源自转介绍客户、付费推广拉新客户或者是社交平台引流的客户等。店铺的其他客户也占据了5%的销售份额，对于店铺的发展也具有不可小觑的推动作用。店家应重视客户的需求和服务，找到并提供客户所需要的商品和服务。

2.8 从生命周期分析商品

如表2-1所示，任何商品都具有生命周期，如开发期、成长期、成熟期和衰退期。店家在寻找商品时，应选择正在开发期的商品，才能为自己带来可观的利润。切记不要选择处于衰退期的商品，不然很可能导致库存过多而血本无归。

商品的生命周期也为店家提供了一个具体的数据分析思路和营销战略。侧面反映了商品在店内上架过程中，也可能经历四个生命周期。店家应注意，不能在开发之前盲目上架新产品，也不能在衰退之后猛增付费推广预算，在不同的阶段做适合的事情，才能够达到事半功倍的效果。

表2-1 商品的生命周期

周期名称	特点	营销策略
开发期	在新品上市前，会有一个市场调研过程，从预期调研到正式上市的过程，就是产品的开发期。在开发期期间，利润几乎为零，需要投入大量的成本去调研市场，甚至会出现负收益的情况	在开发期内，店家应以控制开发成本为主
成长期	新品问世，可能在活动的支持下，短期内取得巨大的成长，带来高额收益	加大新品的曝光量，加以新品的折扣和优惠活动进行推广
成熟期	商品的营销力逐渐减弱，盈利空间已经见顶，随着时间的推移，产品逐渐开始走下坡路	适合用于辅助性产品，不宜花费过多的精力和财力，逐步过渡为普通产品
衰退期	产品已经过时，很少能带来利润，甚至是亏本。这也是产品的淘汰期，意味着产品需要在近期内下架	在开发新品的同时要做好新旧交替工作，确保淘汰品下架前，有新品可上

2.9 从地域角度分析商品

产品的地域分析，主要侧重于地域的细分，不同产品具有相应的地域属性，结合相应的地域来展开数据分析，有的放矢，精准营销。特别是地方特产类商品，往往具有鲜明的地域特征。有些特产并不仅限于一个产地，可能会在全国有多处产地，而在产地附近，特产往往交易频繁、价格相对低廉。对于这类产品，要进行地域分布分析。

例如，某主营鲜花饼的店家想要查询同行店家的分布地，在区域图中查询到近30天内店家所在地和成交人数。根据统计图发现，售卖鲜花饼的店家主要集中在云南昆明，成交量较大的区域也主要集中在昆明。

那么，该店家在后期的数据分析时，就需要结合地域来分析。同行店家多集中在商品的产地地域，在投放广告时，就要避开这些地方。

2.10 了解热销商品种类

严格来说，热销商品和冷门商品做好了都能赚钱，不过相对来说，热销商品的循环比较快，客户群很大，相对来说要更好做一些。但热销和冷门的类目也是随着市场变化而变化的，就目前而言，相对热销商品如图2-19所示。

- **服装类**：根据中国网购品类市场份额报告显示，服装是网上最畅销的商品。故服装类也是目前网上开店较为热门的类目。

- 美容护肤品：女性是网上购物的主力军，且女人天性爱美，所以美容护肤品的市场前景也很宽阔。这类商品属于高频消费商品，只要质量过关且符合客户需求，回购率往往很高。
- 箱包类商品：女性偏爱箱包，所以目标客户多。且线上箱包与实体店相比，更具价格优势。还有就是箱包适合作为礼物赠送给对象、父母，所以整体销量较高。
- 数码家电产品：线上购买数码家电及相关配件的客户也越来越多。因为此类产品一般都具备一定的品牌因素和价格因素。一般在线下查看实物商品，对比线上价格，如果线上更优惠，就更倾向于线上购买。
- 流行饰品：和箱包一样，流行饰品被大部分女性所青睐，且也容易被当作礼物赠送，故市场非常大。

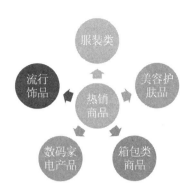

服装类
美容护肤品
箱包类商品
数码家电产品
流行饰品
热销商品
图2-19 热销商品

热销产品不仅客户众多，而且货源也相对好找，对于网上开店是个不错的选择。但也正因为市场大，其竞争可能也比较大。所以店家在选择商品时，应综合考虑。

2.11 常用进货渠道

在确定好商品后，接下来的工作就是进货。进货的渠道多种多样，店家考虑的问题是质量、价格以及物流是否便捷。这里列举几种常用的进货渠道。

1. 大型批发市场

批发市场产品多样、地域分布广泛，能够小额批发，更适合以零售为主的小店。批发市场的商品价格一般比较便宜，因此也是店家选择最多的货源地。

从批发市场进货一般有以下特点。

- 进货时间、数量自由度很大。
- 品种繁多、数量充足，便于店家挑选。
- 价格低，有利于薄利多销。

2. 厂家进货

一件商品从生产厂家到客户手中，要经过许多环节，其基本流程如图 2-20 所示。经过多环节的流通，易产生额外的费用，这些费用都被分摊到每一件商品上。所以，如果能减少商品流通环节，直接从厂家到店家手里，可节约成本。

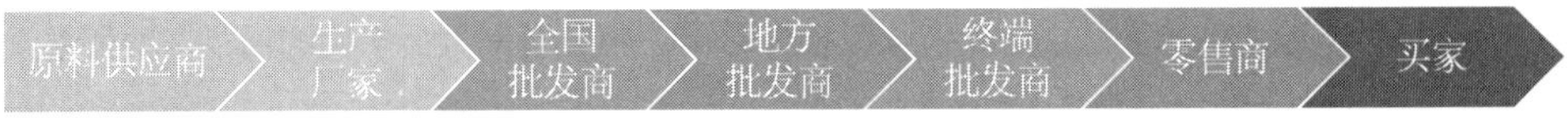
原料供应商
生产厂家
全国批发商
地方批发商
终端批发商
零售商
买家
图2-20 商品流通流程图

如果店家可以直接从厂家进货，且有稳定的进货量，就可以拿到理想的价格。而且正规的厂家货源充足，信誉度高，一般都能调换商品和退货还款。

3. 外贸尾单

外贸尾单就是正式外贸订单的多余货品。外商在国内工厂下订单时，一般工厂会按 5%～10% 的比例多生产一些，这样做是为了万一在实际生产过程中有次品，就可以拿多生产的数量来调换，这些多出来的货品就是常说的外贸尾单货了。外贸尾单货往往性价比都很高，市场广而大，基本不缺销量。这些外贸尾单货价格十分低廉，通常为市场价格的两三折，品质做工有绝对保证，这是一个不错的进货渠道。

4. 国外热销商品

在此之前，在大多数人的日常生活中都掀起一股"代购风"。很多人一旦出国旅游，发朋友圈定位地点，就会收到亲朋好友要求代购的信息。这也侧面说明了，国外热销商品在国内有较大的市场。如果店家在国外有亲戚朋友，可以让他们稳定供货，由自己放到国内网站上进行售卖。

5. 库存商品与清仓商品

随着市场的变化加快，商品更新速度也在随之加快，因此库存商品及闲置物资越来越多。部分品牌商品的库存积压很多，一些店家干脆把库存全部卖给专职网络销售的店家。不少品牌虽然在某一地域属于积压品，但因为网络覆盖面广的特性，完全可使其在其他地域成为畅销品。如果能经常淘到积压的品牌服饰、鞋等货物，拿到网上来销售，一定能获得丰厚的利润。这是因为品牌积压库存有其自身优势。

- 质量好，竞争力强。
- 需求量大，市场前景看好。
- 利用网络的地域性差异提高价格。

6. B2B 电子商务批发网站

外地店家如果去距离较远的批发市场进货，所花人工费、差旅费无形之中增加了商品的成本。故考虑到这一点，很多批发网站纷纷上线。如 1688 批发网站提供线上批发商品，它不仅查找信息方便，也专门为小店家提供相应的服务，并且起批量很小。如图 2-21 所示的阿里巴巴 1688 批发网站首页，其类目多而广。

网上批发是近几年才开始兴起的新事物，发展还不成熟，但网络进货相比传统渠道进货的优势已经很明显，主要有以下几点。

- **成本优势**：可以省去来回批发市场的时间成本、交通成本、住宿费、物流费用等。
- **时间优势**：选购的紧迫性减少，亲自去批发市场选购由于时间所限，不可能长时间慢慢挑选，有些商品也许并未相中但迫于进货压力不得不赶快选购，网上进货则可以仔细挑选。
- **批发数量限制优势**：一般的网上批发基本上都是 10 件起批，有的甚至是 1 件起批，这样在一定程度上增大了选择余地。
- **其他优势**：网络进货不但能减少库存压力，还具有批发价格透明、款式更新快等优点。店家在选取进货渠道时，可以根据自己商品类目属性以及多方对比来确定最合适的渠道。

图2-21　1688批发网站首页

2.12 国内实体进货市场概览

国内批发市场数不胜数，且各个批发市场功能各异，如服装类目批发市场、箱包类目批发市场、日用品批发市场等。店家在实体进货之前，可对类目中名气较大的批发市场有个基础了解。如表 2-2 所示，列举了几个类目的批发市场。

表2-2　列举批发市场

商品类目	列举批发市场	
男装、女装、童装、内衣	广州十三行服装批发街 广东深圳南油服装批发市场 浙江湖州织里中国童装城 广州昌岗尾货批发市场	四川成都荷花池批发市场 上海七浦路服装批发市场 广州白马服装批发市场 哈尔滨海宁皮革城
男女鞋、运动鞋、袜子	义乌袜子批发市场 广州大都市鞋城 深圳东门老街鞋业批发城 杭州九堡华贸鞋城	浙江温州站南商贸城 广州站西路鞋业批发街 无锡皮革城 郑州国际鞋城
箱包、皮具、配件	河北白沟箱包批发市场 重庆空港海宁皮革城 浙江海宁中国皮革城 广州桂花岗皮具市场	辽阳佟二堡海宁皮革城 浙江海宁皮草批发市场 中国大营国际皮草交易中心 广州狮岭（国际）皮革皮具城
化妆品、沐浴清洁用品	广州美博城 广州进口化妆品批发市场 广州化妆品批发市场 上海美博汇化妆品批发市场	广州兴发广场 河南省郑州中陆洗化城 北京美博城 武汉化妆品批发市场

续表

商品类目	列举批发市场	
小商品、饰品、玩具、礼品、工艺品	深圳市义乌小商品批发城 河南南阳镇平石佛寺玉器批发市场 广州荔湾广场精品饰品批发市场 广东揭阳阳美玉器批发市场	临沂市小商品城 广州荔湾玩具批发市场 浙江义乌小商品城 广州东方表城、广州眼镜城
手机、电脑、小家电、电子、五金	佛山市华南五金电器城 广州大沙头手机批发市场 重庆汽车配件批发市场 郑州国产汽车配件市场	广州电子市场 郑州摩托车配件批发市场 元岗汽配城
日用品、百货、特产	上海干货批发市场 南宁市交易市场 西安轻工批发市场 北京官园商品批发市场	昆明螺蛳湾日用商品批发市场 长春远东商品批发市场 上海凯旋门保健品市场 成都府河桥市场

店家在选择进货市场时，可对多家批发市场的商品质量、价格进行多方比较，选择物美价廉的商品，才能以价格优势及质量优势获得更多好评和忠实客户。

2.13 实体批发市场进货技巧

批发市场鱼龙混杂，初次进货的店家没有经验可谈，可能会遇到一些不好的情况。故下面介绍一些在批发市场进货的技巧，帮助新手店家多快好省地进货。

- **多向对比**：进入批发市场，先不要着急问价买东西。先把整个批发市场纵观浏览一遍，把各类款式、风格的店铺分类，做到心中有数。
- **钱货当面清点**：钱款方面，要注意识别真币、假币，数额也不能弄错；货品方面则要细致检查，仔细核对商品的数量、尺寸、颜色，减少瑕疵商品。
- **砍价力度**：批发市场主要针对批发客户，店家首次进货量比较小，所以砍价力度要适中。
- **发掘优质供应商**：货比三家并不是以买到低价货为目的，更重要的是要发掘优质供应商，这是以后合作中关键的一环。
- **注意财物安全**：市场里小偷比较多，店家应保管好自身财务和购买的商品。
- **不要完全被批发商的意见所左右**：部分新手店家去拿货，因为不熟悉市场行情，可能会听取批发商的意见。但由于地域不同，个体经营方式不同，批发商热销的商品自己拿来也可能会滞销。
- **控制进货量**：首次进货应注意控制数量，货物太多容易压货。
- **多收集对比批发商**：可多对比一下店家，留下中意店家的联系方式。平时要货不多，又不想跑路时，可以通过电话或微信联系批发商，邮寄过来即可。

具体情况可根据店家实情来做调整,部分店家已经有货源或熟人介绍的批发商则更好,可以省去很多不必要的麻烦。

2.14 从网上进货

从批发市场进货还是很辛苦的,不仅要冒着酷暑严寒,还有被偷被骗的可能。其实,利用好网上的B2B电子商务批发网站,就可以避免掉这些麻烦。这里以在1688平台进货为例,详细讲解一下如何从批发网站进货。

在网上寻找货源的操作方法很简单,也就是在1688批发网站首页的搜索栏里输入货源的名称,比如"连衣裙",就可以找到很多有关连衣裙的货源信息,选择一个信用度较高、销售量比较好,以及距离自己较近的卖家(可以节省运费),与他商谈细节,之后就可以下单进行采购了。

第1步:进入1688批发网站主页后,在搜索框内输入关键词"连衣裙",单击"搜索"按钮,如图2-22所示。

图2-22 在1688批发网站主页输入"连衣裙"

第2步:进入新页面,单击满意的货源,如图2-23所示。

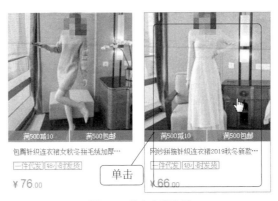

图2-23 单击中意商品

第3步：进入新页面，查看货源详细信息后，输入购买数量，单击"立即订购"按钮，如图2-24所示。

图2-24 选择购买数量页面

第4步：进入新页面，输入地址和联系电话，单击"确认收货信息"按钮，如图2-25所示。

图2-25 填写收货信息

第5步：收货地址和联系信息会被保存起来，待店家确认之后，单击"提交订单"按钮，如图2-26所示。

图2-26 提交订单页面

店家也可以在卖家中心后台的"货源中心"进货。在下单之前最好先和批发商核对好商品产地、包装、发货方式等信息。

案例1——小类目大玩法

对于店家来说,选货是至关重要的一点。只要有好的供应商,利用他对产品的熟悉程度,帮助你判断客户需求,解决潜在问题,就可以在店家中脱颖而出。阿坚主营商用厨房电器,年销售额达5000万元,以下内容源于他的分享。

1. 了解产品的产业带分布

做电器类目的都知道,电器产品的售后和升级在销售端没法实现,所以供应商就显得尤为重要。如果想找到优质的供应商,就一定要对产品产业带的分布特别了解。因为有的产品价格上有优势,但是和其他产品之间不能互相匹配。有的产品匹配,但是又没有价格优势。我们要做的就是找到平衡点,做出一个完整的供应体系。

以我做的商业厨具类目为例:我们行业的核心产品所在地非常明显,主要在广东、山东、安徽、浙江、河北这几个省份,每个省份的核心产品和优势又有所不同。如广东的优势在于小吃线多,像烤炉、扒炉、关东煮用具基本都是产自广东,食品器械和制冷设备的产品质量也比较好,但是价格与其他省份相比略贵一些。浙江食品器械和制冷设备成本比较低、价格低,销量好,但品质比广东略差一些。山东价格优势在整个行业里最明显,部分产品也比较好,比如冷柜、啤酒柜、煲仔炉、烤炉等。

所以,抓住这些省份的产业带特点,在选择供应商的时候充分考虑产品特点,是极为重要的。

2. 得供应商者得天下

到目前为止,很多电商公司缺的其实不是运营,而是供应商和产品。我们认为,这是一个产品为王的时代。像我们这种小类目，更注重的是产品的性能和功能。因为它会带来更高的客户满意度和更多的转介绍。

因此，在选择供应商方面，我们会着重从以下几点考虑。

产能：排在首位的不是价格，而是产能。当店内销量通过运营爆发的时候，工厂必须能提供足够的供应。

品质：品质绝对是重中之重。因为品质是能够决定用户的使用体验，以及客户对产品的忠诚度最重要的一环。

价格：其实客户更注重性价比，也就是这个价格买到的产品功能是否齐全够用，所以在跟供应商谈判的时候，价格优惠也是重点之一。

优化升级：因为商用型厨具都属于功能性的产品。而只要是功能性的产品，就都存在产品优化和升级，所以最后我们要看工厂有没有研发能力，或者有没有捕捉市场需求的能力。这决定着工厂是否能够衍生出一个可以带来利润的新产品。

以上四点就是我们做商用厨房电器选择供应商的标准，希望能给大家做个参考。

3. 付款方式

好的结算方式可以让供应商更放心。有做小家电的朋友应该知道，家电这一块已经属于红海了。所以很多供应商在订货之前，都会要求先打货款。我接触的不少供应商，在一开始和他谈合作的时候，其实不会很看重你的量，而是看你有没有一个有利于他的结算方式。

所以我们的策略就是：先打预付款稳住供应商，后期让供应商反过来支持我们。这么做的好处就是既可以拿到产品价格优势，又可以提高供应商的配合度。

小家电这个市场卖家太多，很多供应商就会担心店家不干了，货款又不结。只要解决供应商的这个担忧之后，你在前端销售，就能够更集中精力迅速抢占市场。等量起来之后，供应商会反过来从产品、售后、价格等方面，给你更大的支持。

我身边也有朋友做我这个类目的产品，利润很不错。后来因为团队规模的扩大，促使他们必须去把整个产品拓开，也就是说到后期，我们都要把重心放到能够开发新产品的供应商上。

4. 对参股供应商的一些思考

我们在挑选供应商时，供应商也在选择团队来做销售。在未来，做我们这个类目的人，甚至会直接参股工厂。到目前为止，我们这个类目前10名估计有百分之七十都是有工厂制造业的背景，因为他们最核心的产品都需要工厂保证产能。他们有价格优势去抢份额，所以在销售量做起来之后，他们就会和工厂就换股或者参股问题进行谈判。

在我们这个行业，供应商规模年产值过亿元的特别少，大部分都是千万元级别。这种工厂如果想要生存，就一定需要强大的销售端。这时候我们就可以通过销售能力和资金的注入来实现参股。

在选择参股供应商之前，一定要想好以哪种产品卖点作为切入点，是做多样性、升级换代比较快的，还是做薄利的低端产品，不然贸然参股可能会倒贴钱。

店家到最后拼的都不是运营能力，而是产品的供应能力，也就是供应实力。所以店家销售之间的比拼，同样也是供应商之间的比拼。店家和供应商的关系，可以分为3个阶段：把货做好、把成本降下来、通过自己对客户的研究以及行业的沉淀，帮助供应商共同进步。

案例2——"90后"夫妻档店家通过细分定位，在市场搏得一席之地

淘宝开店必须具备的能力之一就是选品，选品背后最重要的能力是细分定位。具体怎么做，让不少人无从下手。店家张丹就非常擅长细分定位，在产品开发上投入大量精力，最终做到年销售额300万元。虽然300万元，不像大品牌店家的销售额一样吸人眼球，但她的成长经验对于很多新手店家或准备开店的人来说，更加有借鉴意义。以下内容由张丹分享。

我是张丹，江苏南通人，目前和老公在广州创业，做大码女装。我在2015年裸辞后遇到了现在的老公。因为两人都有创业的想法，不谋而合，就来了广州找机会。最初也没有想好做什么。因为之前学过摄影，也曾在一家服装金冠店做过服装摄影师，所以对网店整体运作也有一些了解，逐渐萌生了自己开服装店的想法。

至于为什么做大码女装，首先因为我自己比较胖，市面上好看的大码衣服太少了。加上父母是做服装生意的，从小耳濡目染，在服装搭配上比较有自己的想法。所以这也是结合自身和市场的一个决定。

店铺注册开起来之后，我还在做摄影师工作，并没有怎么打理。直到2016年3、4月，店内商品的咨询率和订单都起来了。所以觉得，店铺虽然没怎么打理，但仍有那么多人来询问，说明市场可以。于是开始着手了解厂家信息，设计、生产自己喜欢的款式，一步步做到现在。

直至2017年，店铺全年销售额达300多万元，虽然与大卖家相比，还差很多。但我们自己定位就是小而美的风格店铺，能做到这样，还是挺满意的。

1. 这个行业怎么样

大码女装属于比较细分的冷门市场，虽然大众的东西可能永远存在，但我们小众的风格也是多种多样，关键还是在于你擅不擅长。

不过客观来讲，大码女装市场的人群基数确实不大，对于店家自身实力也就有一定要求。如果你的选款、拍照和策划等整体运营都比较强的话，那还是有市场的。

但如果说你开始没有什么经验，或者像我当年一样想着去慢慢积累的话，我会觉得现在挺困难的了。因为从去年到今年，能够明显感觉到越来越多的店家开始注意到大码服装这块，包括一些有资源的网红店，张大奕这种模式的店铺也进入了这个市场，并且他们的发展势头很猛。

所以我建议不管大家做服装还是其他什么行业，做之前最好先分析市场，少走弯路。比如，我当时选择日韩可爱风格大码女装，客户年龄群偏低，而年龄偏低的人群又是上网购物的主力，并且这部分人群是当时淘宝大码女装市场没有抓住的，竞争相对较

小。如果我也去挤高端、成熟风格的市场，不仅不适合，可能也做不起来。

2. 产品开发

做女装，产品是第一位的。我们从来都没有刷过单，也不会特地去打造爆款，主要就是在产品开发和粉丝维护上下功夫。

产品上，广东工厂资源比较丰富，反应速度也很快，部分工厂开始具备一定的设计能力。但是即使这样，我们的款式也一直坚持自己选，我会跟设计师一起设计、打样，最后只是把样衣交给工厂去生产。

在选款时，我认为以下三点比较重要。

关注当下流行元素：通过微博、新闻去看当下的流行方向。例如，最近流行网纱、蕾丝还是其他什么元素，根据这些元素去选一些款式。

把自己当成客户：因为我本身也比较胖，所以我会试穿我们设计的衣服，把自己当成客户，去提供一些修改建议，完善商品。

与粉丝交流：多和店内的粉丝交流意见，看看她们的喜好。既能提高粉丝的参与度，也能增加选款命中率，减少库存积压。

另外，我们也会关注季节性，像大码女装这个类目冬天就不太好做。因为冬天的衣服都很大，成本也比较高。所以我们会把注意力放在春夏装、连衣裙、衬衫这些在大众市场上不好找到的商品上面。

3. 粉丝维护

因为我们一直是夫妻创业的性质，很多工作没能及时地做。但有一件事做得比较早，就是把老客户装进微信，目前已经加满了两个微信号。

我刚开店那会儿就把客户往微信中引导了。一方面，在淘宝首页放置二维码；另一方面，在快递包裹里放置二维码。

我们也不会刻意去打造一个IP，主要还是想通过这些照片、文字、视频，让那些比较胖的女孩子知道，她们也可以穿漂亮的衣服。朋友圈属于情感型，每天没有固定的动态数量和内容。主要是发一些生活日常、工作日常。例如，和客户讨论衣服款式、热门话题等。尽量拉近与好友的距离，让她们熟悉我，熟悉我的日常生活，从而更加了解、信任这家店铺。

服装上新时，我一般会在朋友圈发九张商品图片，以在点赞好友中抽取优惠券或免费试穿的方式来引导更多人点赞。但是客户容易对同样的活动失去兴趣，所以要一直更新不同的活动玩法，比如直播等。

最后，我们的目标客户比较年轻，所以平时跟客户聊天的时候不会很官方，避免让人感觉像是在跟机器人对话，也会让客服在聊天的时候多用一些亲切的口吻，发一些表情包。

服装类目，是很多新手店家的首选。想要做好这样高竞争的行业，就需要店家对于细分品类的洞察以及供应商、产品的判断。开网店，只有商品不断围绕一个群体，保持粉丝黏性，才能一直做下去。

第3章

商品标题设置、详情页撰写及定价方法

本章导读

和线下开店的准备工作不同，线上店铺的准备工作包括收集关键词、策划详情页、制定价格等。商品标题对商品的搜索量起着重要作用，而关键词是组建标题的重要因素。所以，店家应熟知收集关键词、筛选关键词、组合关键词的方法，使商品获得更多点击率。当客户点击进入详情页后，需要展示商品卖点、服务质量等内容，激发客户的购买欲望。再抓住客户购物心理，设置一个合理价格，刺激客户下单转化。

3.1 商品标题的构成

无论是大店家还是小店家，都需要为自己的商品命名。恰当的关键词和标题能让自己的商品排名靠前，从而被更多客户注意到。

虽然，任何商品的标题都可以自由组合。但总体而言，一个标题名称的结构是相对稳定的。如图 3-1 所示，商品标题可由商品名称词、感官词、优化词组成。

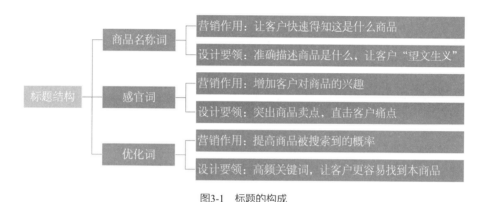

图3-1 标题的构成

如图 3-2 所示，在淘宝首页中搜索"帽子"，按照销量从高到低的排名查看四个销量较佳的商品名称。

图3-2 销量靠前的商品名称

以"秋冬季帽子男士东北户外防寒雷锋帽女护耳骑电动车防风帽保暖棉帽"为例，"帽子"是商品名称词；"防寒""保暖"等关键词，满足秋冬季节大多数客户对于"保暖"的需求，属于感官词；"东北""户外""雷锋帽""耳骑""防风"等关键词便于客户搜索，属于优化词。

以"ins八角帽女秋冬贝雷帽韩版日系百搭英伦复古报童帽子女网红款潮"为例,"帽子"是商品名称词;"网红""潮款""百搭"等关键词,易引起客户点击浏览兴趣,属于感官词;"贝雷帽""韩版""日系""英伦"等关键词,能加大商品搜索率,属于优化词。

提示

店家可以多收集一些商品可用关键词,经过多重组合的方式,找到被搜索概率最大、最具吸引力的名称。当然,店家在收集商品标题关键词时,必须严格遵守淘宝的规则,不然容易遭到处罚。比如,商品标题需要和商品本身保持一致,不能干扰搜索。商品标题中出现的所有文字描述都要客观真实,不得在商品标题中使用虚假的宣传信息。

3.2 收集关键词

关键词是标题的砌砖石,只有找准了关键词,才能让商品排名靠前,从而被更多客户注意到。个别店家可能凭借自己敏锐的洞察力能找到引流效果不错的关键词,但是,仅仅依靠个人感觉来应对千变万化的市场显然是行不通的。这时候,就需要借助外力来跟上关键词的更新速度,如淘宝下拉框、阿里指数、生意参谋、建立关键词词库等。

1. 淘宝下拉框

淘宝平台能够根据不同的时间段搜索的历史与热门推荐关键词相结合,组成联想。在淘宝平台上有过购物经验的人都知道,在淘宝首页搜索某个商品关键词时,下拉框会自动弹出关联词。如图3-3所示,在淘宝搜索文本框中输入"帽子"一词,在未点击"搜索"之前,下拉框会自动弹出有关帽子的扩展热搜关键词,简称扩展词。

如果将已经扩展开的热搜关键词再扩展开来看,如图3-4所示,可以得到更多扩展词,例如毛线帽、鸭舌帽等帽子类型。

图3-3 淘宝下拉框的扩展词　　图3-4 淘宝下拉框的更多扩展词

如果再次将扩展开的关键词输入搜索文本框里,会展开更多的相关关键词。因此,店家可以根据淘宝搜索文本框里的扩展词,整理出商品词库,以便组成更具吸引力的标题。

2. 阿里指数

阿里指数中的阿里排行功能，包括关键词搜索排行榜、产品排行榜、公司排行榜和企业官网排行榜。其中，搜索排行榜可以帮助店家找到行业中具有较大优势的关键词。

如图3-5所示，输入商品名称（这里以输入"帽子"为例），单击"阿里排行"选项，出现默认的"成人帽"的搜索排行榜。

图3-5　"成人帽"搜索排行榜

阿里指数提供的搜索排行榜中共有四个关键词榜单，分别为新词榜、上升榜、热搜榜和转化率榜。如图3-6所示，4个数据的排行榜都对店家起着不同的作用。

图3-6　新词榜、上升榜、热搜榜和转化率榜

3. 生意参谋

生意参谋是一个包含数据作战室、市场行情、来源分析、装修分析、竞争情报等数据的平台。生意参谋对店家而言，也是一个寻找关键词的重要平台。相比其他寻找关键词的途径，生意参谋具有数据更精准的优点，但缺点在于需要付费开通。开通生意参谋工具的店家，单击选择"选词助手"即可查找相关关键词。

4. 建立关键词词库

为更好地利用关键词，店家可将收集到的关键词都录入词库里，便于标题的组建。在部分工具中寻找到的关键词可直接下载词库，如图 3-7 所示，在阿里指数中，可直接单击"导出完整榜单"下载到电脑中。

图3-7　导出关键词榜单

如图 3-8 所示，导出的数据直接以 Excel 的格式保存到电脑中，可详细查看近 7 天或近 30 天的商品关键词排名、搜索指数、全站商品数等数据。

排名	关键词	搜索指数	全站商品数
1	帽子	11731	7432334
2	棒球帽	4645	257978
3	针织帽	4632	1358770
4	贝雷帽	4376	62158
5	帽子 冬季	4176	6409125
6	渔夫帽	3801	2196808
7	雷锋帽	3368	9712
8	毛线帽	3339	2706249
9	冬季	3231	7734112
10	鸭舌帽	2849	2242796
11	秋冬帽子	2588	351578
12	帽子女士	2519	676248

图3-8　关键词榜单

按照此步骤，店家可下载"关键词上升榜""关键词转化率榜""关键词新词榜"等内容。

3.3 筛选关键词

关键词词库里的关键词可能存在重复现象、违规现象、含品牌名现象。故店家还应对关键词词库里的关键词进行筛选，留下精准、实用的关键词。

- **剔除重复关键词**：多方收集而来的关键词，必然存在重复现象。为缩小组建关键词的难度，店家应剔除重复关键词。
- **剔除品牌词**：部分对品牌有要求的客户，在搜索关键词时直接输入品牌名，如"NIKE""回力"等。这类关键词对于没有品牌授权的店家而言没有参考意义，所以可剔除不相关的品牌词。
- **剔除违规词**：部分店家为获得更多搜索流量，可能存在使用违规词的现象。如"第一""最美"等最高陈述词。

重复关键词和品牌词都较好理解，这里重点解释一下违规词。违规词指的是违反平台规则的关键词。如图3-9所示，淘宝平台规定商品名称中不能出现以下夸大宣传的违规词语。

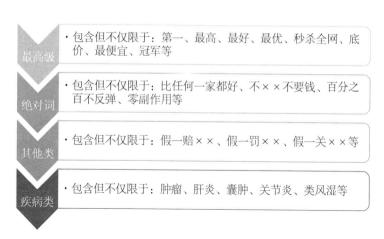

图3-9　夸大宣传的违规词示例

另外，与商品无关的热搜词也不能使用。例如，某店家以经营手机为主，虽然近期"羽绒服""大衣""月饼"等关键词很热门，但这些词和该店家的手机商品无关，所以标题中就不能出现这类无关热搜词。与商品无关的功效详解词也不能使用，例如，店家经营的是特产零食，就不能选取"保暖""耐用"等关键词。

标题中出现违规词，不仅不能带来引流效果，还会受到平台严惩，故店家一定要剔除违规词。

3.4 常见关键词分类

商品关键词分类多种多样,除上文提到的商品名称词、感官词、优化词外,还可以分为如图3-10所示的核心关键词、营销关键词、属性关键词、卖点关键词和类目关键词。店家应在掌握各个关键词的分类后,再将关键词进行组合。

图3-10 常见关键词分类

- **核心关键词**:核心关键词与商品名称词类似,指的是商品的名称词,其根本作用就是告诉客户这个商品是什么东西。例如商品名为"毛呢大衣男秋冬2019新款羊毛呢子外套中长款韩版潮流男士风衣连帽",其中"大衣"就是核心关键词,无论其他关键词如何变化,这个关键词都必不可少。
- **营销关键词**:营销关键词,指的是用于吸引客户点击商品详情的关键词,包含优惠词和描述品牌信誉的关键词。如商品名为"正品耐克男鞋阿甘跑步鞋秋冬NIKE女鞋板鞋2019新款复古休闲运动鞋",其中"正品"就是营销关键词,告知客户这个商品是正品。
- **属性关键词**:属性关键词,指的是对商品加以说明的词汇。通常是对商品颜色的描述、材质的说明和款式的介绍的关键词。如商品名为"自制工装纯棉半身裙女日系复古文艺学生港风暗黑色中长款山本风裙",其中"纯棉""黑色"等关键词就对商品的材质和颜色加以说明,让客户更了解这个商品。
- **卖点关键词**:卖点关键词,指的是凸显商品购买价值的关键词。无论是通过对功能的描述还是其他描述,总之是让客户找到购买商品的理由。如商品名为"智能保温杯男女学生便携水杯子创意个性潮流大容量不锈钢茶杯定制",其中"保温"就是卖点关键词,对水杯的保温功能加以说明。
- **类目关键词**:类目关键词,指的是商品的另外名称,其目的是防止客户对同一商品的不同称呼导致的流量。例如,"牛肉干"可以称为"零食";"保温杯"也可以称为"杯子"等。部分商品可加入多个类目关键词,加大被搜索到的机会。

3.5 使用关键词组合商品标题

对词库里的关键词做好分类后,就可以更准确地为商品组合标题了。一般而言:
营销关键词 + 核心关键词 + 属性关键词 + 卖点关键词 + 类目关键词 = 商品标题

在组合标题的时候，要记住一个原则："最佳关键词优先，次要关键词补位"。而且在几类关键词中，核心关键词是必不可少的，营销关键词则可有可无，在字数受限时，可优先考虑删除营销关键词。

简单点说，商品标题还可以这样组合：

- 促销+特性+形容词+商品名称关键词；
- 店铺名称+品牌+型号+商品名称关键词；
- 店铺名称+地域特点+商品名称关键词；
- 品牌+型号+商品名称关键词；
- 品牌+型号+促销（形容词）+商品名称关键词；
- 信用级别（好评率）+店铺名称+促销（特性、形容词）+商品名称关键词。

店家还可以直接对关键词词库中的关键词进行组合。

3.6 在商品标题中突出卖点

商品标题既影响搜索量，又影响商品点击率。客户在搜索某一商品时，往往只选择点击部分商品。如果商品标题越有吸引力，则被点击的可能性就越大。所以，店家在撰写标题时应用最精练的语言把卖点表现出来。可以列出四五个卖点，然后选择最重要的三个卖点，融入商品标题中。下面是在商品标题中突出卖点的一些技巧。

- **标题应清晰准确，不能让人产生误解**：比如标题中含有"外贸 大码 显瘦连衣裙"，就是一个很好的标题。一般体态丰盈的人对大码服装更有需求，而这类人在挑选衣服时最重要的诉求就是"显瘦"。
- **充分利用字符**：淘宝规定商品的标题最长不能超过60个字节，也就是30个汉字，在组合理想的情况下，包含越多的关键字，被搜索到的概率就越大。
- **体现价格信号**：价格是每个客户关注的因素之一，也是最能直接刺激客户，形成购买行为的因素。所以，在商品具备一定价格优势的前提下，可以很好地体现出来，如"特价""包邮""买一赠一"等。
- **凸显售后服务**：因在网上不能面对面交易，让部分商品的客户对售后服务持怀疑态度。但是，在商品具备良好售后服务的前提下，可以在标题中凸显售后服务。如"全国联保""赠送运费险"等。
- **适当分割以利于阅读**：如果60个字节的标题一点都不分割，会使整个标题看上去比较密集。可使用空格符号或半角进行标题分割，如"全场包邮！2019秋冬新款冬裙 羊绒毛呢 加厚短裙 半身裙 包臀裙子"。

除上述技巧外，店家还可根据商品具体情况添加卖词，如使用少量"◆特价◆""☆新款☆"等特殊符号，使标题更具吸引力。

3.7 了解详情页的作用

客户通过标题和主图进入详情页后,往往需要通过详情页对商品进行进一步的了解。故店家应在详情页中最大限度地展示商品的功能、卖点,间接性地引导客户做出购买行为。如图3-11所示,详情页的作用主要包括四大方面。

1. 介绍商品基本信息

客户在查看详情页时,需详细了解商品具体信息。如图3-12所示的水杯,需展示品牌名、品名、容量、尺寸、材质等信息。服装类目则需展示品牌、材质、颜色等参数。部分商品还需展示商品的适宜人群、使用场景等内容。客户通过这些商品信息能基本了解商品。

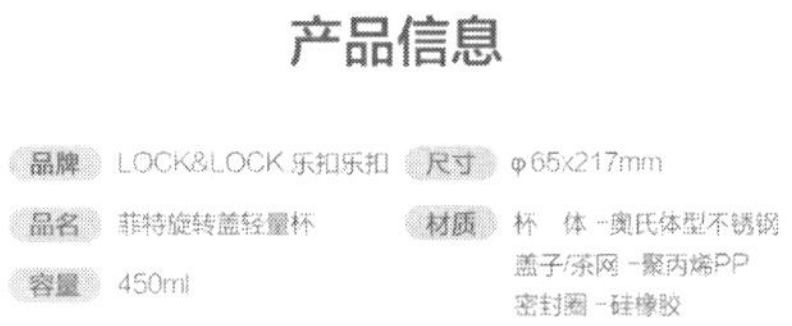

2. 介绍商品卖点

为了吸引客户下单,详情页除了要展示基本信息外,还需要提炼商品的核心卖点,以吸引客户的注意力。所以,店家在创作详情页文案时,要通过图文、视频的形式展示商品主要功能和特点。如图 3-13 所示,为乐扣保温杯的详情页文案,用图文形式突出该保温杯的三重真空设计,能达到更长的保温隔热时间;特别铜铂涂层,实现优质的保温、保冷功能。

图3-11 详情页作用

图3-12 乐扣水杯的产品信息页面

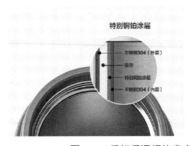

图3-13 乐扣保温杯的卖点详情页

3. 增强客户对店铺的信任

详情页在展示商品信息的同时,也在向客户传递商品实力和店铺形象,给客户留下一个良好的印象。所以，店家也可以在详情页中展示如购买须知、客户评论、特有证书、实力工厂等内容，增强客户的信任和好感。

如图 3-14 所示，某保温杯在详情页中展示检测报告、网络授权书等内容，直接向客户传递出该商品为正品，有质量保证的信息，加大客户对店铺的信任感。

图3-14　某商品的检测报告、网络授权书展示页面

4. 引导客户下单

在展示商品基本信息、卖点信息，以及证明商品实力的信息后，还可以临门一脚，刺激客户下单。如加以满减活动，在详情页中提到：仅限 3 天，满 199 元减 10 元。用优惠刺激客户下单。

3.8　撰写详情页的技巧

详情页对商品的转化起着重要作用，所以在撰写时就应做到投客户所好、尽心尽力，而不要为了图简便，直接套用供应商给的商品图片再加几个文字。在撰写时，应做到简洁明了。总体而言，应注意以下技巧。

- **向供应商索要详细的商品信息**：为让客户初步了解商品，需在详情页中展示商品的基本信息。店家可向供应商索要详细的商品信息，越详细越好，让客户更加全面地了解商品。
- **多样化的展示方式**：详情页的撰写，既可以用到图片、文字，也可以用到视频。为了使得页面更具可读性，店家可用多样化的方式来展示商品，如图文＋表格＋视频等。
- **参考同行优质店铺**：新手店家在不知如何下手撰写详情页时，可参考同行优质店铺的风格和样式，选取好的方面进行模仿。但如果是原创手工艺品、原创服装类目，尽量不要模仿别人，要从一开始就做出自己的风格。

- **挖掘故事**：故事往往更能打动人心，店家可挖掘与商品相关的生活故事或创业故事，打动客户。
- **思考售后服务**：为减少售后纠纷，店家可思考能为该商品提供哪些售后服务，并撰写在详情页中。当客户上门找碴时，可以直接给出详情页中关于售后描述的页面，做到有理可依。
- **索要相关证书证明**：质量报告、授权书等证书能加大客户对店铺的信任。因此，店家应提前向供应商洽谈相关证书的授权，尽可能多地拿到证书，证明自己商品的质量。

另外，为加大关联商品的销售，店家也可以策划商品的关联商品，展示在商品的详情页中。如本店热销商品、特价商品等，即使客户对当前所浏览的商品不满意，也可以浏览该店的其他商品；或者对浏览商品满意，也可以考虑购买更多商品。如图3-15所示，客户在浏览一款保温杯的详情页时，页面也展示了其他功能的水杯，丰富客户的选择。

店家在撰写商品详情页时，还可以根据商品属性去增加更多有利于商品销售的内容，如拍摄某款空气净化器的使用场景视频等。

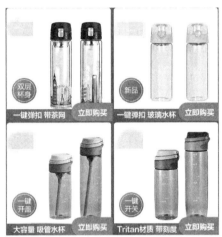

图3-15　某保温杯的详情页展示关联商品页面

3.9 激发客户兴趣的详情页

对于店家而言，详情页最大的作用就是刺激客户下单；但对于客户而言，必须要激发他的购买欲望，他才会下单。激发客户购买欲望最直接的方法，就是在吸引客户需求的基础上，提供不得不买的素材。如先展示卖点，再展示商品销量、使用前后对比等。

1. 商品卖点

卖点是促使客户产生下单行为的主要因素，卖点越符合客户购物需求，则越能激发客户的下单欲望。卖点应体现商品的独特性和差异性，让客户一看商品就心动。一个商品往往有多个卖点，如核心价值、形式价值和延伸价值等。

- **核心价值**：商品的使用价值，例如一款保温杯的核心价值在于：保温时间长、保温效果好、容量大、易携带等。
- **形式价值**：也就是商品的外在表现，如商品外观、质量、重量、规格、视觉效果、手感、包装等。
- **延伸价值**：商品的附加价值，如商品的售后服务、产品的荣誉等可以提升产品内涵的元素。

将这些信息全部收集起来，然后再提炼出与客户需求最匹配的独特卖点，才能有效增加自身产品的竞争力，进而实现对客户的吸引。

2. 商品销量

很多详情页中都会在醒目位置展示评价模块、销量模块，增强客户对商品的信任。如图3-16所示，某漂白剂详情页用销量、收藏、评论的截图表明自家商品深受大家的喜爱，激发客户的从众心理，从而产生购买行为。

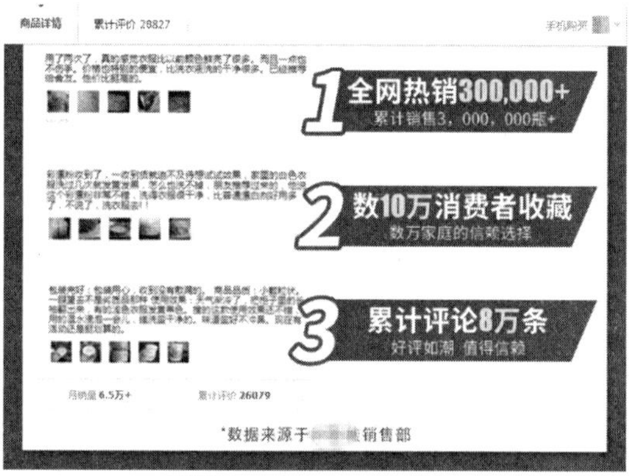

买家评论也容易激发起客户的购买欲望。为了获得更多真实评价，部分店家策划积分、抽奖等方式来刺激已下单客户写评论。针对部分新品，没有销量和评论可展现，可以将商品参加试用中心，将试用者的试用报告展现在详情页中。

图3-16　详情页中展示销量、收藏、评论模块

3. 使用前后对比

在详情页中展示产品的使用前后对比，能起到非常直观的展示效果。特别是一些视觉效果对比明显的商品，通过对比图或对比视频极强的视觉刺激作用，从而促使客户迅速做出购买决定。例如，某款漂白剂的详情页文案，通过使用商品前后的对比图来展示商品使用功效，如图3-17所示。

图3-17　使用商品前后对比图

为加大客户购买欲望，店家还可以在详情页中加入一些展示商品质量保证的内容，如资质证书、品牌实力、防伪查询等。

3.10　影响商品价格的因素

每个售卖的商品都有相应的价格，而价格也是影响商品转化率的重要因素。店家不能想当然地为商品定价，应该通过分析计算成本，参考商品后得出一个综合价格。在计算价格之前，店家应了解影响价格的因素有哪些。

1. 商品成本价格

商品成本，很好理解，就是商品的拿货价，加上人工费、推广费、快递费等费用，得到的一个总费用。具体情况，因商品而异，店家可根据自己店铺的实际情况来分析计算。商品价格越低，商品越具有竞争优势，所以店家应从货源上控制成本。

控制成本并不是越低越好，部分价格低廉的商品，质量相对较差。所以，店家在拿货时，可以参考同行价格，拿价格合适、质量适中的货品。特别是一些外观、功能类似的商品，其价格更具参考性。在参考同行定价时，可参考阿里指数。例如，某经营杯子类目的店家想为一款保温杯定价，可以在阿里指数中查看"保温杯"的价格带分布，如图3-18所示。

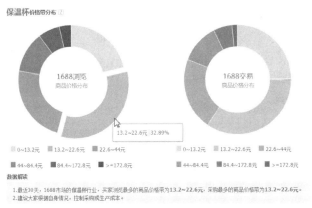

图3-18　阿里指数显示保温杯价格带分布图

数据显示，最近30天，1688市场的保温杯行业，被浏览和购买最多的商品价格为13.2～22.6元。店家在拿货时，其成本应尽量控制在这个价格分布带之内。当然，如果店家有其他营销策略，如走原创、高端路线的，成本价格可相对提高；如果店家走活动引流路线，成本价可相对降低。

2. 热销商品价格

除了了解同行成本价，还可以了解热销商品价格。如在淘宝平台中查看保温杯销量从高到低的商品价格，如图3-19所示。销量较高的保温杯价格为14.80～49.90元。

图3-19　保温杯销量从高到低商品价格截图

综合最受欢迎的成本价格、销量高的商品价格以及自家商品成本价格等因素对价格进行初步定位。另外，店家还需根据商品的形象、定位、受欢迎程度和营销策略等因素进行定价。

3.11 常见的定价方法

店家要想获得更多销量和利润,就要根据店铺实际情况制定出最适合自己的定价方法。总体而言,商品的定价应遵循稳定性、目的性和盈利性。在保证自身利润的前提下,售卖更多商品。定价的方法有很多,这里列举几种常见的定价方法。

1. 习惯定价法

习惯定价法是指按照客户习惯性标准来进行定价。市场上有部分商品,销售时间一长,就形成了一种定价的习惯。特别是高频低价的日用品,价格基本都差不多。如图3-20所示的霸王洗发水,同等规格的几个商品,价格都为108元。

图3-20 霸王洗发水部分商品截图

店家如果售卖的是这类商品,在定价时则应该参考同类价格。不然,定价偏高,销量不易打开;定价太低,客户会对商品的品质产生怀疑,也不利于销售。

2. 整数定价法

整数定价法是指店家针对客户求方便的心理,将商品价格有意定为以"0"结尾的价格。整数定价的商品往往给客户留下方便、简洁的印象,适用于高品质商品或名气较大的商品。如图3-21所示,某奢侈品就是采用整数定价法定价的。

图3-21 整数定价法示例

3. 非整数定价法

相比整数定价法，非整数定价法更为常见。非整数定价法是指当商品的价格处于整数与零头的分界线时，定价不取整数而以接近整数的方式来设定最后一位数字的定价方法。非整数定价法常常给客户留下价格低的印象，迎合客户追求价廉的心理。

如图3-22所示的发夹，售价为4.99元。店家也可以把价格直接设置为5元，但0.99的尾数，让人感觉不足5元，更实惠，更能激发客户的购买欲望。非整数定价法适用于日常较为常见的、价值较低的、容易被消耗的商品。

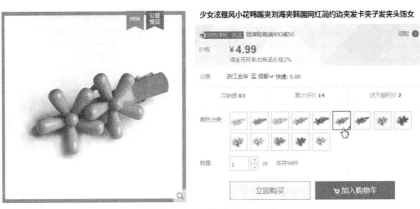

图3-22　非整数定价法示例

4. 数字爱好定价法

在日常生活中，客户往往会根据自己对数字的特殊心理偏好来选择购买商品。例如，我国一直流传着价格中含"6""8""9"更有吉祥如意的含义，这些数字也更受欢迎。所以，店家在定价时，可考虑加入这类数字。如图3-23所示的商品中，分别含"6""8""9"等数字。

图3-23　数字爱好定价法示例

5. 分割定价法

分割定价法是指通过分解价格的方式，让客户认为商品价格更优惠。如图 3-24 所示，该卫生纸的定价本为 26.90 元 40 包。因为同类商品很多，客户还要去计算每包多少钱，思考划不划算。但是店家直接在主图中把价格进行分解，并标明：每包仅约 6 毛，就给人十分便宜的感觉。

6. 商品组合定价法

商品组合定价法是将互补商品、关联商品放在一起售卖，制定特定价格。特别是食品类的商品，常把几种零食放在一起售卖，在增加商品曝光率的同时，也提升了商品转化率。如图 3-25 所示，某款坚果礼包的价格为 39.80 元，内含 9 种坚果。

图3-24　分割定价法示例

图3-25　商品组合定价法示例

除以上定价方法外，还有如同价位定价法、阶段性定价法等。店家可根据商品属性来尝试不同的定价方法，测试出最受欢迎的定价法则。

3.12 高定价法则与低定价法则

部分商品定价是为了迎合大众消费，通过参考成本价和竞争对手价格而得到的一个价格区间。而部分商品不属于大众商品，则可以用相对高的定价来凸显其特别之处，也迎合客户的需求；也有部分商品为了抢占市场，用相对较低的定价来增强市场竞争力。

1. 高定价法则

高定价法则是指通过将商品价格定位高于其他店铺商品价格的一种定价法则。这种定价既能满足客户追求质量、追求新款的心理，又能为店家带来更丰厚的利润。高定价法则主要从以下三个角度出发。

- **从商品价值出发**：部分客户在购买商品时都有一种价值效应，认为高价格的商品更有质量保障，特别是一些知名品牌的商品。也有一些原创商品，因为其自身独具的工艺和独特性，被客户认为价格越高，越有价值。
- **从客户的心理需求出发**：部分追求独特性的客户，希望购买专属于自己的商品。为迎合这种心理需求，店家可考虑使用高定价法则。例如，几大珠宝店的钻石价格相差不大，但部分原创设计的钻石价格往往较高，但依然被广大客户接受，其根本原因就在于商品的独特性。对新婚夫妻而言，佩戴独一无二的钻戒带来的价值已经远超于钻石本身的价值。
- **从服务水平出发**：许多采用高定价法则的店家，除了凸显商品品质，还强调服务水平。如一般商品是7天无理由退换货，部分高定价商品，店家直接给出30天无理由退换货，在服务方面满足客户需求。

店家的店铺风格和商品价格要形成统一性。例如，经营箱包的店铺，行李箱价格偏贵，那店内的双肩背包、斜挎包都应该偏贵。

2. 低定价法则

低定价法则是指制定低于正常价格的商品价格。为让商品更具竞争力，部分商品会使用低定价法则。低定价的商品销量往往不错，有时还能带动其他商品的销售。因为一件周转迅速和流动性高的商品，能使店铺的整体销售具有较高的活力，也说明所售商品的受欢迎程度。

店家在使用低定价法则时，首先要考虑成本问题。只有成本足够低廉，才能支持低价销售。在使用低价销售，满足客户追求价廉物美心理的同时，还要维持客户对商品和店铺的信任感，才有可能将客户发展成为忠实客户。

如图3-26所示，为某经营日常生活用品的店铺。店内所售商品价格较低，使用频率又很高，且店家规定店内商品满18元包邮。从客户的角度出发，肯定不愿意只购买一个3.90元的商品支付10元的邮费。所以客户更愿意多多购买几个商品，凑足18元。这就是典型的低定价引导成交案例。

低定价法则有利于推动商品的销售，但相对收益也会降低。是否采用低定价法则主要取决于店家的供货和销售方式。

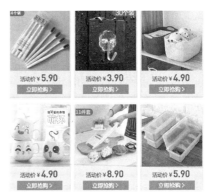

图3-26 某店铺低定价商品页面截图

案例——网店可以高定价吗？

大多数店家，都主张"薄利多销"。在淘宝这个平台上，很多客户习惯比价，大量商品也都是以低价取胜的。很多店家也不敢卖高成本的商品，认为商品再好，但客户看不到也摸不到；价格一高，就会无人问津。所以，店家坚信：一定要低价销售。

近期遇到一个店家卖拉杆箱，同行定价148元，一个月卖2000个。而他的箱子跟同行一模一样，只卖98元。他认为他比同行更有竞争力，但最终一个月只卖100个。这是为什么呢？为什么有时只有低价才能够胜利；而有时候，高价反而可以获得更高的利润。利用这两个案例就跟大家分享，网店是否能定高价这个问题。

结论是：客户对于价格越敏感，越需要采用价格战。也只有通过价格战，才能够取得胜利。而如果这个行业的客户对价格不敏感，对价值更敏感，那么提供了差异化购买理由，就可以定高价。

某学员最初卖口腔溃疡的药，同行均价为10元左右。药这样的产品，客户对于价是不敏感的，理应可以卖得更贵，客户也可能接受。所以，我大胆给他建议：卖98元。结果，他把这款产品卖成了销量前三的药。此后这个学员，一直去寻找中药进行销售，定价全是行业最高价，而且销量很好。4年后，这个学员再找我咨询问题时，谈到他近几年已经通过卖药赚了上百万元。

这是一个极端的例子，毕竟不是每个商品的客户都对价格不敏感。但我希望通过这个案例告诉大家，高定价是可以的，去抓住那群愿意尝试高价的客户就行了。

当然，店家也不只是定一个高价就行了，必须给这个高价找到一个支撑理由。再看一个案例，发生在一个卖鞋的学员身上。他自己就是做鞋的，对自己的商品质量非常有信心。他做一双鞋的成本就需要180元，唯一优势就是鞋子好，有回头客。但是其他客户不知道他鞋子的好坏，所以，商品转化率很低。

我对卖好的产品，非常感兴趣。如果一个卖鞋的，用心做好鞋，这样的店家值得被尊重。所以我想办法让他学会能够卖价格贵的鞋。商品无论价格高低，都要说出商品特点。但是低价的商品，需要的是说出商品的功能；而高价的商品，需要讲明白商品的内涵。

原来他的详情页，主要介绍鞋的各种特点，但是客户不买账。因为所有的普通鞋也都差不多是这个卖点，所有的店家都会说自己的鞋的质量非常好。所以他的商品变得没有特色。

怎么办呢？我给他出主意，就抓住他对于鞋品质追求的这个特点，打造匠人精神。我建议他把做鞋师傅拍出来，再配上一句文案：我就想做一双好鞋，我就想客户只穿我的鞋。如图3-27所示为文案和照片做成的详情页图片。

图3-27　学员详情页文案截图

这款商品定价近400元，上架3天后，一天卖5双；10天后，一天卖10双。要知道这款鞋，一双的利润都在200元以上。这样的商品，仅仅是通过策划主图，详情页优化，使得其成为一款让人感觉非常高端的产品。

　　所以，无论高定价还是低定价，都要围绕行业特征，供应商特征，还有商品特征。低价有低价的卖法，高价有高价的卖法，店家要找到适合自己的卖法。

第4章

商品上架与出售管理

本章导读

做好开店的准备工作后,店家就可以着手进行开设店铺、设置店铺、发布商品、设置运费模板等基本工作了。开设店铺过程中需要个人身份证、支付宝等信息;发布商品过程中,需要商品图片、型号、详情页描述等信息。为了提升商品的自然搜索流量,店家应选取最佳上架时间,并在自己能承受的范围内加入更多消费者保障服务。

4.1 开通网店

目前,在淘宝平台开设一个属于自己的店铺,是一件很简单的事。开店的过程并不复杂,成本也不会特别大,只要用心经营,多花时间在网店上,也能获得不错的成绩。

1. 申请开店

根据淘宝网规定,凡申请开新店,必须完善个人信息,且通过支付宝身份验证及淘宝开店验证。免费开店的具体操作步骤如下。

第1步:登录淘宝网,单击"千牛卖家中心"选项,在弹出的文本框里单击"免费开店"按钮,如图4-1所示。

第2步:进入免费开店页面,淘宝店铺分为个人店铺和企业店铺,这里以个人店铺为例,单击"创建个人店铺"按钮,如图4-2所示。

图4-1　单击"免费开店"按钮

图4-2　单击"创建个人店铺"按钮

第3步:仔细阅读开店须知,单击"我已了解,继续开店"按钮,如图4-3所示。

图4-3　单击"我已了解,继续开店"按钮

第4步:进入申请开店认证的页面,单击"立即认证"按钮,如图4-4所示。

第5步:如图4-5所示,根据提示完成扫描二维码,登录手机端淘宝。(提示:验证需提前准备好支付宝账号、个人身份证等)

图4-4 单击"立即认证"按钮

第6步:跳转认证页面,根据提示完成人脸识别操作和身份证验证,如图4-6所示。

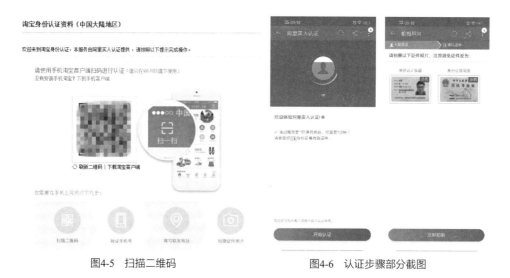

图4-5 扫描二维码　　　　　　　图4-6 认证步骤部分截图

第7步:回到验证页面,提示通过认证,单击"创建店铺"按钮,如图4-7所示。

图4-7 认证通过页面

第8步：回到申请开店认证的页面，完成"支付宝实名认证"及"淘宝开店认证"，单击"下一步"按钮，如图4-8所示。

图4-8　回到申请开店页面

第9步：阅读四大协议条款并单击"同意"按钮，如图4-9所示。

图4-9　阅读四大协议条款并单击"同意"按钮

第10步：跳转页面，提示店铺已经创建成功，如图4-10所示。

图4-10　提示店铺已经创建成功

2. 完善店铺信息

店铺创建成功后，下一步就是设置店铺信息让店铺开张了。

第1步：登录淘宝账号，进入千牛卖家中心后台，单击"店铺管理"下的"店铺基本设置"超链接，如图4-11所示。

第2步：在跳转的页面中设置店铺基本信息，包括店铺名、店招、店铺简介等信息（带"*"符号的项目必须填写），单击"保存"按钮，如图4-12所示。

图4-11　单击"店铺基本设置"超链接

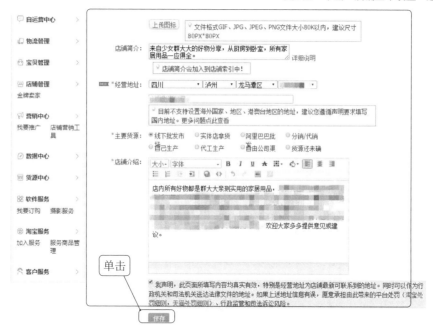

图4-12　设置店铺基本信息

根据自身情况，将需要修改的信息逐一修改后，一个属于自己的淘宝店铺就创建成功了。

4.2 准备发布商品信息所需资料

发布商品，会涉及很多因素，如销售方式、宝贝分类、宝贝规格、宝贝价格、宝贝图片与描述、运费以及宝贝附属信息等，在发布宝贝的过程中，必须同时了解各种宝贝发布知识，下面就介绍一些宝贝的发布过程以及相关的发布知识。

1. 商品类目

店家在发布商品时可以在分类列表区域中选择自己所销售商品的详细分类，方式为从左到右，一般先选择商品大类，然后再进一步选择小的分类、品牌等，如图4-13所示。

图4-13　商品类别页面

部分没有购买目标的客户，会通过类目搜索来查找商品。所以，为了让商品获得更多曝光率，店家在设置类别时，必须要细致、准确，才能加大商品被搜索到的机会。

2. 商品属性

在填写商品信息的页面中要设置商品的基本信息，不同类别的商品，可供选择的属性也有所不同。如图4-14所示，根据商品实际情况，正确选择商品各个属性即可。

图4-14　商品属性页面

所选择的各项商品属性，最终将以表格形式显示在宝贝销售页面的上方，且这些属性在一定程度上决定了客户是否购买商品。因此，店家必须对自己的商品全面了解，在设置宝贝属性时要细致、准确，避免以后由于宝贝与描述不符而造成交易纠纷。

需要注意的是，店家一定不能错放类目和属性。在淘宝中，错放类目和属性指的是商品属性与发布商品所选择的类目不一致,或将商品错误放置在淘宝网推荐的各类目下。

《淘宝规则》细则中注明属于错放类目和属性的行为包括但不限于以下情况:

- 商品属性与发布商品所放置的类目不一致;
- 商品属性与发布商品所设置的属性不一致;
- 在淘宝首页推荐各类目下出现的和该类目无关的商品。

错放类目和属性,是一些新手店家常犯的错误。例如,在发布新商品时将床上四件套放到日用品的类目下。为避免错放类目和属性,店家在发布商品时可参考以下内容:

- **通过卖家中心后台选择精准类目**:这是最简单,也最常见的方法,直接在宝贝发布页面,在"类目搜索框"进行商品关键词搜索,选择淘宝推荐的类目,从中选择出最精准的宝贝类目;
- **借助阿里指数选择精准类目**:通过阿里指数可搜索某个商品的精准类目及热门类目,不仅可以避免错放类目,还能帮助店家发布热门类目,获得更多流量;
- **在淘宝网的搜索选择精准类目**:直接登录淘宝网,在淘宝搜索框中搜索宝贝关键词,查看其中的"相关分类",从而选取合适的精准类目;
- **参考别人的发布类目**:输入自己的商品标题进行搜索,查找相似商品,达到一个参考作用。

寻找商品精准类目,不仅方便客户精准搜索,还能提升商品的排名。

3. 商品信息

如图4-15所示,为了使得商品信息更加全面、具体,店家还应对商品的名称、价格、颜色、规格以及库存信息进行补全。

图4-15 商品信息

商品信息在很大程度上影响着商品的销售,因此在设置上述信息时,广大店家应该力求做到细致、精确,从而能够将当前商品的详细信息提供给客户。

4. 商品描述

商品描述是发布商品过程中最重要的一个环节，将被销售商品的特色体现出来，包括设置电脑端、手机端的商品图片、商品视频以及详情页描述等。

5. 物流信息

凡是在网上交易的实物商品，都需要通过物流来进行运输。运费的支付问题，在一定程度上也决定了客户购买与否。因此，店家需要为某类商品设置专门的运费模板，在以后发布商品时只要选择此模板即可，无须再进行价格设置。

店家可以在网上查询或联系快递公司咨询各地邮费后设置具体运费金额。最好能为商品争取到一个最低廉的价格来降低商品售价。

6. 售后保障信息

店家还需设置商品的售后保障信息，如是否能提供发票和保修服务以及退换货承诺，需如实填写。

4.3 设置可以方便套用的运费模板

前文提到实物商品需要物流运输，自然也关乎运费问题。店家可对多个分类商品设置运费模板，在发布商品时，选定该模板即可。店铺刚开张时，还没有任何运费模板，此时需要新建一个，然后在发布商品时选中该模板即可。下面以设置快递模板为例进行讲解。

第1步：进入"卖家中心"后，单击"物流工具"超链接，单击"运费模板设置"选项，单击"新增运费模板"按钮，如图4-16所示。

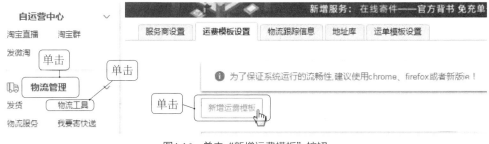

图4-16 单击"新增运费模板"按钮

第2步：设置模板名称、宝贝地址以及发货时间等信息，选择"自定义运费"（如果选择"卖家承担运费"就是所谓的包邮了）以及"按重量"选项，选择"快递"复选框，设置默认价格等信息并单击"保存并返回"按钮，如图4-17所示。

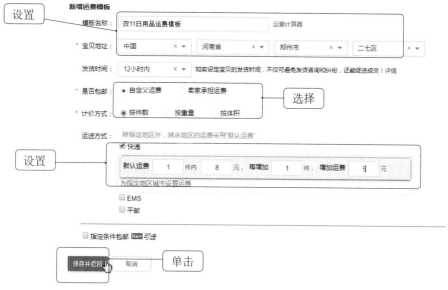

图4-17　设置运费、重量、价格等信息

第 3 步：可以看到设置成功的运费模板，如图 4-18 所示。

双11日用品运费模板　　最后编辑时间:2019-10-29 16:08　复制模板 | 修改 | 删除

运送方式	运送到	首件(个)	运费(元)	续件(个)	运费(元)
快递	中国	1	8.00	1	5.00

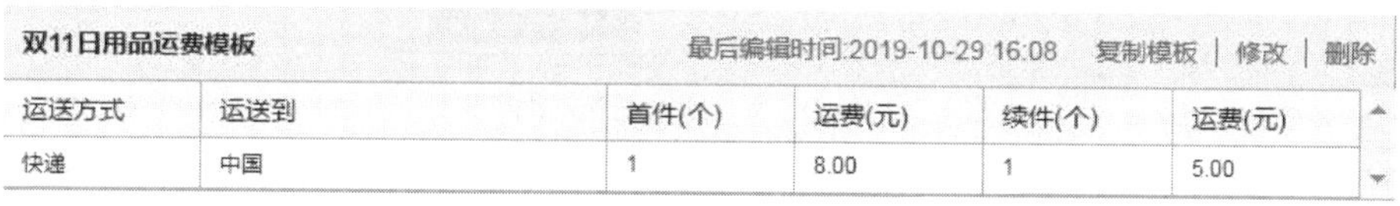

图4-18　设置成功的运费模板

默认运费就是除指定地区以外，其他地区的运费标准。部分偏远地区，因运费成本较高，可以在设置运费模板时单击“为指定地区城市设置运费”按钮，设置特殊的运费模板。

4.4 发布“一口价”商品

目前，淘宝网提供“一口价”与“租赁”两种销售方式，其中一口价是指提供固定的商品价格，客户可以以此价格立即购买商品。一口价适用于容易估价的商品，如服装、水杯、饰品等方便计价、过程简单的商品。下面来看一口价发布宝贝的具体操作方式。

第 1 步：进入淘宝网，单击“千牛卖家中心”超链接，如图 4-19 所示。

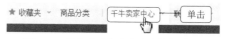

图4-19　单击“千牛卖家中心”超链接

第2步：进入"千牛卖家中心"后，单击"发布宝贝"超链接，如图4-20所示。

第3步：在默认的"一口价"选项下为自己发布的宝贝选择正确的类别；单击"下一步，发布商品"按钮，如图4-21所示。

图4-20　单击"发布宝贝"超链接

图4-21　单击"下一步，发布商品"按钮

第4步：选择宝贝类型为"全新"，设置商品的相关属性，如图4-22所示。

图4-22　设置商品属性

这里的宝贝类型一般选择"全新",如果是销售的二手宝贝,则可以选择"二手",对于闲置的宝贝则可以到淘宝闲鱼网上进行销售。

第 5 步:设置商品的销售价格、颜色(可同时上传宝贝颜色图片)、尺码、数量等信息,如图 4-23 所示。

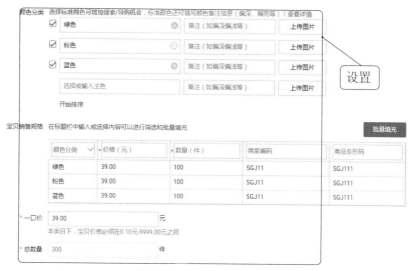

图4-23　设置商品规格、价格

第 6 步:单击"添加上传图片"按钮为宝贝上传商品图片,如图 4-24 所示。店家需提前拍摄、上传商品图片至图片库里,便于商品上新时直接使用。

图4-24　单击"添加上传图片"按钮

第 7 步:单击需要添加的图片上传到主图,如图 4-25 所示。以此类推,上传商品主图视频、相关视频,撰写电脑端描述、手机端描述等。

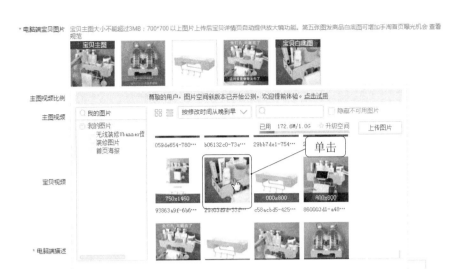

图4-25 单击图片上传图片

第8步：继续设置其他宝贝销售信息，确认无误后，直接单击下方的"提交宝贝信息"按钮，如图4-26所示。

图4-26 单击"提交宝贝信息"按钮

第9步：稍等片刻，提示宝贝发布成功，并自动放入在线仓库。可查看具体的商品详情页，如图4-27所示。

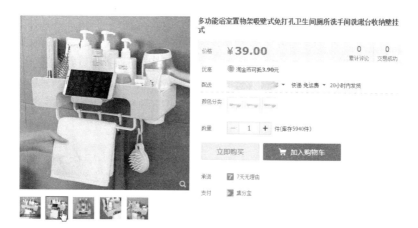

图4-27　商品详情页

全新商品一口价也不是说不允许讲价。遇到客户在合理范围内讲价时，可以临时修改商品价格。不过这样的方式不推荐常用，因为修改次数太多的话，会引起淘宝的注意，可能导致店铺被扣分、降级。

4.5 注意手机端商品详情页的描述

手机端和电脑端由于显示不同，所以在发布商品时，应注意手机端的详情页描述。发布手机端商品和"以一口价方式发布全新商品"类似，需要注意的是需单独设置手机端的商品描述设置。如图4-28所示，手机端描述共有使用文本编辑、使用旺铺详情编辑器和导入电脑端描述三种模式。店家可任意选取一种，对手机端商品进行描述。

图4-28　手机端描述页面

店家应区分电脑端和手机端的主图大小区别,不能贪图便利,直接将电脑端的主图用于手机端中。可针对商品卖点,结合粉丝特点,设计出符合手机端客户的主图来吸引更多点击量。手机端商品上下架时间,依然对搜索权重有影响。店家可通过相应的数据分析得出最适合自己商品上架的时间。

另外,在手机端可设置专属于手机客户的优惠券、店铺红包等活动。用专属手机活动的方式来活跃手机端客户。

4.6 认识淘宝租赁

随着共享经济的兴起,共享、租赁概念逐渐进入大众视野。淘宝网于 2018 年 1 月推出的一个新行业市场——淘宝租赁,是旨在为客户提供租赁服务的专属市场。目前,淘宝租赁只能从手机端进入。如图 4-29 所示,在手机淘宝中搜索"淘宝租赁",就会跳到租赁首页。目前淘宝租赁包括礼服、二次元、绘本玩具、箱包、手机数码等。点按任意一个板块,这里以点按"更多"按钮下的企业租用为例,进入详细页面,如图 4-30 所示。

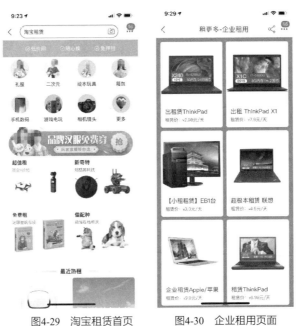

图4-29　淘宝租赁首页　　图4-30　企业租用页面

点按任意商品,可看到商品详情信息,以及其他人租用的评价信息,如图 4-31 所示。确认想租赁商品后,点按"立即租赁"按钮,即可弹出租赁时间、价格、套餐等租赁信息,如图 4-32 所示。确认好信息后点按"立即租赁"按钮,完成付款即可完成租赁。店家在确认订单信息后将安排发货。

在部分情况下，租赁比购买更能满足市场需求，同时也减少了浪费。例如，某客户要参加一个晚会需要身着礼服，但如果单独购买一条心仪的礼服不仅价格昂贵，并且很有可能只能穿一两次。针对这种情况，客户就可以用租金通过淘宝租赁去租一条心仪的礼服，参加完晚会后归还给店家即可。

对于店家而言，租赁的方式减少了客户退换货带来的压力，又推动了商品的快速传播推广。尤其是低频消费的商品，租赁方式的出现可提升营业额。有兴趣的店家可查看自己的店铺是否满足入驻租赁的条件：

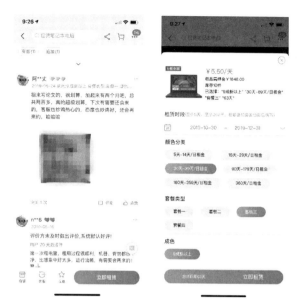

图4-31　查看其他人对商品的评价　　图4-32　核对租赁信息

- 提供与淘宝开店主体一致的营业执照等相关证明材料，同时营业执照上的经营范围需包含租赁、出租等范围；
- 在满足行业正常保证金的基础上，需要提供1000元租赁保证金；
- 店铺名称需包含租赁相关词；
- 经营准入类目的店家须满足对应类目的准入要求。

4.7　商品上下架操作

在上传完商品信息后，可以对它们进行管理，例如修改、维护商品信息，管理商品上下架状态等。

1. 上架商品

通常，商品在发布之后就立即上架了，但如果部分商品为了在特定时间内上下架，需要先把商品放入仓库中，再将商品上架。商品上架的方法比较简单，其操作步骤如下。

第1步：登录千牛卖家中心，单击"宝贝管理"下面的"仓库中的宝贝"超链接，如图4-33所示。

第2步：选中需要上架的商品，单击

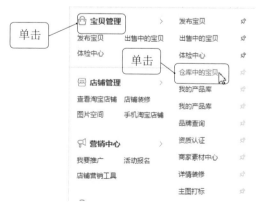

图4-33　单击"仓库中的宝贝"超链接

该商品右侧的"立即上架"按钮即可，如图 4-34 所示。

图4-34　单击"立即上架"按钮

部分店家测算商品的最佳上架时间是凌晨，但凌晨来上架商品会比较麻烦，所以就可以应用"定时上架"功能。定时上架指的是让商品在指定时间自动上架。定时上架只需按照下述操作，找到需上架的商品，单击右侧"更多"按钮，单击"定时上架"按钮，如图 4-35 所示。

图4-35　单击"定时上架"按钮

跳转至设置定时上架页面，设定上架时间，单击"上架"按钮即可，如图 4-36 所示。

图4-36　设定上架时间，单击"上架"按钮

2. 下架商品

一般来说，商品发布后，过了 7 天会自动下架后再上架，不需要店家来手动管理，但有时候因为一些意外，比如突然发现商品存在质量问题，或库存紧缺，就需要手动下架商品，其操作方法如下。

按照上架商品的步骤，单击进入"出售中的宝贝"页面，选中需下架的商品，单击右侧"立即下架"按钮即可，如图 4-37 所示。

图4-37 单击"立即下架"按钮

如果店家需要批量下架商品，可选中相应商品的复选框，单击"批量下架"按钮即可，如图4-38所示。

图4-38 单击"批量下架"按钮

4.8 合理设置上下架时间

根据淘宝系统规定，商品的上架周期为 7 天，也就是说某商品在中午 12 点上架，到 7 天后的 12 点就会下架，这是一个自动循环的周期，而这个周期的起始时间和结束时间就是商品的上下架时间。

根据淘宝商品的排名规则，客户在搜索一款商品时，离下架时间越近的商品，搜索排名就会越靠前。所以，店家想让商品搜索排名靠前，获得更多自然搜索流量，就应考虑商品的上下架时间。

1. 分析流量高峰期

店家可以选择在流量大的时间段内上架商品，获得较高的搜索权重。通常，淘宝一天中有 3 个流量高峰时段：9:00—11:00，15:00—17:00，20:00—22:00。但由于各个商品之间存在差异，故这 3 个高峰时段并不适用于全部的商品。

店家可通过生意参谋，来查看同行业商品的上下架时间，从而得出一个目标客户购物最佳时间点。

2. 分析竞争情况

店家在得出商品类目流量高峰期后，可以分析不同时段的竞争情况，来决定商品的上架时间。如图 4-39 所示，店家可以通过生意参谋，来进行三层筛选得到一个最佳上架时间。

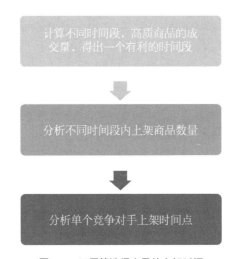

图4-39　三层筛选得出最佳上架时间

在计算过程中，如果数据较多，不利于分析，店家可将时间点及相应数据输入到 Excel 中，便于筛选和查找最佳上架时间。

4.9　修改商品信息

有时需要修改出售中的商品信息，如颜色、数量或价格等。针对这种情况，店家可以在"千牛卖家中心"进行相关操作。

首先单击"宝贝管理"下面的"出售中的宝贝"超链接，在下边的页面中出现商品列表，单击需要修改商品右边的"编辑商品"超链接即可，如图 4-40 所示。

随即会跳转到与发布宝贝时一样的页面，店家可以对宝贝信息进行修改，修改完后单击"提交宝贝信息"按钮即可。

图4-40　单击"编辑商品"超链接

4.10 争取商品新品标

淘宝网中的新品，是指在淘宝网上发布的，对应的款式距该店铺第一次发布时间在28天以内的商品。"新品标"能有效提升商品的整体排名；有新品标的商品在同样操作情况下，搜索权重更高、转化率转化也更迅速。

如图4-41所示，在淘宝搜索栏中输入"毛衣"，在默认综合排序下展现的商品中，前4名商品中有2个商品都有新品标的标识。

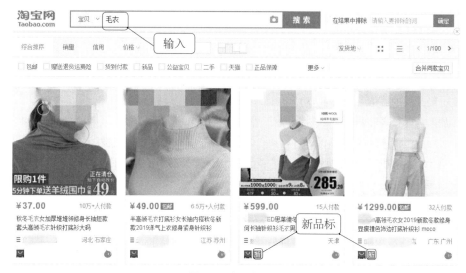

图4-41　新品标标识

新品标针对部分商品开放，目前开放的类目如：女装、箱包皮具、男包、女鞋、女士内衣／男士内衣／家居服、流行男鞋、服饰配件、童装、流行首饰等。《淘宝规则》规定，新品类目商品，存在被扣分情况严重的，即使符合新品标的标准也不能打新品标。符合条件和类目的商品还需要符合以下条件才能打新品标：

- 图片无严重牛皮癣；
- 非旧款重发；
- 非拍卖、二手、闲置商品；
- 商品标题中不包含"清仓""反季""换季""二手"等字样；
- 商品第一次上架时间在 28 天以内；
- 有一定的新品喜爱度。

符合打新品标的商品，不能忽略了新品标的重要影响。在条件成熟的情况下，店家可为商品争取到新品标，加大商品搜索权重。

4.11　加入消费者保障服务

消费者保障服务（淘宝消保），指的是经店家申请，店家按其选择参加的消费者保障服务项目，向客户提供相应的售后服务。如 7 天无理由退换货、基础消保、退货承诺等。

店铺是否加入消费者保障服务对搜索排名也有着重要影响。店铺在加入消保后，能获得淘宝标签，能加入 7 天无理由退款等服务。店铺加入更多维护买家权益的协议，可以使店铺看起来更具信任，更能促成交易。

加入消费者保障服务步骤如下。

第 1 步：登录淘宝网，单击进入"千牛卖家中心"的"淘宝服务"下的"加入服务"按钮，如图 4-42 所示。

第 2 步：跳转至淘宝服务页面，店家可查看店铺是否加入消保，以及已经开通的服务，如图 4-43 所示。

图4-42　加入服务页面

加入消保带来的好处，除了提高搜索排名权重外，更有以下优点：

- 加入消保的商品有特殊标记，有独立的筛选功能，使商品更容易被客户找到；
- 加入消保中的 7 天无理由退换货、运费险等保障服务，能加大店铺的信任度，提升商品转化率；
- 淘宝系统为提高店家服务质量，只允许加入消保的店铺参与单品单店推荐活动；
- 加入消保的店铺能获得更多橱窗，有利于商品排序；
- 淘宝网部分优惠活动，优先针对消保店铺开放。

店家还可以根据实际情况为商品购买运费险、加入公益宝贝等服务，增加客户对商品、店铺的信任感。

图4-43 淘宝服务页面

案例——细节决定成败，普通小店家做对了这些事，一年赚了30万元

这几年，互联网、电商高速发展，创造了许多奇迹。但对于普通人来说，还是可望而不可即。这里由杨得水这位普通人分享，在经历职业低谷后破釜沉舟，选择电商创业。最终凭借自身努力，收获了属于他自己的一份小事业。

1. 创业经历

我叫杨得水，在电商行业待了有六七年，做过淘宝、拼多多，目前以淘宝为主。在2016年，公司所经营的产品衰败，无奈之下选择离职。当时心里非常失落，到了养家糊口的年纪，经济压力很大。一个人想了好几天，最终决定破釜沉舟，自己做淘宝。

商品和货源都是朋友介绍的，做洗护类产品，门槛很低。刚开始每天不到十单，不温不火地运营。2017年2月开了第二家店，做新产品，历经10个月，从一个新店开到一个皇冠，1.6万分的信誉，好评率99.7%，基本保持每月14～15万元的销售额。目前，虽然规模还是不大，日常办公和发货都挤在一起，但我已经很满足了。

2. 见证一个类目的兴亡

先说说前一份工作吧，2014年在一个红酒公司做运营。当年"双十一"，活动当天销售额800多万元，连淘小二也来买我们的商品，当地报社都来采访。2015年聚划算酒水节，销售额200万元，是酒水节中卖得最好的。同年12月底，聚划算大牌日主推，靠着淘抢购和聚划算，达到500万元的销售额。当时我们有一个酒水群，十多个店家，比谁能在最短时间内售罄，简直就是一场酒水盛宴。

但因为80%的销售方式都是淘抢购和聚划算，给这个类目悄悄埋了个坑。当客户不再通过淘抢购和聚划算来购物时，作为依靠这些资源的类目店铺基本面临的就是骤降。这种情况在2015年已经有点苗头，2016年直接是断崖式的下滑。红酒这个类目在淘抢购和聚划算产出从刚开始的十几二十万元，降到两三万元。店家即使投直通车、智钻，也都是赔钱。一个类目就这么衰败了。

3. 标题很关键

我在开第二家店，做标题时，发现有很多竞争对手都和以前的自己一样，凭感觉自己编或直接套用同行爆款商品名称。但对于新店而言，用新的标题链接去与行业里热卖店铺用同样的标题进行展现，结果很明显，新店想要有成交非常困难。

这么敷衍着去做只会白白丢失了真正客户会搜索的关键词市场。再去烧直通车获得付费流量，非常的不可取。

我的经验是重点关注搜索人气、在线商品数，来判断竞争度。同时结合搜索人气紧密相关性，去做一个30字标题。虽然做一个标题都要花大半天时间，但是是值得的。有了合适的标题后，才逐渐有了销量。因为标题是带来流量的基本入口，而搜索则反映出了客户的购物习惯。

4. 细节决定成败

曾经看了一本书，有一句话大概是这样说的："当你把工作中的每一个细节做到80分，就能看到成功的方向了。"也就是这句话，一直影响着我。

刚决定开网店时，压力大、心里急，所以走了不少弯路。不过，我也得出了一些结论：在创业过程中，容不得半点偷懒。如上下架商品、策划标题、拍摄主图、撰写详情页、洽谈物流……每一个步骤，我都用心去做。

主图：用了清爽、简单的背景色，与同行形成差异化。

上下架时间：用生意参谋去分析，竞争流量相对较少的时间段。

详情页：考虑到成本，由我自己做，虽水平有限，但自我感觉满意。手机端详情页，符合手机端购物显示特点，应用到了竖屏、大图、大字，给人一看就比较上档次。

评价：我们的商品属于高频低价的商品，复购多、好评率高。在包裹中放置创意卡片，吸引客户自发地好评。

物流：和多个物流公司谈价格，找到了发货快、价格优的物流。

我在经营淘宝店铺时，也犯了不店家常犯的错，比如标题直接套用别人的商标名称，导致被投诉，只能删除链接。再比如盗用其他店家的图片，在月销近千时，被投诉，再次删除链接。出现这些问题并不可怕，可怕的是永远陷在问题里面，或试图找寻一些捷径去解决问题。但是往往得不到自己理想的结果，也无法从充满问题的泥潭里挣脱出来。

第5章

网店商品拍摄技法

本章导读

对于店家而言，为店铺中销售的商品拍摄照片，既可以充分展示商品的特点和细节，让客户全面了解商品的具体信息，又能为商品或店铺营造出一种美的氛围，从而在视觉感官上打动客户。为了实现这两点，本章将从拍摄技巧的角度出发（包括相机拍摄及手机拍摄），帮助店家解决拍摄商品过程中遇到的一些"疑难杂症"。

5.1 电脑端商品主图的基本拍摄要求

商品主图是对所销售商品最直接的一种视觉展示方式。商品给客户的第一印象将直接影响客户的点击率,间接地也会影响商品的曝光率,从而影响进店人数以及商品最后的转化。因此,商品主图的拍摄和制作对于一家网店来说至关重要。淘宝上一家店铺的商品主图如图5-1所示。

淘宝天猫的商品主图共分为两部分:电脑端宝贝图片和主图视频,如图5-2所示。

图5-1 某网店的商品主图

图5-2 淘宝天猫的商品主图构成

1. 常规主图

在淘宝天猫中一般有5张常规主图,这5张主图具体的拍摄和制作要求如下。

第1张主图:这张图片的主要作用是吸引客户点击,一般为商品的正面图,主要展现的是商品的卖点,要求做到明亮好看。

第2张主图:这张图片的主要作用是激发客户的购买欲望,一般为商品的正面图或背面图,同样也是从商品的卖点出发,可以展现商品的多个颜色、多个款式或者是多个种类等,给客户提供更多的选择。

第3张主图:这张图片需要将商品的优点或者是细节点提炼出来展现给客户,让客户进一步感受到该商品的优势。所以这张图片可以是商品的侧面图或细节图,重点突出该商品与其他商品的不用点。

第4张主图:这张图片的主要作用是打消客户的购买疑虑,推动客户做出下单决定。所以这张图片一般为细节图,可重点突出商品的促销点。

第5张主图:这张图片最有可能成为手机端搜索展现的图片,所以该图十分重要,一般为白底宝贝图。

5张常规主图均需要上传"正方形图片",图片大小不超过3M,图片格式可以为GIF、PNG、JPG、JPEG等格式。除此之外,主图图片的拍摄还应注意以下几点细节:

- 5张商品主图要尽量保持色系统一；
- 图片的构图要明快简洁，突出主体，商品要居中放置；
- 图片不要有边框，不要将多张图拼在一起，做到一张图片只反映一方面内容；
- 杜绝牛皮癣，不要有太多的宣传；
- 注重细节的拍摄，细节往往是最能打动人心的。

2. 主图视频

视频相较于静态的图片，能更加有效地在短时间内传递更多有用的商品信息，因此也更适合用于将商品的亮点传递给客户。所以，越来越多的淘宝店家选择在商品主图的展示位置上添加主图视频，这样做既可以增加商品权重，又可以提高商品的转化率和销售量。淘宝上一家店铺播放的主图视频如图5-3所示。

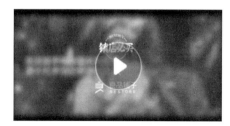

图5-3 某商品的主图视频

目前，主图视频已面向所有商家开放，部分视频限权类目的商家除外（例如成人、虚拟等类目）。主图视频要求如下：

- 时长：不能超过60秒，建议将播放时长控制在9～30秒，这样可优先在"猜你喜欢""有好货"等推荐频道展现；
- 尺寸：1∶1，有利于客户在主图位置的视频观看体验；
- 清晰度：画质高清。清晰度≥720p；分辨率≥720p，码率为2～3Mbit/s；
- 内容：突出1～2个商品核心卖点，为保证客户的观看效果，不建议使用电子相册式的图片翻页视频；
- 禁止出现的内容：站外二维码、站外LOGO、站外APP下载、站外交易引导等内容。

5.2 移动端商品主图的设计和制作

移动端商品主图的重要性要远大于电脑端，某手机淘宝的商品主图如图5-4所示。从图中可以看到，移动端的商品主图通常占据了整个手机屏幕的二分之一，占屏比和曝光率都要比电脑端高出很多，也更容易引起客户的关注度。

移动端商品主图一般不超过10张。店家要充分利用每一张主图，力求做到图片精美、展示美观、细节突出，能够体现商品的特点，抓住客户的注意力。

移动端商品主图在滑动完后，会跳转到商品详情页的第一页，因此怎样吸引客户连续滑动，把主图页面看完，也是值得店家思考的一个问题。具体来说，店家可以通过各个页

图5-4 手机淘宝的商品主图

面之间的关联，让客户不知不觉地滑动完所有的主图。比如，对商品"前、后、左、右"不同的角度进行展示；通过"一、二、三、四"陈列商品的卖点等。

另外，移动端商品主图和电脑端商品主图有所不同，在制作时需要特别注意图片的尺寸。图片尺寸如果过大，有可能会使客户在浏览时无法看到完整的主图内容，导致图片所传递的信息不完整。图片展现最大尺寸是220像素×200像素，在设计时800像素×800像素有放大镜功能，但展现在客户眼前时，最大尺寸只有220像素×200像素。

5.3 构图的基本原则

构图是图片或视频拍摄的基本技巧之一，是指商品主体（单个或多个）在照片或视频画面中的位置，以及商品主体与背景所构成的视觉效果。优秀的构图，能够很好地展现作品的主题与美感。无论是图片拍摄还是视频拍摄，在拍摄过程中至少要有一个主体，而构图的目的是为了将图片或视频的兴趣中心点引到主体上，从而给观看者带来最大程度的视觉吸引力。下面就来看看商品拍摄时有哪些构图的基本原则。

1. 主体明确

突出主体是对画面进行构图的主要目的，而主体又是表现作品主题和中心思想的主要对象。在构图时要将主体放在醒目的位置，从人们的视觉习惯来讲，把主体放置在视觉的中心位置上，更容易突出主体，如图5-5所示。

图5-5 主体明确的商品图片

2. 陪体衬托

对于有些商品而言，如果只有主体而没有陪衬，就会使整个拍摄画面显得乏味、单调，这时就需要一些陪体来丰富拍摄画面，增加图片的视觉吸引力。但需要注意的是，陪体不能喧宾夺主，主体在画面上必须显著突出。如图5-6所示为拥有陪体衬托的商品图片。

3. 环境烘托

在拍摄商品时，将拍摄对象置于合适的场景中，不仅能突出主体，还能给拍摄画面增加浓重的现场真实感，如图5-7所示。

4. 前景与背景的处理

一般而言，位于主体之前的景物为前景，位于主体之后的景物为背景。前景能弥补画面的空白感，背景则是商品拍摄中的重要组成部分。前景与背景不仅能渲染主体，还能使画面富有层次感和立体感，如图5-8所示。

5. 画面简洁

在拍摄商品时，选用简单、干净的背景，可以避免观看者对主体注意力的分散。如果遇到杂乱的背景，可以采取放大光圈的办法，让后面的背景模糊不清，以突出主体；或者选择合适的角度进行拍摄，避开杂乱的背景，这样也可以突出拍摄主体，如图5-9所示。

图5-6 陪体衬托的商品图片

图5-7 环境烘托的商品图片

图5-8 商品拍摄过程中前景与背景的处理

图5-9 画面简洁的商品图片

6. 追求形式美

在拍摄商品时，拍摄者可以充分利用点、线、面等元素的结合，在视觉上追求画面感，如图5-10所示。

图5-10 追求形式美的商品图片

5.4 商品拍摄的构图方法

在拍摄商品时，拍摄者所选择的构图方法将直接决定拍摄作品的展现效果，体现商品图片的专业程度。下面介绍几种常用的商品拍摄的构图方法。

1. 九宫格构图法

九宫格构图法又称为井字构图法，即在画面上横、竖各画两条与边平行、相互等分的直线，将画面分成9个相等的方块，竖线和横线相交的4个点就被称为黄金分割点，如图5-11所示。在拍摄商品时，将主体安排在黄金分割点附近，即可突出拍摄主体，又可使拍摄效果具有一定的美感。

由于九宫格构图法可以增强画面的灵动感和艺术感，使原本普通的商品更具感染力，所以很多网店的店家都会使用九宫格构图法来拍摄商品。尤其是小饰品、艺术摆设这类商品对于九宫格构图法的使用更为频繁。例如，某款花瓶商品的图片就是采用了九宫格构图法进行拍摄的，从图中可以看到整张图片的分割线和分割点，主图位于右边的分割线上，且商品主体也都偏向主图右边的分割点，整张主图左侧三分之一处是没有主体的，但整张图片却非常和谐，并没有失去它应有的平衡感和美感，如图5-12所示。

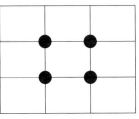

图5-11 九宫格构图法

图5-12 采用了九宫格构图法拍摄的花瓶

2. 三分构图法

三分构图法和九宫格构图法极为相似，都属于黄金分割法的一种具体应用方法。具体而言，三分构图法就是把画面分成"上中下"或者是"左中右"三等分，每一等分中心都可放置主体，这种构图方法一般比较适合多形态平行焦点的主体。当要突出的主体比较长时（如人体、地平线等），将主体安排在图片的三分之一处，可以使整个画面显得生动、和谐，主体突出。三分构图法有4种表现形态，如图5-13所示。

三分构图法常被用于服装类商品的拍摄，因为服装类商品经常要使用模特，而人体是呈长条形的，所以常常被放在画面的三分之一处进行突出，如图5-14所示。当要拍摄的商品占主体画面较多时，可以考虑将其一部分安排在画面三分之一处，也能达到比较好的展现效果。例如，某款茶叶商品的图片，由于包装盒上有一侧的颜色较深，所以拍摄者将这部分内容安排在画面的三分之一处，使整个画面显得和谐而具有美感，如图 5-15 所示。

图5-13　三分构图法的4种表现形态

图5-14　采用三分构图法拍摄的服装类商品

图5-15　采用三分构图法拍摄的茶叶商品

3. 对角线构图法

对角线构图法是指将主体安排在画面的对角线上的构图方法。这种构图方法可以使拍摄出的画面呈现很好的纵深效果与立体效果，画面中的斜向线条还可以吸引观看者的视线，让画面看起来更具活力，从而达到突出主体的效果。对角线构图法的表现形态如图 5-16 所示。

图5-16　对角线构图法的表现形态

在拍摄长条形主体时，可将之斜向摆放，形成对角线构图，如图 5-17 所示。

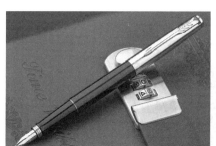

图5-17　采用对角线构图法拍摄的商品图片

4. 汇聚线构图法

汇聚线构图法就是利用线条的汇聚现象来进行拍摄的构图方式。所谓汇聚现象指的是在画面中出现一些线条元素,向画面相同的方向汇聚延伸,最终汇聚到画面中的某一位置。通常出现在画面中的线条数量在两条以上,才可

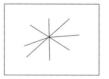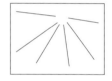

图5-18 汇聚线构图法的表现形态

以产生这种汇聚效果,这些线条能引导观看者的视线,沿纵向的方向由远到近地汇聚延伸,给观看者带来强烈的空间感与纵深感。汇聚线构图法的表现形态如图 5-18 所示。

如果汇聚的线条越多,且都很集中,拍摄画面的透视纵深感就会越强烈,这样就会使普通的二维平面图片呈现出三维立体空间的效果,因此拍摄出来的商品图片就会具有很强的吸引力和艺术感染力。如图 5-19 所示的两幅商品图片就是采用汇聚线构图法进行拍摄的。

图5-19 采用汇聚线构图法拍摄的商品图片

5. 对称式构图法

对称式构图法是指利用主体所拥有的对称关系来构建画面的构图方法。对称的事物往往会给观看者带来稳定、正式、均衡的感觉,所以利用这种对称关系进行构图可达到非常好的视觉效果。对称式构图法的表现形态如图 5-20 所示。

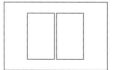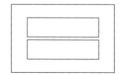

图5-20 对称式构图法的表现形态

利用对称式构图法拍摄商品时,可以使商品主体在画面中呈现出左右对称或上下对称的效果,如图 5-21 所示。

图5-21 采用对称式构图法拍摄的商品图片

6. 中心构图法

中心构图法是指将主体放置在画面中心进行拍摄的构图方法。这种构图方法的优点在于主体突出、明确，而且画面很容易达到左右平衡的效果，构图简洁。利用中心构图法拍摄商品，能够很好地突出商品主体，让客户很容易就能看见照片上的重点信息，从而将目光锁定到商品上。在淘宝商品拍摄中，中心构图法主要用于商品主图的拍摄，如图5-22所示。

7. 花样构图法

在构图方法中，有一种构图方法不按常规思维进行构图，而是根据拍摄主体自身的需要去营造别具一格的氛围，这种构图方法就被称为花样构图法。

在商品拍摄中，花样构图法的应用还是比较频繁的。例如，花盆类的商品，由于形状各异，没有办法整齐排列，所以在拍摄时可以采取毫无规律的摆放方式，这样不仅能体现商品样式的多样性，也能体现商品的生动感，使更多的商品信息呈现在客户眼里，如图5-23所示。

图5-22 采用中心构图法拍摄的商品图片

图5-23 采用花样构图法拍摄的商品图片

5.5 选择商品的取景角度和拍摄角度

在商品拍摄中，取景角度通常可以分为正面、侧面、背面、顶部、底部等几个角度。

- **正面取景**是指从商品的正面进行拍摄，这种取景角度简单直接，可以让客户一目了然。
- **侧面取景**是指从商品的侧面进行拍摄，这种取景角度可以较好地展现商品的轮廓线条。
- **背面取景**是指从商品的背面进行拍摄，这种取景角度可以更全面地展现商品细节。
- **顶部取景**是指从商品的顶部进行拍摄，这种取景角度可以很好地展现出商品的整体面貌。
- **底部取景**是指从商品的底部进行拍摄，这种取景角度在商品拍摄时通常很少运用，因为大部分商品的底部没有太多值得展示的内容。如果商品底部有需要展现的内容，可以采取底部取景进行拍摄。

例如，某款蓝牙音箱商品分别从正面和顶部两个角度取景进行拍摄，如图5-24所示。

图5-24 分别从正面和顶部两个角度取景拍摄的商品图片

在对商品任意一面进行拍摄时，可以分为平拍、仰拍和俯拍三种拍摄角度。其中，平拍是最常见的商品拍摄角度，因为平角度拍摄可以真实还原商品的大小比例关系，不易产生变形，因此，为了让客户看到的商品图片尽量与购买到的实物感觉一致，大多数时候都会采用平拍。仰角度拍摄的作用主要是可以让被拍摄的主体显得高大瘦长，所以在拍摄服装类商品时通常会采用仰拍，如图 5-25 所示。俯角度拍摄的作用在于展现出商品的立体感，如图 5-26 所示。

图5-25 仰拍的商品图片　　　　图5-26 俯拍的商品图片

5.6 选择合适的拍摄器材

拍摄器材决定着商品拍摄图片的质量，好的拍摄器材往往可以呈现出更优质的商品图片，提高客户的视觉体验。那么拍摄者们要如何选择合适的拍摄器材呢？

1.智能手机

说到智能手机相信大家一定都不陌生。随着技术的不断发展和完善，智能手机的功能也是越来越强大，无论是打电话、发信息、拍照，还是上网、听音乐、看视频，一部智能手机就能轻松搞定。拍照功能是智能手机自带的基本功能，一般的智能手机都可以进行简单的图片或视频拍摄。现在很多网店的商品图片或视频都是由智能手机拍摄出来的，图片或视频拍摄完成后，拍摄者还可以直接将图片或视频上传至店铺，操作非常方便。

2. 专业相机

一款合适的相机，能够极大地帮助网店店家拍好展示图片。目前，市面上比较流行的相机大致可分成3种：普通数码相机、单反相机和微单/单电相机。

- 普通数码相机：普通数码相机的特点是价格低廉，这类相机适合于拍摄家人、朋友、宠物或旅行照的相片。在普通数码相机中，有很多比较轻薄，便于携带，因此这种薄型相机又被叫作"卡片机"，是普通数码相机中的主流产品，价格集中在800～3000元。普通数码相机的像素一般在2000万像素左右，拍出来的照片效果相当不错，对于拍摄网店的商品图片来说，已经足够了。

- 单反相机：现在一提到专业拍照，似乎都要说到"单反相机"。单反相机的拍摄效果确实比较好，但价格也相对较高，一般都在数千元以上。单反相机的镜头和机身一般是可以分离的，一个机身上可以安装不同的镜头。如果店家希望完美地展示商品的细节，不妨选择单反相机来进行商品的拍摄。

- 微单/单电相机：由于单反相机是采用了单镜头加反光板的取景结构，故名"单反"，但也因为这个结构，导致单反相机体积庞大，机身沉重。为了克服这个缺点，相机生产厂商又研发出单镜头加数码取景结构的相机，取消了反光板，因此其体积大大减小，摄影效果上只是略差于单反相机，但价格相对单反相机来说有大幅度减少，主要集中在2500～5000元。这种相机被称为"单电相机"或"微单相机"。对于追求较好拍摄效果，但资金预算又有限制的店家来说，微单/单电相机也是一个不错的选择。

3. 三脚架

虽然现在的大多数手机和相机都有防抖功能，但在拍摄商品的时候，有的人手抖得比较厉害，仍然会拍出一些模糊的照片。这个时候就需要使用三脚架，将手机或相机固定在三脚架的云台上，拍出的照片将会非常清晰；有时候需要在光线不好的地方，或者在夜晚进行拍摄，就要进行长时间曝光，而人手不可能长时间保持静止不动，如果用手拿着手机或相机进行长时间曝光会造成图像模糊，此时就必须使用三脚架辅助拍摄；另外，有的店家自己做模特，没有人帮忙拍摄，这个时候就可以使用三脚架架好手机或相机，设置延时拍摄进行自拍。

三脚架一般有三只支撑脚，每只脚由三节可伸缩调节的金属管组成。支撑脚上面还有可调节高度的中轴，中轴上面还有可以调节角度和方向的云台。三脚架的各个调节螺杆都非常明显和直观，只需按照说明书操作，即可轻松将三脚架展开，将手机或相机固定在云台上。安装好的三脚架，如图5-27所示。

图5-27　安装好的三脚架

5.7 选择适合的灯光器材

拍摄商品图片时，光线很重要，太亮、太暗、反光等都会影响商品图片质量。要获得曝光正确的商品图片，就要用到灯光器材以及摄影棚、反光伞等辅助拍摄工具。

1. 利用简易摄影棚调节光线

如果拍摄的商品对颜色要求很高，那就一定要使用摄影棚。摄影棚是在室内拍摄商品时最主要的辅助拍摄工具。在淘宝拍摄器材店中，摄影棚的售价不高，如果所要拍摄的商品不是特别大，店家可以购买一个现成的简易摄影棚，如图5-28所示。

图5-28　淘宝上销售的简易摄影棚

2. 利用反光伞/反光板调节曝光

反光伞通常是配合闪光灯使用的，它的作用是把闪光灯闪出的硬光变成柔和的漫射光。如果没有反光伞的话也可以使用反光板。反光板在室外拍摄时很有用，因为很多时候外景都是逆光拍摄的，但逆光拍摄时模特正面会有很暗的阴影，这时候用反光板补光可以减少阴影。

反光伞的外形和雨伞差不多，不过伞的内面贴的是高度反光的材料，其价格在几十元到两百元不等，如图5-29所示；反光板通常是一块轻巧的圆形或长方形的平板，一面贴有高度反光材料，其价格在二十多元到七八十元不等，如图5-30所示。

图5-29　反光伞

图5-30　反光板

除了简易摄影棚、反光伞/反光板以外，还有一些辅助拍摄器材，如独立闪光灯、摄影台等，但在商品拍摄过程中使用得并不多，这里就不详细介绍了。

5.8 拍摄出清晰图片的技巧

绝大多数店家并不是专业的摄影师,因而拍摄出的商品图片效果有可能不是很理想,最常见的情况是拍摄的商品图片清晰度不够。下面介绍几个小技巧,帮助店家拍摄出清晰的商品图片。

1. 保证拍摄工具的稳定性

保证拍摄工具的稳定性是拍摄商品时最基础的要求。当拍摄者按动快门的时候,最容易使拍摄工具晃动,从而造成拍摄画面模糊的情况。因此,为了保证拍摄工具的稳定性,建议拍摄者最好使用三脚架进行拍摄。

2. 对焦要准确

"对焦"这个词对大多数朋友来说可能很陌生。简单来说,近视的人看东西要拿近了才能看清楚,不同程度的近视看清物品的距离不同,这个距离就是"焦距"。那么眼睛能看得最清晰的距离就相当于相机的"正确对焦"。所有的相机都有自动对焦的功能,对于初学者来说只需要将镜头的中心对着拍摄物的主要部位,在显示屏里看到显示最清晰的时候按下快门即可。

3. 不要完全相信自动模式

大多数相机产品都有自动拍摄模式,它会根据当前拍摄的环境、光线来自动调节所需要的参数。但在一些复杂光线条件的室内或是夜晚,自动拍摄模式的效果并不是特别理想。例如,在夜晚拍摄时,如果使用自动模式,相机往往会使用最高的感光度来保证快门速度,从而带来严重的噪点。其实在夜晚拍摄时,完全可以根据当时的光线情况,适当调高感光度并开启内置闪光灯,甚至延长曝光时间,这样拍摄出来的效果会比自动模式拍摄的好很多。

4. 镜头要擦干净

一些人在使用相机时不注意镜头的清洁和保护,以致镜头上有很多灰尘、指纹、划痕等,从而导致拍摄出来的商品图片模糊不清。此时,拍摄者可以使用专用的清洁布或者镜头纸对相机镜头进行清洁。清洁时一定要注意,用力要尽量小,不要让灰尘、沙砾等杂物划伤了镜头表面,更不能使用各种有机溶剂来清洗镜头。另外,相机不用时应及时盖上镜头盖,以免镜头被划伤。

 ## 5.9 利用模特拍摄商品图片

商品图片不仅要清晰漂亮、具有吸引力,还要向客户传递丰富的商品信息。如果店家想要将商品的大小、穿搭效果等看不准、摸不着的商品信息,准确传递给客户,那就必须得采用模特实拍图片来展示商品。特别是经营服装、包包、饰品等商品的店家,采用真人模特拍摄出来的商品图片,能够有效地给客户传递更多的商品信息。

相比平铺的服装商品图片，使用真人模特拍摄的商品图片更能体现出衣服的试穿效果。而且模特的姿势也要各式各样，这样才能显示出该服装商品的板型和试穿效果。某淘宝店铺使用真人模特拍摄的商品图片，如图 5-31 所示。

图5-31 使用真人模特拍摄的商品图片

使用真人模特拍出来的商品图片，不仅能让客户更多地了解商品，还能美化店铺，吸引客户的眼球，进而增加店铺的浏览量。

使用真人模特拍摄商品图片时，应该注意以下几点。

- 使用真人做模特，最好能在商品描述中标明模特的身高或商品的尺寸大小，让客户更了解商品的尺码情况。
- 尽量不要在逆光情况下对模特进行拍摄，拍摄时建议尽量采用 45 度的拍摄角度，这样拍摄出来的效果会更好。
- 使用真人模特拍摄商品图片时要选择好合适的背景，建议拍摄地点最好选择在户外，因为自然光拍摄出来的效果更好。
- 拍摄时要注意协调模特与商品之间的关系，不能喧宾夺主，拍摄的重点在于体现商品的特点。
- 拍摄时模特的姿势要多样，同时动作要自然，不能太僵硬了。

利用不同光线拍摄商品

当光线从不同角度照射到拍摄主体上时，会产生不同的效果。充分利用光线的射入角度，可以对商品进行不同的诠释。用好光线这种拍摄语言，可以让拍摄的商品图片更加具有吸引力。

1. 顺光拍摄

顺光，顾名思义，是指光线照射的方向与拍摄的方向一致，光线顺着拍摄方向照射。通常情况下，顺光的光源位于拍摄者的后方，或是与拍摄者并排。当商品处于顺光照射的时候，商品的正面布满了光线，因此其色彩、细节都可以得到充分的展示，而由光线产生的阴影则出现在商品背面，不会在画面中明显呈现，如图5-32所示。

顺光是拍摄商品时常用光线的一种，通常拍摄者布光的时候都会考虑用一个光源来构成顺光，再搭配其他光源。顺光的主要缺点是光线太过于平顺，导致商品缺少明暗对比，并且立体感也难以通过阴影来展现出来。

图5-32 顺光拍摄的商品图片

2. 侧光拍摄

当光线从侧面照射到商品上时，就叫作侧光，侧光可以为商品营造出一种很强的立体感，对商品材质的表现也较好。在拍摄商品时，侧光一般不作为主要照明光被使用，通常是配合顺光，从两个方向上对商品进行照明，侧光的亮度一般要小于顺光，如图5-33所示。

3. 逆光拍摄

如果光源被放置在拍摄主体的后方，就形成了逆光。由于光线来自于商品的后面，所以商品的轮廓线条会被光线勾勒出来，产生一条"亮边"，如图5-34所示。由于这条轮廓线条是明亮的，因此需要搭配深色的背景才能有明显的画面效果，如果采用浅色的背景，逆光勾勒的轮廓的效果就会很弱。

图5-33 侧光拍摄的商品图片

图5-34 逆光拍摄的商品图片

另外，由于逆光的时候，商品的阴影全部在正面，所以如果只使用一个光源的话，将无法呈现出商品的正面细节，只能得到一张剪影照片。因此在逆光拍摄时，通常还会使用一个顺光光源，这样一前一后的两个光源既可以展现出足够的商品细节，也可以产生漂亮的轮廓线条。

4. 顶光拍摄

顶光就是从拍摄主体顶部向下照射的光。其实，顶光不是一种非常理想的光线，比如正午时分的阳光会形成顶光，这时通常不适宜在户外进行拍摄。不过对于一些小商品来说，由于商品体积小于灯光的体积，各种光线作用到它们身上的效果不是太明显，这时直接采用顶光，反而简便易行，如图 5-35 所示。

图5-35 顶光拍摄的商品图片

顶光的主要缺点是会在商品的下方形成浓重的阴影，如果商品表面凹凸不平的话，也可能会产生各种不太美观的阴影，所以最好是使用光质柔和的光源用作顶光，让阴影轮廓模糊一点，这样会使图片效果更加美观。

5.11 巧用双光源拍摄商品

如果被拍摄的商品，表面是不光滑的材质，就会出现吸光的情况，如绒毛玩具、毛巾等。如果这种吸光的情况很严重，就容易出现商品细节损失的问题，使拍摄出来的商品给人一种表面很模糊的感觉，这也是商品拍摄时经常遇到的问题之一。要想快速解决这个问题，最方便的方法是利用双光源来体现拍摄物的质感。

利用双光源拍摄商品有两种布光方式：第一种布光是将两个光源分别放在拍摄物左右两侧，这是一般初学者最常用的方式，如图 5-36 所示；第二种布光是将一个光源保持不动，把另一个光源向后移动，让它成为侧逆光，如图 5-37 所示。

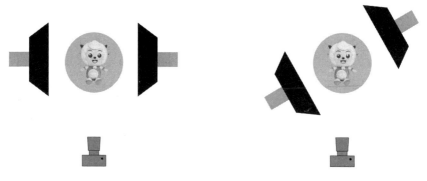

图5-36 双光源拍摄的第一种布光方式　　图5-37 双光源拍摄的第二种布光方式

两种布光方式拍出来的商品分别如图 5-38 和图 5-39 所示。可以看到在第一种布光方式下，玩具表面虽然看上去很柔和，但是细节部分却表现得不够清楚；而在第二种布光方式下，可以看到玩具表面的质感。

图5-38　第一种布光方式拍摄的商品图片　　图5-39　第二种布光方式拍摄的商品图片

 拍摄反光材质商品的方法

　　有些商品的材质表面很光滑，比如不锈钢、玻璃等，这类材质的商品在拍摄时通常容易出现反光的问题，反光部位的细节得不到呈现，就会影响到商品图片的整体展示效果。（需要特意利用反光效果来进行展示的商品图片除外）

　　那么，如何拍摄才能让反光材质的商品不再出现反光的现象呢？下面给出几个简单的解决方法。

- **柔光箱**：将拍摄主体放进柔光箱内进行拍摄，即可降低反光。没有柔光箱也可用牛油纸或硫酸纸柔光布等材料挡在光源前，将光源柔化，这样拍出来的照片，反光会少很多。
- **偏振镜**：使用偏振镜也可减弱或消除反光，把偏振镜套在镜头前慢慢旋转，直到从取景器里看到反光减弱或消失为止。
- **喷雾剂或软皂**：拍摄时，把喷雾剂喷在亮处，亮斑即可消除。或把无碱的软皂稀释后，薄薄地涂在亮斑上，也可以起到消除光斑的效果。要注意被摄物表面不要留下皂沫的痕迹。

 室外模特实拍注意事项

　　很多经营服装类商品的店家，由于没有专业的摄影棚来拍摄模特，所以通常会选择在室外进行真人模特的拍摄。那么，在室外进行模特拍摄时应该注意些什么呢？

　　首先，在室外拍摄时，要避免在中午拍摄，此时阳光直射，会在模特头顶和脸上形成不均匀的光斑，影响拍摄效果。最佳的拍摄时间段应该是9:00—11:00，15:00—17:00。在冬季，如果阳光不是很强烈，也可以在中午进行拍摄。

其次，在室外拍摄时，大型的反光板是必备器材，可以在侧面和侧后方为模特补光，在一定程度上可以消除服装上的阴影，更好地展现服装商品的细节部分。

最后，在室外拍摄时，还需要为模特准备一个简易的更衣室，方便模特在短时间内更换多套服装进行拍摄，如图5-40所示。

图5-40　室外拍摄时使用的简易更衣室

5.14 借助小道具为模特图添彩

拍摄时可以为模特准备一些小道具让模特拿在手里，比如手包、手机、水杯、遮阳伞等。这些小道具一方面可以让画面整体感觉更丰富，另一方面也可以解决模特手部摆放的问题，帮助模特快速进入拍摄状态。如图5-41所示，模特手中拿着一杯咖啡作为道具，使模特的状态显得很自然，同时也从侧面衬托出了模特所穿服装的休闲风格。

图5-41　借助小道具拍摄的模特图

注意

需要注意的是，模特手里的道具不要太抢眼，避免成为整个画面的焦点，否则会将客户的注意力从服装商品转移到了道具上。

用强光拍出透明商品的通透感

网店中有些商品具有透明或半透明特性，比如玻璃、水晶、钻石等材质的商品。拍摄这些商品时，如果使用强光拍摄，可增加商品的通透感，呈现出一种高贵、梦幻般的感觉，让客户心动不已。例如，某款使用强光拍摄的水晶球商品，给人一种晶莹剔透的感觉，如图5-42所示。

通过图5-42可以看到强光拍摄的缺点，即被拍摄物的表面会出现高光反射的情况。要减少图片中的高光反射点，可以通过减少光源的方式来实现，比如原来有四个光源，可以减少到两个，但光源的强度也要相应调高，这样就可以保证拍摄的商品图片在总光量变化不大的情况下，减少反光点。

图5-42　使用强光拍摄的水晶球商品

 ## 使用小景深拍出商品清晰背景虚化的照片

针对有些商品，比如饰品等贵重商品，不仅要全方位、多角度进行展示，还要对商品的细节进行特写，这样才能将更多的商品信息展示给客户。在对商品的细节部分进行特写时，既要保证主体商品的清晰，又要将图片的背景模糊掉，以此来凸显商品的细节，这时拍摄者不妨使用小景深的拍摄方法来拍摄商品。

小景深照片是指那种主体清晰，背景模糊的照片。通过小景深的拍摄方法来拍摄商品可以模糊背景，突出拍摄主体，拍摄时景深越小，背景虚化的程度就越高，主体也就更突出。如图 5-43 所示是一款通过小景深拍摄方法拍摄的项链商品，可以看到图片上背景模糊，但主体商品却非常清晰，完美地将商品的细节展现出来了。

图5-43　使用小景深拍摄的项链商品

提示

拍摄小景深照片具体的做法是将相机光圈调大、快门速度调快，再进行拍摄。光圈值越大，进光量越多，此时快门值就需要越小。至于具体哪一档光圈值配哪一档快门值，才能让照片曝光正常，这就需要拍摄者在实践中不断摸索了。

5.17 手机也能拍出好图片

随着智能手机的普及，如今手机的功能越来越强大，手机的拍照效果也越来越好。很多手机拍摄出来的图片，其画质已经不输专业的相机了，所以现在很多网店的店家选择用手机来拍摄商品图片。虽然手机拍摄简单、易操作，但要想拍出具有吸引力的商品图片，还需要掌握一定的拍摄技巧。下面就简单介绍一下手机拍摄的要点。

- 突出产品特色：商品图片一般需要展示什么就重点拍摄什么。以猕猴桃商品为例，猕猴桃的新鲜度、诱人的色泽和激发食欲等特点都是需要重点展示的，所以在拍摄时，拍摄者就应该着重展现猕猴桃的这些特点。

- 从全景图到细节图：如何才能展现商品的真实感？采取全景到细节的拍摄方式，可以让商品得以全方位的展现。例如，在拍摄猕猴桃商品时，先拍摄猕猴桃的生长环境，让客户看到蓝天白云下挂在树枝上的猕猴桃，直接展现出商品的"新鲜""原生态"；再拍摄猕猴桃细节图，细微到猕猴桃果实的大小、饱满程度等，实现全景看全貌，细节看细节。

- 注意图片的虚实：图片的虚实，又称为景深。在拍摄过程中，单个商品难免会显得单调。背景的加入，能使图片更具灵魂，但如果背景较多，又会显得十分杂乱，甚至出现喧宾夺主的情况。采用虚实的图片拍摄方式，就能有效突出主体商品。现在一般的手机都有"大光圈"模式，可以轻松拍摄出带有虚实效果的商品图片。

- 一个合适的背景：即使拍摄出了带有虚实效果的商品图片，但背景和主体商品依旧不搭，又该如何去搭配一个比较和谐的背景呢？要解决这个问题，就又要回归商品本身，重点思考商品想要展现的特点。以高档钢笔为例，如何突出钢笔的高档之处呢？高端大气的包装可以是其中一点，在选取背景时，完全可将钢笔的包装作为背景。

- 光线：光线通常对图片的影响较大，前期拍摄时如果没有考虑到光线对拍摄效果的影响，后期的修图可能就比较耗费精力。用手机拍摄图片，若是有摄影棚辅助拍摄，影响倒不是特别大；若是没有摄影棚辅助拍摄，那最合适的方法就是运用自然光进行拍摄。相比阴天，晴天的光线更适宜拍摄；相比下午、晚上，上午的光线比较亮，更适宜拍摄。

- 对光、对焦和调色：对光，先试试光线是否暗；对焦，一般手机相机点屏幕一下就有一个矩形框出来，点击哪里，对焦的矩形框就出现在哪里；调色，手机拍照时是可以调色的，不同的颜色会有不同的效果。

除此之外，拍摄商品图片时手一定不能抖动，否则图片很容易模糊。在选品方面，尽量选好的商品来拍摄，并把握好上述所讲的拍摄要点，基本上都能够拍摄出一张效果不错的商品图片。

5.18 为手机加装外接镜头

使用过单反相机的人都知道，单反相机的镜头是可以拆卸的，这样单反相机就可以通过更换不同的镜头，拍摄出更有吸引力的图片，比如广角、微距等。那么，有没有办法让手机也能更换镜头，拍摄出类似的图片来呢？答案是有的，如今专门为手机生产的外接镜头，可以让手机的拍摄功能更为强大。手机的外接镜头主要分为广角、鱼眼、微距、长焦4种类型。

（1）广角镜头。广角镜头可以将更大范围的图像容纳到照片中，如图5-44所示为普通手机拍摄效果，而图5-45所示为加装了广角镜头的手机拍摄效果，可以看到在同样的位置拍摄，广角镜头下的照片能容纳更多的内容。广角镜头主要用于模特外拍，可以让模特在更加深广的背景中展示商品，从而营造更有感染力的氛围。

图5-44 普通手机拍摄效果

图5-45 加装了广角镜头的手机拍摄效果

（2）鱼眼镜头。鱼眼镜头其实就是一种极端版的广角镜头，其视角范围很大，一般可达到220°或230°，远超正常人类眼睛视角。利用鱼眼镜头拍摄出来的照片有强烈的变形，能够在视觉上给人以冲击感，如图5-46所示。

在进行网店商品拍摄时，如果是展示商品外形、特点及功能的图片，是不能使用鱼眼镜头拍摄的，必须用正常镜头拍摄。但在拍摄一些商品使用场景时，可以利用鱼眼镜头拍摄出有趣的图片。例如，展示摆件类商品时，可以利用鱼眼镜头拍摄，让整个画面具有生动感，从而吸引客户购买，如图5-47所示。

图5-46 鱼眼镜头的拍摄效果

图5-47 利用鱼眼镜头拍摄摆件类商品

（3）微距镜头。要展示商品的细节，拍摄者往往需要在极近距离内进行拍摄，这时就需要使用到微距拍摄功能。利用微距功能可以为商品拍摄出精美的细节图，但手机的微距功能一般是比较差的，加装上微距镜头后，拍摄商品细节就比较方便了。如图5-48所示为加装微距镜头前后手机的拍摄效果展示，左边的图片是没有加装微距镜头的拍摄效果，右边的图片是加装了微距镜头后的拍摄效果。

图5-48　加装微距镜头前后手机的拍摄效果展示

（4）长焦镜头。长焦镜头的作用就是将远处的景物"拉"到近处，视觉效果与望远镜差不多。不过长焦镜头有一个缺点，即对抖动很敏感，稍有抖动就会拍出模糊的画面，因此手机要配备三脚架才能进行稳定的长焦拍摄。长焦镜头在商品拍摄中用得很少，因为即使是模特外拍，也通常不会使用长焦镜头，只在一些很特殊的商品拍摄中才可能用到，如滑翔伞、三角翼等飞行器具的使用场景中，可以利用长焦镜头来拍摄飞行器在空中的使用状况等。但如果真的需要拍摄飞行器，一般也不会使用手机拍摄，而是使用单反相机来拍摄。因此长焦镜头在手机商品拍摄中的作用不大。

手机外接镜头安装都很简单，使用一个卡子夹住手机即可，如图5-49所示。

图5-49　手机外接镜头的安装

案例——好的主图可以让转化率提升2倍

唐鹏鹏，玩具类目店家，目前有2个淘宝店和1个拼多多店。身处玩具行业这几年，在产品开发和设计这一块已经有比较丰富的经验。以下内容源于他的分享。

我大学期间就在外面做兼职，非常辛苦却也只能赚点生活费，所以一直想创业。当时电商风头正盛，所以我把目光放到了这一行上。因为有亲戚在开服装工厂，所以我开网店售卖男装牛仔裤。那时淘宝还是红利期，做起来比较容易，图片也直接用工厂档口的。我也不懂运营技巧，就负责上下架商品、定价、客服接待等工作。临近"双十一"时，参加了一个"天天特价"的活动，一天内竟然卖了300多单。当时很激动，还做了"双十一"活动预热。到了活动当天，订单量到达4000单，每单纯利20元，一天收入8万元。也正是因为这件事，让我对淘宝更有信心。

由于没有系统地学习过电商，再加上当时年少气盛，认为只要多做销量就能做大做强，也跟着大家刷单。但2015年、2016年，淘宝平台开始抓刷单，整个人都蒙了。因为自己除了会刷单，其他什么都不会。导致亏了几万元，还积压了大量库存。还好亲戚是开工厂的，把库存处理了。通过这次教训，我也深刻反思到自己太浮躁。于是决定从头开始学习各种电商知识。

毕业后，在一家玩具类目的电商公司做客服。因为之前有开网店的经历，很快就成了老板的得力助手，也学到了一些运营方面的知识。客服做了大概1年，其间跟着老板接触到了一些好的供应链和货源，所以我离职单干了。当时玩具行业竞争已经不小了，但我在货源和运营技术上有优势，所以也慢慢地做起来了。

目前，店铺是我和朋友一起在经营，选款方面主要参考生意参谋里的市场行情，查看、分析目前搜索人气高、款式流行和潜力较大的商品。然后收集商品亮点，设计商品，再去找工厂做出来。例如，当市场上大部分书包都是传统的背包和拎包时，我们就设计了新增拉杆功能的书包。拉杆可随时拆卸，这样书包既能做小行李箱，也可以做背包，解决了小朋友们杂物过多拎不动的问题。我们还及时申请了产品的外观专利和店铺卡通形象著作权，同行不能随意抄袭。

我们的商品能做到前几名，我觉得主要原因还是主图做得好。相信大家都深有体会，淘宝卖商品就是卖图片。我们的商品单价在100元左右，走中端路线，主图方面主要突出商品的高端、有档次。

- 以主推书包为例，主图首图图片背景都是非常简单的灰色或白色。除了主商品，还会搭配精致的赠品。同时配上一句客户最关注的卖点文案。整体看起来信息全面但并不"牛皮癣"。
- 把商品主图的第2、第3、第4、第5张图当成详情页来做。通过调查同行评价、问大家，把客户最关心的问题整理下来，然后用图片去展示出来。
- 除此之外，还增加了买家秀的合辑为5张主图之一。便于客户在浏览主图时，就相当于把主图、详情页和买家评价都看了一遍。
- 也细心做了首图视频。因为我们主推书包与市场上大多书包相比，其优势在于功能升级，视频正好可以表现其功能升级。

主图是我们最重视的，通过改进主图，我们店铺的转化率至少提升了2倍。当然，在详情页也会把客户关心的点进行更加细致地描述清楚。

我们的目标客户大多为 25～35 岁，分布在一、二线城市的女性。她们在为孩子购置玩具用品时，更看中好品质和好服务，所以售后服务也是这个行业的关键点。一方面，我们的品质和质保方面远超同行；另一方面，我们也会把老客户加到微信里，做好老客户维护。

商品升级确实会带来一段时间的红利期。对于店家而言，能够抓住商品升级的机会，建立行业壁垒，才会比较顺利。当然，仅仅是商品做得好还远远不够，内功方面也要下功夫。店家一定要学会把商品的优势用最简洁、有力的主图展示出来。

第6章

商品图片的后期处理与特效制作

本章导读

商品图片在经过用心拍摄后,难免还会出现曝光不足、偏色及大小不一等问题。为解决这些问题,使商品图片更具美感,可用 Photoshop、光影魔术手、美图秀秀等软件对商品图片进行后期处理。其中,Photoshop 功能较为齐全、简单易学,即使是新手也可快速上手,因此在这里重点向大家介绍使用 Photoshop 处理商品图片的方法和技巧。

6.1 调整图片的尺寸大小

现在大多数客户都是使用手机进行网络购物的,所以网店里面的商品图片一定要符合手机的浏览特点。要在手机上浏览的图片,其尺寸无须太大,因为手机屏幕通常为 5～7 英寸,若商品图片太大,也只能缩小到 5～7 英寸进行显示,还不如直接把图片的尺寸缩小到适合手机浏览的尺寸,再上传到网店后台,这样可以减少手机加载图片的时间,使客户拥有更好的购物体验。

下面就以 Photoshop CC 2019 软件为例来讲解一下如何把图片尺寸缩小到指定数字,具体的操作步骤如下。

第 1 步:在 Photoshop 软件中打开要调整的图片,❶单击"图像"菜单,❷再单击"图像大小"命令,如图 6-1 所示。

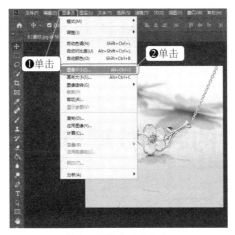

图6-1 单击"图像大小"命令

第 2 步:打开"图像大小"对话框,❶设置"宽度"和"高度"均为"600 像素",❷单击"确定"按钮,如图 6-2 所示,即可调整图片尺寸和容量。

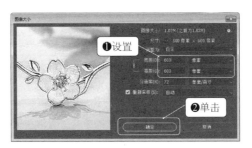

图6-2 设置参数值

6.2 裁剪图片让构图更佳

很多拍摄出来的商品图片，有可能只需要其中某一部分的内容，对于其他没有用处的部分就需要将其裁剪掉。裁剪图片的方法很简单，下面以 Photoshop 软件为例来讲解裁剪图片的具体操作。

第 1 步：在 Photoshop 软件中打开要调整的图片，❶然后单击选择"裁剪工具"，❷显示出图片裁剪框，如图 6-3 所示。

图6-3　显示图片裁剪框

第 2 步：在工具栏中，❶单击"不受约束"旁边的下拉按钮，展开列表框，❷选择"5:7"选项，如图 6-4 所示。

图6-4　选择裁剪比例

第3步：显示出 5:7 比例的裁剪框后，用鼠标移动图片调整裁剪区域，如图 6-5 所示，确认无误后双击鼠标左键，完成图片的裁剪操作。

图6-5　调整裁剪区域

6.3 处理曝光不足的商品图片

在拍摄商品图片时，如果曝光不足，则拍摄出来的图片就会整体偏暗，很多细节无法清晰展现；如果曝光过度，则图片就会显得太亮，同样也无法看清细节部分的内容。当出现这两种曝光问题时，可以使用 Photoshop 软件进行处理。

下面就以为曝光不足的商品图片补光为例进行讲解。在本例中，一套茶具商品的效果图因为曝光不足，导致画面偏暗，展示效果较差，不能有效吸引客户，如图 6-6 所示。

这里需要将这张图片的曝光度调亮，使之看上去明亮饱满，从而有效地吸引客户购买。具体的操作步骤如下。

第1步：在 Photoshop 中打开要调整的图片，在菜单栏中单击"图像"命令；然后依次单击"调整"→"阴影/高光"命令，如图 6-7 所示。

图6-6　曝光不足的商品图片

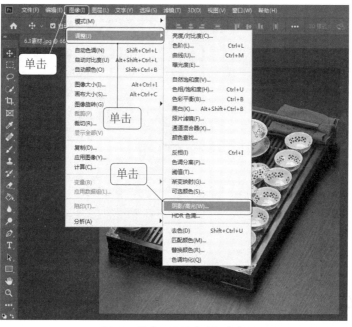

图6-7 单击"阴影/高光"命令

第2步:弹出"阴影/高光"对话框,❶设置"阴影"数量为50、"高光"数量为15,❷单击"确定"按钮,如图6-8所示;调整后的图像效果如图6-9所示。

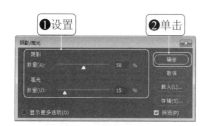

图6-8 "阴影/高光"对话框

图6-9 调整后的图像效果

第3步:曝光调整合适后,❶单击菜单栏中的"文件"命令,❷然后单击"存储为"命令,如图6-10所示。

第4步:弹出"另存为"对话框,❶设置图片的保存位置和文件名,❷单击"保存"按钮,如图6-11所示。

图6-10 单击"存储为"命令

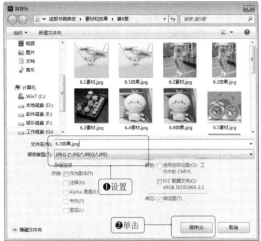
图6-11 保存图片

6.4 调整图片色差让颜色更真实

如果在拍摄商品图片的时候,由于光线条件特殊,或者相机的白平衡没有设置准确,拍摄出来的商品图片有可能出现偏色的情况。使用 Photoshop 软件可以有效纠正图片的这种偏色情况,下面就以一张布偶玩具的商品图片为例,来讲解调整图片色差的具体操作。

在本例中,该布偶玩具的商品图片的颜色偏蓝色,如图 6-12 所示。由于不能正确反映出商品的真实颜色,可能会引起客户的误会,因此需要先解决图片偏色问题,再将图片上传到网店中。

第 1 步:在 Photoshop 软件中打开需要调整的图片,按 "Ctrl" + "J" 键复制背景图层并创建新图层,如图 6-13 所示。

图6-12 存在偏色情况的商品图片

图6-13 创建图层

第2步：按"Ctrl"+"B"键打开"色彩平衡"对话框，❶设置色阶参数，❷单击"确定"按钮返回主界面，如图6-14所示。

第3步：调整完成后的图片效果如图6-15所示。

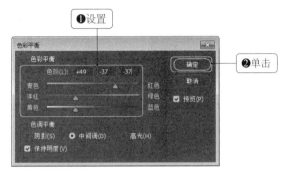

图6-14　设置参数值

图6-15　调整完成后的图片效果

制作背景虚化图片效果

在有些商品图片中，由于背景设置得过于华丽，常常会使客户将关注的焦点过多地放在图片的背景上，从而忽略了商品本身。对于这样的商品图片，就需要对主体商品之外的部分进行虚化处理，让客户的注意力只集中在商品本身。下面以一张闹钟商品的图片为例，来讲解制作背景虚化图片效果的具体操作。

在本例中，店家本来想重点向客户展示闹钟这个商品，但由于图片清晰度很高，背景颜色与商品颜色相近，又十分抢眼，很大程度上夺去了客户的注意力，导致闹钟本身的视觉效果下降，如图6-16所示。因此这里要把闹钟以外的部分虚化，让其变得模糊，丢失细节，从而保证闹钟本身能够获得视觉焦点。

第1步：在Photoshop软件中打开需要调整的图片，按"Ctrl"+"J"键创建新图层，如图6-17所示。

图6-16　需要背景虚化的商品图片

图6-17　创建图层

第 2 步：单击菜单栏中的"滤镜"命令，然后依次单击"模糊"→"高斯模糊"命令，如图 6-18 所示。

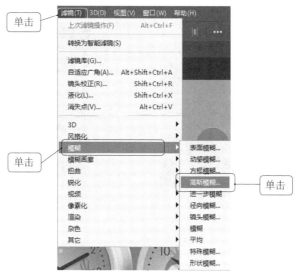

图6-18 单击"高斯模糊"命令

第 3 步：打开"高斯模糊"对话框，❶设置"半径"为 7；❷调整完毕后单击"确定"按钮，如图 6-19 所示。

第 4 步：图像变得模糊（虚化），这是可以调节的，❶在"图层"面板单击"添加蒙版"按钮；❷给"图层 1"添加蒙版，如图 6-20 所示。

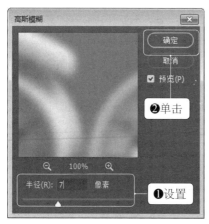

图6-19 "高斯模糊"对话框

图6-20 添加蒙版

第 5 步：按"B"键选择画笔工具，设置前景色为黑色，涂抹图像中需要清晰显示的区域，最终图像效果如图 6-21 所示。

图6-21 最终图像效果

6.6 锐化处理让图片更清晰

Photoshop 软件也可以将轻微模糊的图片变得略微清晰一点。必须要说明的是,这种消除模糊的方法对于严重模糊的图片没有太好的效果,因为将过度模糊的图片变清晰,会造成图片失真,因此在拍摄时就把图片尽量拍摄清晰才是保证图片清晰度的最佳方法。

下面以一张眼镜商品的图片为例,来讲解锐化处理图片的具体操作。在本例中,因为光线的问题,图片稍显模糊,如图 6-22 所示,因此这里可以适当使用 Photoshop 软件锐化功能,提高图片清晰度。

第 1 步:在 Photoshop 软件中打开需要调整的图片后,按 "Ctrl" + "J" 键复制背景图层并创建新图层,如图 6-23 所示。

图6-22 稍显模糊的商品图片

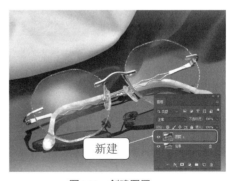

图6-23 创建图层

第 2 步:单击菜单栏中的"滤镜"命令,然后依次单击"锐化"→"USM 锐化"命令,如图 6-24 所示。

第3步：打开"USM 锐化"对话框，❶设置"数量""半径""阈值"参数值，❷然后单击"确定"按钮，如图 6-25 所示。

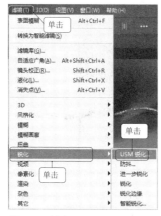

图6-24　单击"USM锐化"命令

图6-25　设置参数值

第4步：调整完成后的图像效果如图 6-26 所示。

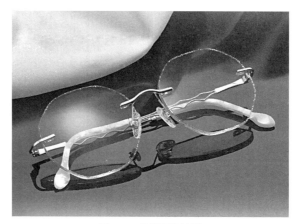

图6-26　最终图像效果

6.7　更换图片背景以增加吸引力

对于背景过于复杂或过于单调的图片来说，可以把主体"抠"出来，为其替换一个更合适的背景。如图 6-27 所示的台灯商品图片，背景过于单调，不够富有感染力，这时可以把主体商品"抠"出来，再放到其他更好看的真实的背景中，以增加图片的真实感。使用 Photoshop 软件更换图片背景的具体操作如下。

第1步：在 Photoshop 软件中打开需要调整的图片后，❶单击选择"魔棒工具"，❷然后单击图像背景，如图 6-28 所示。

图6-27　需要更换背景的商品图片

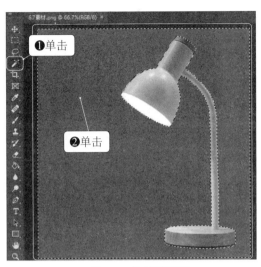

图6-28　单击图像背景

第2步：按"Ctrl"+"Shift"+"I"键反向选择图像，❶按"Ctrl"+"J"键复制选区并创建新图层。❷单击隐藏背景图层，如图 6-29 所示。

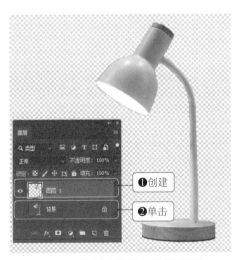

图6-29　创建新图层和隐藏背景图层

第3步：打开背景图片，❶选择背景图片，❷单击"打开"按钮，如图 6-30 所示。

第4步：将创建的"图层1"拖动到刚才打开的背景图片窗口中，即可完成图片背景的更换，其图像效果如图 6-31 所示。

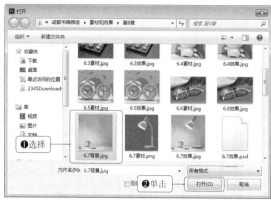

图6-30 打开背景图片

图6-31 最终图像效果

为图片添加说明文字与装饰边框

淘宝店铺上的商品图片,大多都被添加了一些文字说明,配上了好看的边框,使其显得更加雅致,更加有情趣,对于客户来说特别具有吸引力。下面就以为钱包商品的图片添加文字与边框为例进行讲解。

第 1 步:在 Photoshop 软件中打开需要调整的图片后,按"Ctrl"+"J"键创建新图层,❶在"图层"面板中单击"图层 1",❷在下拉菜单中单击"描边"命令,如图 6-32 所示。

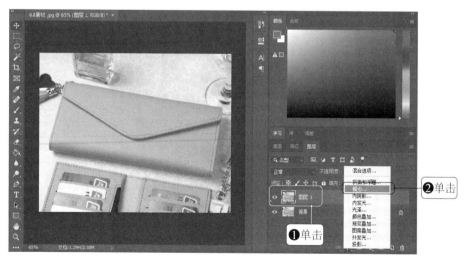

图6-32 单击"描边"命令

第 2 步:打开"图层样式"对话框,❶设置大小为"9",位置为"内部",填充类型为"颜色"，❷填充颜色为白色，❸单击"确定"按钮，如图6-33所示。

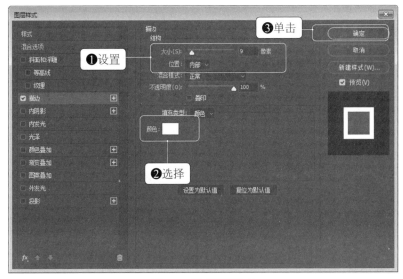

图6-33 设置图层样式

第3步：按"T"键激活文字命令，❶设置字体为"方正粗圆简体"，字号为"30"，颜色为深绿色，❷单击指定文字位置并输入文字内容，如图6-34所示。

图6-34 添加文本

第4步：添加好边框和文本说明的图片效果如图6-35所示。

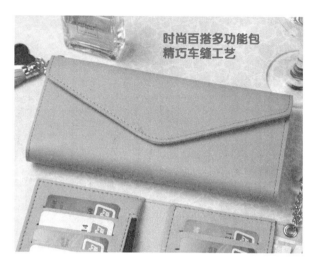

图6-35 最终图像效果

6.9 为图片添加防盗水印

为了避免自己店铺的商品图片被其他店铺盗用,店家可以为自己店铺的商品图片加上LOGO水印。同时,制作精美的LOGO水印也能起到宣传自己店铺的作用。下面以一张保温杯商品图片为例,来讲解为图片添加防盗水印的具体操作。

第1步:在Photoshop软件中打开需要添加LOGO水印的图片后,按"Ctrl"+"J"键复制背景图层并创建新图层,并双击新创建的"图层1"命令,打开"图层样式"对话框,如图6-36所示。

图6-36 双击"图层1"命令

第2步：打开"图层样式"对话框后，❶勾选"图案叠加"复选框，❷设置"不透明度"为49%，❸在"图案"列表框中选择合适的水印效果，❹单击"确定"按钮，如图6-37所示。

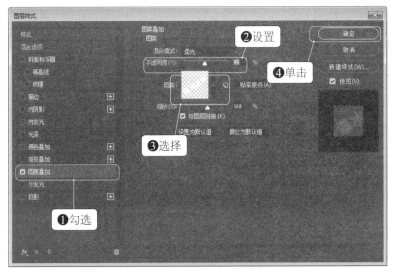

图6-37　设置参数值

第3步：添加完防盗水印后的图像效果如图6-38所示。

图6-38　最终图像效果

> **提示**
>
> 　　添加水印时，LOGO图片最好不要放在商品的中心，以免影响客户查看商品的细节，但也不要放在空白处，否则很容易被擦除后盗用。

6.10 为图片中的商品添加阴影效果

很多商品拍摄后都体现不出商品的立体感，为了让商品更有真实感，需要为商品添加阴影效果。如图 6-39 所示的是一张玩具车的商品图片，下面就以这张图片为例来讲解为图片中的商品添加阴影效果的具体操作。

第 1 步：在 Photoshop 软件中打开需要添加阴影效果的图片后，按 "Ctrl" + "J" 键创建新图层，并双击新创建的"图层 1"命令，打开"图层样式"对话框。

第 2 步：打开"图层样式"对话框后，❶勾选"投影"复选框，❷设置对应的参数值，❸单击"确定"按钮，如图 6-40 所示。

图6-39　需要添加阴影效果的商品图片

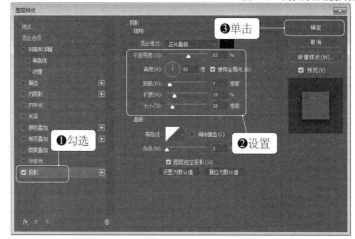

图6-40　设置参数

第 3 步：调整完成后的图像效果如图 6-41 所示。

图6-41　最终图像效果

6.11 调整图片的饱和度让颜色更出彩

很多商品拍摄后其图像的颜色都不是特别理想,需要对图片的色彩进行优化。通过Photoshop软件中的"色相/饱和度"命令可以调整图像中特定颜色分量的色相、饱和度和亮度,或者同时调整图像中的所有颜色,让图片的颜色更出彩。下面就以一张指甲油商品图片为例,来讲解调整图片饱和度的具体操作。

第1步:在Photoshop软件中打开要调整的图片,在菜单栏中单击"图像"命令,然后依次单击"调整"→"色相/饱和度"命令,如图6-42所示。

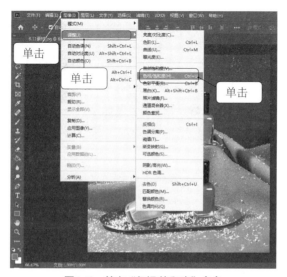

图6-42 单击"色相/饱和度"命令

第2步:弹出"色相/饱和度"对话框,❶设置"色相"为-11、"饱和度"为15、"明度"为9,❷单击"确定"按钮,如图6-43所示。

第3步:调整后的图像效果如图6-44所示。

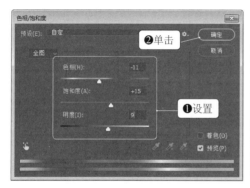

图6-43 修改参数值

图6-44 调整后的图像效果

6.12 批处理商品图片提高效率

有时候需要对一批图片做同样的操作，比如同时将几十张商品图片缩小到合适的尺寸，面对这样的批量操作时也可以通过 Photoshop 软件来实现。下面就以在 Photoshop 软件中批量为图片添加文字为例进行讲解。

第1步：在 Photoshop 软件中打开一张图片，❶在动作面板中单击"创建新组"命令，❷在"新建组"对话框中输入新的组名"组1"，❸单击"确定"按钮，如图 6-45 所示。

第2步：❶在动作面板中单击"创建新动作"命令，❷在"新建动作"对话框中输入设置内容，❸单击"记录"按钮，如图 6-46 所示。

第3步：调整图像的色相和饱和度，然后打开"另存为"对话框，❶指定存储位置，❷设置文件名及保存类型，❸单击"保存"按钮，如图 6-47 所示。

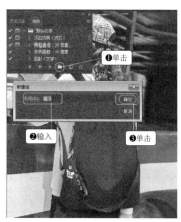

图6-45 创建新组

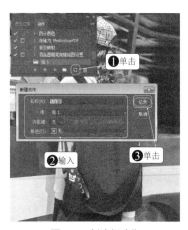

图6-46 创建新动作

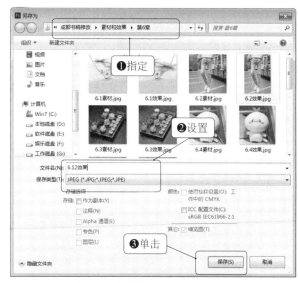

图6-47 设置保存路径和名称

第4步：在"JPEG 选项"对话框中单击"确定"按钮，如图 6-48 所示。

第5步：设置完成后在动作面板单击"停止播放/记录"按钮，如图 6-49 所示。

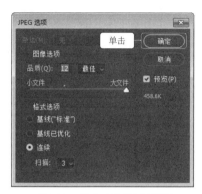

图6-48 "JPEG选项"对话框　　图6-49 单击"停止播放/记录"按钮

第6步：在菜单栏中单击"文件"命令，依次单击"自动"→"批处理"命令，如图6-50所示。

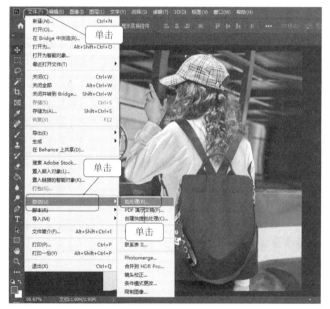

图6-50 单击"批处理"命令

第7步：❶在"批处理"对话框中设置内容，❷设置完成后单击"确定"按钮，如图6-51所示。

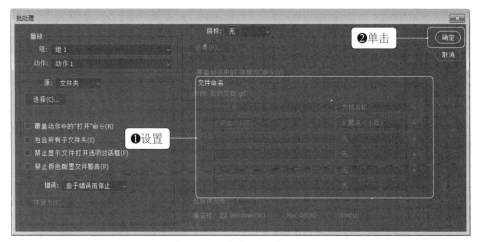

图6-51 "批处理"对话框

案例——毕业第 2 年,她是如何做到 2200 万元销售额的

店家在做生意时,一定要明白这个生意能成的关键是什么。比如女装类目,款式和主图是核心。店家娜娜从 2016 年进入淘宝,及时做好商品定位,抓住站外引流契机,在 2018 年做到年销售额 2200 万元的成绩。以下内容源于她的分享。

我叫娜娜,从 2016 年开始创业。因为在读书期间就特别喜欢研究衣服搭配,想着赚零花钱,就开了个淘宝店。起初,我直接从淘宝上找一些价格较低的衣服,拿回来自己当模特进行拍摄。好的时候,一天也有 10 多单。

时间一久,就想线下找货源。因为我当时在东北,流行的服装款式和南方完全不一样,身边也没有做网店的朋友,想找一个好点的供应链太难了。后来去了北京,在北京找工厂做货。由于订单不稳定,我提供款式,找夫妻经营的小作坊来做。那时,店铺风格以韩风为主,客单价在 150 元左右。前期只有我自己在经营网店,开销少,当时利润为 50%。

到了 2017 年,韩风价格上不去,店铺进入不温不火的状态。反观欧美风,定价普遍都很高。我在深入学习一段时间后,决定重新定位,让店铺走中高端市场,选择偏欧美小众风格的服装,价格定在 380～400 元。虽然订单量可能没那么大,但毛利在 60% 左右。

想要做好中高端商品,前端优化就很关键,如商品质量、图片、客服等。目前我们合作了几家工厂,基本都在广州一带。因为客单价高,客户群体非常在乎质感。所以我们对质量把控非常严格,定期对商品进行抽查检验。

女装属于典型的非标品,款式和图片拍摄非常重要。我们的商品拍摄都跟着风格和款式走。因为整体为欧美风,所以取景基本都去国外,如泰国、日本、俄罗斯等。我个人就是模特,每次出去都会带着摄影师和小助理拍拍照片、视频。

一般夏天就常去泰国。我们的衣服颜色普遍较亮,泰国光线柔和,拍出来的图片很有质感。而且泰国工作效率也比较高，能拍到晚上六七点。挑选的场景一般为街头、别墅区以及背景简洁大气的建筑物，总体营造一种高级的感觉。主图也是通过后期筛选而来的，总体以质感最佳的为主。

经过商品和拍摄风格的转变，我们的日销量翻了10倍。当然，这也少不了我们在其他方面付出的精力。例如，我们的客服服务不局限于淘宝平台，还有微信里老客户的维系。

推广方面，除了站内直通车推广外，我们还在微博推广引流。早期的微博推广很好做，比如我们会在微博上关注一些时尚的大学生，通过免费赠送衣服的方式，要求她们发微博晒图，然后转发她们的微博，吸引她们的粉丝关注我们。同时，把这些大学生返回来的图片放在买家秀里。引流效果很好。后来，微博推广成本逐渐变高，而且我们店铺已经步入正轨，我也就不怎么上微博推广了。近来，看好淘宝直播和短视频，打算着手尝试。

第7章

网店装修必备技能

本章导读

　　创建一家有特色的店铺，吸引更多的客户进店购物，对于一家网店来说非常重要。通常，网店的店家可以根据店铺和商品的定位对店铺的页面进行设计、装扮，这个过程就被称为网店装修。一家风格明朗的网上店铺是艺术和技术的结合体现，能够给客户带来赏心悦目的感觉和良好的购物体验。

7.1 网店装修注意事项

要想让自己的网店在众多店铺中脱颖而出,店铺装修设计是非常重要的,时尚、大气的店铺装修能够给客户营造出一种舒畅的视觉效果和享受。那么,店家在进行店铺装修时应注意哪些问题呢?

- **尽量不要使用超大图**:为了吸引客户的注意力,很多店家都喜欢在店铺首页使用超大的图片展示店铺或商品信息。其实这样做不仅不能有效吸引客户的注意力,反而还会影响客户的购物体验,因为超大图的加载时间较长,打开速度较慢,会使部分客户失去等待的耐心。而且店铺页面的访问速度如果过慢,也会对店铺的点击率产生严重影响。
- **店铺首页装修配色不要过多**:许多店家在装修店铺时,都认为店铺颜色越丰富越好。其实这种想法是错误的,店铺的配色是有讲究的,必须遵循色彩搭配的基本原理,要根据自己商品的特点和装修风格来选择合适的色系,并且店铺版面的颜色最多不能超过5种,否则会使客户眼花缭乱,产生视觉疲劳,从而心生不悦。
- **店铺首页装修设计要简洁大气**:很多店家认为店铺首页的内容应该越多越好,其实不然,店铺首页装修应该呈现一种简洁、大气的风格,这样才能更好地发挥首页的引流作用。如果店铺首页装修得过于复杂,没有重点,或者重点不突出,就无法对客户形成有效的吸引力。
- **商品详情页入口不要设置太多**:如果商品详情页入口设置太多,就不能把客户集中引流到优势(爆款)商品上,反而容易让大量优质客户流失。
- **不要忽略了店铺首页的搜索功能**:很多店家通常都不重视店铺首页的搜索功能,但一家店铺的商品越多,其搜索功能也就越重要。所以在装修店铺时,店家一定要在店铺首页设置搜索功能,以方便客户的搜索需要。
- **产品分类不要过细**:一些新手店家在装修店铺时,常常将产品分类设置得非常细,但店铺本身的产品种类却不是特别多。如果一家网店的产品分类过于繁杂,客户在查找商品时,就会花费很多时间,这就会直接影响店铺的流量,因此建议店家合理设置产品分类。

7.2 确定网店的装修风格

网店的装修风格可以多种多样,但一定要根据商品的销售类型来进行确定。例如,一家经营居家日用商品的网店,如果店铺装修得过于高档奢华,就会给客户带来一种进错门的不适感,客户会很自然地认为这家店铺销售的商品价格比较昂贵,随即就有可能离开这家店铺去别的网店。所以,网店的店家在确定网店装修风格时,一定要从商品类型出发,贴近自己的消费群体,了解他们的喜好、顾虑,综合分析后再来确定自己店铺的装修风格。

比如，经营电子数码产品的网店，其销售对象大多数是成年男性，这部分人群的理性和逻辑思维较强，因此网店装修应该以蓝色、黑色为主，以体现店铺的科技感与时尚潮流感。某主营电子数码产品的店铺，其装修风格如图7-1所示。

图7-1　某电子数码产品店铺的装修风格

又比如，经营母婴用品的网店，其销售对象都是初为人母的年轻女性，这部分人群对于充满婴儿照片，以淡粉色、淡黄色等温馨色调为主的网店是完全没有免疫力的，一旦进入这样的店铺，其消费欲望就会高涨起来。某主营母婴用品的店铺，其装修风格如图7-2所示。

图7-2　某母婴用品店铺的装修风格

下面给出一些常见的根据商品类别确定装修风格的装修经验，供读者参考。

- **数码类**：页面多以蓝色、黑色为主要色系，体现科技感、酷炫感、潮流感。
- **服装类**：服装类商品的风格不好一言以蔽之，因为服装类还可以进行多级细分，如按年龄分，可分为童装、青少年装、成年人装、中老年装；按性别分，可分为男装和女装；按层次分，可分为外衣、里衣、内衣；按价格分，又有高、中、低几档。一家店铺的商品很可能同时具备几种分类属性，要根据具体的销售对象来规划装修。例如，经营青年女性休闲外衣的网店，可使用活泼明快的色调；经营中老年男装的网店，应使用庄重、肃穆的色调，也可以迎合中老年人喜欢喜庆的心理，使用红色背景、大红灯笼等来装修店面。总之，要根据商品的销售对象来调整装修策略。

- 母婴类：页面多以浅色调为主，凸显温馨、亲情的感觉。
- 护肤品类：多用浅色、亮色、纯色，给人一种鲜亮、光洁、水润、充满青春活力的感觉。
- 食品类：食品类商品因为种类繁多，其店铺的装修风格也不能一概而论。如海产类，可用浅蓝色、白色做基调，体现海洋感；而火锅底料、干锅炒料等产品，可以用大红色为基调，体现出麻辣感等，总之要根据具体的产品特点进行设计。
- 家装类：家装类也有几个风格可考虑，如粉色系的温馨风格、蓝白系的明朗风格、深红色的复古风格等。

7.3 了解常见的网店布局

在装修店铺之前，店家先要对店铺的布局有一定的认识，这样才能更直观地从整体上对店铺进行合理的装修规划。一家淘宝店铺的基本布局如图 7-3 所示。

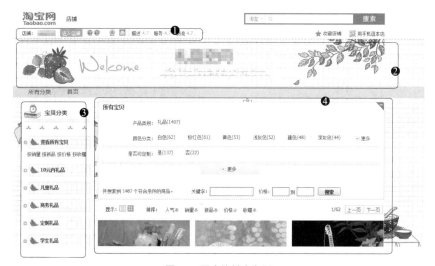

图7-3 网店的基本布局

- 店铺信息：该区域会显示卖家的店铺名称、淘宝账号、信用信息以及创店时间等店铺基本信息。
- 店招：该区域通常会显示店铺的名称、店铺 LOGO、店铺口号、店铺收藏以及店铺搜索框等内容。
- 导航栏：导航栏里可以添加多个模块，例如宝贝分类、宝贝排行榜等，这些模块可以在店铺的页面装修中进行自由增删。

- **宝贝列表**：显示当前所有在售商品。通过商品列表图上方的按钮和选项可以对商品进行排序和筛选。

以上是一家新开淘宝店铺的默认布局，除此之外，店家还可以根据自己店铺的需求设计其他布局，比如，使用横向导航栏设置"新品推荐区""掌柜推荐区""店铺热卖区"等。

总的来说，网店的布局没有什么大的变化，都是从上到下安排，能够换位置的，无非是导航栏，以及自定义的通栏广告。

7.4 为网店装修收集图片素材

在店铺装修的过程中，店家会使用到大量的图片素材，所以在装修前店家就需要将各种素材图片收集好。

在店铺装修的过程中需要用到的图片素材，通常可以从网站上直接找到。例如，在百度搜索引擎中搜索"素材"，即可在搜索结果中看到很多素材网站，如图7-4所示。

打开其中一个网站，即可看到很多图片素材（主要是图片），店家可以根据需要下载使用，如图7-5所示。

图7-4 通过百度搜索素材网站

图7-5 某素材网站中的图片素材

除了使用百度来搜索素材网站，还可以在百度图片搜索引擎上直接搜索图片。登录百度图片官网，然后输入搜索关键词，如"柠檬"，单击搜索按钮即可看到搜索结果，如图7-6所示。

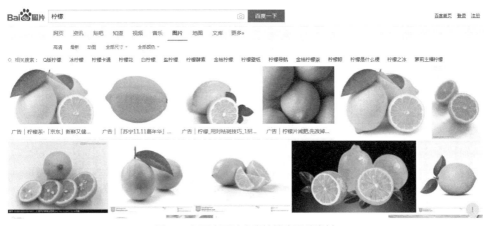

图7-6　在百度图片中直接搜索图片素材

搜索结果页面中显示的图片是缩略图，单击某张图片可以在新的页面中查看完整的大图。如果店家需要这张图片作为素材，可以在图片上右击，然后在弹出的快捷菜单中选择"图片另存为"命令，即可将图片保存到电脑中，如图7-7所示。

图7-7　保存图片

在百度图片搜索引擎中店家也可以根据具体的素材类型名称来搜索图片。例如，需要网店的背景图片，可以搜索"壁纸"，在搜索结果页面中，不仅可以选择壁纸风格，还可以选择图片尺寸，如图7-8所示。

从国内的素材下载网站上虽然可以轻松获取到很多图片素材，但也存在两个问题：一是图片素材的质量良莠不齐，不少图片达不到网店装修需要的精度要求；二是绝大部分图片素材都没有版权说明，用户不知道是否可以免费使用这些素材，如果贸然使用这些素材会不会引起版权纠纷，令自己经济受损。

图7-8 根据具体的素材类型搜索图片

鉴于此，笔者为大家收集整理了几个素材网站，这些素材网站明确申明该网站上的素材没有版权，任何人都可以使用，应用于个人用途还是商业用途皆可。而且这些素材网站的素材都非常精美，用来装修网店，其视觉效果非常好。

- Pixabay：Pixabay 是一间超高质量且无版权限制的图片的贮藏室。不论数字还是印刷格式，个人还是商业用途，都可以免费使用它的任何图片，并且无原作者署名要求。
- Gratisography：Gratisography 是一个私人创办的素材网站，里面的图片不仅没有版权，而且每周都会更新，内容多为时尚流行类的照片，非常适用于平面设计项目。
- Freeimages：Freeimages 网站上有很多适合平面设计师、网页设计师使用的图片素材，均为免费下载且无版权限制，但需要注册成为会员才能下载。
- Photo Pin：Photo Pin 是一个通过 Flickr API 接口来实现关键词搜索的图片资源类网站，该网站可以使用英文和中文进行搜索，但结果会有所不同，因此用户可以通过切换语言来搜索，获得最适合的图片。
- Snapographic：Snapographic 网站可以为用户提供分类的无版权素材图片，且具有很高的解析度。该网站还可以为用户提供图片打包下载功能，省去用户逐张下载图片的麻烦。

7.5 在装修页面中编辑店铺模块

一家网店中通常都有几个基本的页面，如店铺首页、商品列表页、商品详情页、商品分类页等。每个页面又拥有不同的模块，例如在店铺首页中有店铺信息、店铺公告等模块，店家可以对每个页面的每个模块自行增删和修改。

下面就以在网店首页中增加"宝贝排行榜"模块并编辑其内容的操作为例,讲解在装修页面中编辑店铺模块的方法。

第1步:登录淘宝账号,并进入"千牛卖家中心",单击页面左侧导航栏中的"店铺装修"超链接,如图7-9所示。

第2步:进入"店铺装修"页面,切换至"PC端",选择"基础页"→"首页",单击"装修页面"按钮,如图7-10所示。

第3步:进入店铺首页的装修页面,在页面左侧的"模块"选项中找到"宝贝排行"模块,选中模块并将其拖动到页面右侧中想要添加该模块的位置上,如图7-11所示。

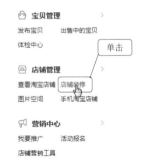

图7-9 单击"店铺装修"超链接

图7-10 单击"装修页面"按钮

图7-11 添加模块

第4步:将鼠标悬停在添加好的模块上,单击"编辑"按钮,如图7-12所示。

第5步:弹出模块编辑对话框,对"宝贝排行榜"模块展示内容进行设置,完成后单击"保存"按钮即可,如图7-13所示。

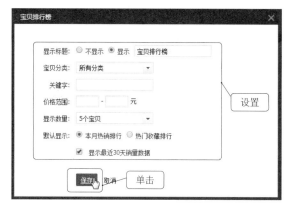

图7-12　单击"编辑"按钮　　　　　图7-13　编辑模块

第6步：进入店铺首页，即可看到新增加的"宝贝排行榜"模块，如图7-14所示。

图7-14　"宝贝排行榜"模块在店铺首页中的展示效果

如果想要删除模块，只需将鼠标悬停到模块上，单击出现的"删除"按钮即可。其他页面和模块的编辑方法也和本例类似，这里就不再一一进行讲解，读者可以自己尝试修改。

7.6　店标的制作与上传

店标即店铺的标志，也就是店铺的LOGO图片，一般由店铺名称、产品图片、宣传语言等元素组成。一个好的店铺标志能展现出店铺的独特风格，且具有极高的可视度，让人印象深刻。店标会默认显示在店招区域的左上角，如图7-15所示。

图7-15 某店铺的店招

1. 设计店标

店标的大小最好为 80 像素 ×80 像素，可以使用 Photoshop、CorelDRAW 等图形处理软件来进行制作。店标在设计过程中应该融入店铺或品牌的文化作为内涵，结合店铺/品牌名称和这些内涵来施展创意。一般来说，店标的设计不宜太花哨，在达意的基础上，应尽量简约一些，给人以静谧、柔和、饱满、和谐的感觉。

网店的店标按照其状态可以分为动态店标和静态店标两种，大多数网店使用的店标都是静态店标，也有少数网店使用的是动态店标。下面以 Photoshop 软件为例来介绍制作静态店标的具体操作步骤。

第 1 步：新建文件。打开 Photoshop 软件，新建一个名为"店标"的文件，设置"宽度"为 80 像素，"高度"为 80 像素，如图 7-16 所示。

图7-16 新建文件

第 2 步：打开素材。选择"文件"→"打开"菜单选项，打开准备好的"LOGO.png"图标文件，如图 7-17 所示。

第 3 步：调整素材。将图标图像拖拽到"店标"文档中，选择"编辑"→"变换"→"缩放"菜单选项，或者按"Ctrl"+"T"键将图标变为编辑状态，然后按住"Shift"键不放，对图像进行等比例缩放，如图 7-18 所示。

第 4 步：输入文字。单击工具栏中的"文字工具"选项，然后在图片中输入文本"KK 服饰"，设置字体为"锐字锐线俏皮简"，大小为"28"，颜色为"09a5fe"，如图 7-19 所示。

图7-17 打开素材图片 　　图7-18 编辑素材图片　　图7-19 输入文字

第5步：绘制形状。单击选择"钢笔工具"，修改填充颜色为"09a5fe"，"工具模式"为"形状"，绘制一个形状，如图7-20所示。

第6步：完成后的效果如图7-21所示。

动态店标的制作也很简单，动态店标就是将多个图像和文字效果构成GIF动画，因此可

图7-20 绘制形状　　图7-21 完成效果图

以使用GIF制作工具来完成，如easy GIF Animator、Ulead GIF Animator等软件都可以制作GIF动态图像。制作前准备好背景图片及商品图片，然后考虑要添加什么文字，例如店铺名称或主打商品等，接着使用软件制作即可。

2. 上传店标

店标制作好之后，就可以将其上传到店铺了，具体操作方法如下。

第1步：进入淘宝后台的"千牛卖家中心"页面，单击左侧导航栏中的"店铺管理"→"店铺基本设置"选项，在跳转出现的新页面中单击"上传图片"按钮，如图7-22所示。

图7-22 单击"上传图片"按钮

第2步：打开"打开"对话框，选择店标图片，单击"打开"按钮，如图7-23所示。

第3步：返回到店铺基本设置页面后，单击"保存"选项即可。

图7-23 上传店标图片

提示

如果店家不太会制作店标，或者没有时间制作店标，可以到网上的在线店标制作网站去挑选一个合适的店标模板，输入必要的文字信息即可生成店标，非常方便。

7.7 设置店铺友情链接

友情链接是指在自己的网店中，放置一个其他网店的链接；同时对方的网店中也放置一个自己网店的链接。设置店铺友情链接能够有效增加自己店铺与各个合作店铺之间的联系，同时可以获得更多的流量。

在淘宝网中为店铺设置友情链接的具体方法如下。

第1步：通过淘宝后台的"千牛卖家中心"进入店铺首页的装修页面，在页面左侧的"模块"选项中找到"友情链接"模块，选中模块并将其拖动到页面右侧中想要添加该模块的位置上，如图7-24所示。

第2步：将鼠标悬停在添加好的"友情链接"模块上，单击"编辑"按钮，如图7-25所示。

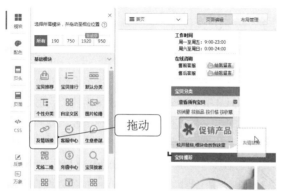

图7-24 添加"友情链接"模块

图7-25 单击"编辑"按钮

第3步：在弹出的模块编辑对话框中，输入链接名称和链接地址等信息，单击"保存"按钮，如图7-26所示。

第4步：进入店铺首页，即可看到新增的"友情链接"模块，如图7-27所示。

图7-26　编辑"友情链接"模块

图7-27　"友情链接"模块在店铺首页中的展示效果

7.8 防止图片或文本超链接出错

虽然店铺中的图片或文本添加了链接，但如果点击超链接的图片或文本时出现没有反应或者链接跳转错误的现象又该怎么办呢？

出现上述情况的主要原因是在同一个页面的一个图片上绘制热区与另外一个图片上绘制热区的位置与名称发生冲突，也即 usemap="#Map" 和 name="Map" 值出错了。因此在添加链接时，一定要注意在同一图片上的热区与名称必须保持一一对应，即同一图片上的热区只对应一个名称，并且也只能对应一个链接。如果名称相同就会出现错误。

7.9 制作一键"返回顶部"超链接

客户在浏览店铺的时候，大多数人的习惯是：从页面的顶端一直浏览到页面的最底端，当看完最底端之后再重新返回页面顶端。但是由于店铺一个页面通常比较长，用鼠标滚动返回到页面顶端很不方便，这时店家就可以制作一个"返回顶部"的超链接，将其添加到页面底端，更方便地来满足客户的浏览习惯，提升他们的购物体验。

制作一键"返回顶部"超链接的方法很简单，这里以 Dreamweaver 网页制作软件为例进行讲解。首先在"返回顶部"字样上绘制出一个热区，然后在热区上的属性面板上，将"链接"设置为"#top"，"目标"设置为空，这样即可使该链接达到一键返回顶部的效果，如图7-28所示。

图7-28 制作一键"返回顶部"超链接

7.10 使用"锚点定位跳转"到当前页面指定位置

如果想让网店的客户，在店铺中点击一个链接后就自动跳转到同一页面的某个指定位置，可以使用 HTML 中的"锚点定位跳转"来实现。

锚点只需 name，加 id 是为了让它兼容性更好，但 href 的值要跟 name/id 一致，前面必须加"#"。具体代码如下。

```
<a href="#1F">1F</a><a href="#2F">2F</a>
<div><a name="1F" id="1F"></a> 第一个链接位置 1F</div>
<div><a name="2F" id="2F"></a> 第二个链接位置 2F</div>
```

7.11 获取网店的"收藏"链接

对于网店而言，在店招或某张图片上添加店铺的"收藏"链接是非常常见的事。那么，店家应该如何去获取店铺的"收藏"链接呢？

获取店铺"收藏"链接的方法为：进入店铺的首页，在店铺信息栏中找到"收藏本店"的按钮，将鼠标光标移动到该按钮上，右击，在弹出的快捷菜单中选择"复制链接地址"选项，如图 7-29 所示，然后将链接直接粘贴到需要的图片上即可。

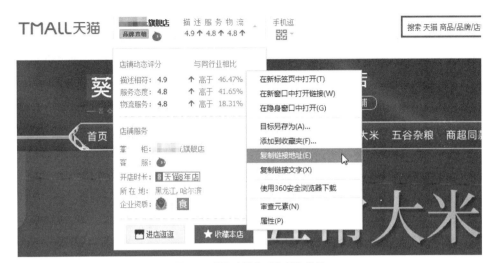

图7-29　获取店铺的"收藏"链接

7.12 获取店铺的ID

获取店铺ID需要先登录店铺主账号，然后在淘宝后台"千牛卖家中心"的店铺管理页面中获取。具体的方法为：登录淘宝账号，进入"千牛卖家中心"→"店铺管理"→"域名设置"，在该页面中即可看到"您的店铺初始域名为：shop10XXX57.taobao.com"等信息，域名中的数字就是店铺的ID，如图7-30所示。

图7-30　获取店铺的ID

7.13 获取"客服旺旺"的链接

获取"客服旺旺"链接的方式为：进入一家店铺的首页，在店铺信息栏中找到旺旺头像按钮，将鼠标光标移动到旺旺头像按钮上右击，在弹出的快捷菜单中选择"复制链接地址"选项，如图7-31所示，然后将链接直接粘贴到需要的图片上即可。

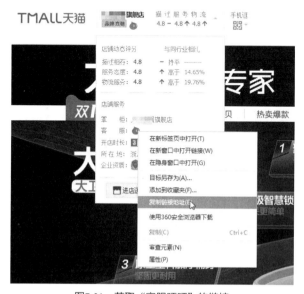

图7-31 获取"客服旺旺"的链接

> **提示**
>
> 这里获取的"客服旺旺"链接，并不会指定某个客服，而是根据后台的分流设置自动分配客服的。

 ## 7.14 备份与还原店铺模板

淘宝店铺设计好模板后应该最先想到的是如何备份店铺模板，以方便下次进行还原。店铺的装修风格可能会经常更换，如果要回到以前的风格，重新装修，直接将备份的店铺模板进行还原即可，这样可以减少很多烦琐的装修工作，提高装修效率。

电脑端备份与还原店铺模板的具体方法如下。

第1步：进入店铺装修后台，装修好店铺之后，单击装修页面右上角的"备份"按钮，如图7-32所示。

图7-32 单击"备份"按钮

第2步：在弹出的对话框中选择"备份"选项，输入"备份名"（最多10个汉字或字符），单击"确定"按钮即可完成备份，如图7-33所示。

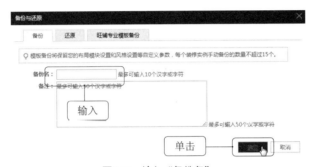

图7-33 输入"备份名"

第3步：如果需要进行还原，单击"还原"选项，选择要还原的备份文件，单击"应用备份"按钮，如图7-34所示。

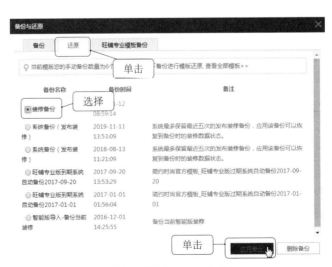

图7-34 单击"应用备份"按钮

第4步：弹出"应用模块"对话框，如图7-35所示。如果装修好的页面没有备份，则单击"备份并应用"按钮；如果页面已经备份了，则直接单击"直接应用"按钮即可。

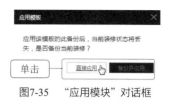

图7-35 "应用模块"对话框

7.15 开通淘宝旺铺

淘宝旺铺是淘宝平台为网店店家提供的一项收费的增值服务功能，相比普通店铺，它可以为店家提供更加个性、更加专业、更加豪华的店铺界面，使得客户拥有更好的购物体验，也更容易产生购买欲望。如图7-36所示的为普通店铺的装修效果，图7-37所示的为旺铺的装修效果。

图7-36 普通店铺的装修效果

淘宝旺铺可以为店铺的装修提供各种强大的功能，对塑造店铺形象，打造店铺品牌，推广促销商品，起到了至关重要的作用。对于网店而言，只要没有被监管或者封店，都可以订购淘宝旺铺服务，而且淘宝平台对新入驻的商家还有一定的扶持，如果是一钻以下卖家可免费使用专业版或智能版淘宝旺铺。因此，一钻以下卖家

图7-37 旺铺的装修效果

可以把握住机会，申请免费使用淘宝旺铺给自己店铺装修加分。下面以淘宝旺铺智能版为例，来介绍开通淘宝旺铺智能版的具体操作。

第1步：登录淘宝账号，进入"千牛卖家中心"，单击"店铺管理"下面的"店铺装修"超链接，进入店铺装修页面，

图7-38 单击"免费升级到智能版"按钮

单击页面顶部的"免费升级到智能版"按钮，如图7-38所示。

第2步：跳转到淘宝旺铺订购页面，选择"智能版"，这时会显示"一钻以下卖家可免费使用智能版，请点击这里立即使用"等字样；单击蓝色字眼"这里"即可免费升级到旺铺智能版，如图7-39所示。

图7-39 淘宝旺铺订购页面

7.16 选购旺铺模板

旺铺的模板是可以改变的，在淘宝平台的"装修市场"里，有很多制作精美、富有特色的店铺模板，这些模板一般按月收费，店家可根据店铺的实际情况选购合适的模板来装修店铺。在旺铺中选购店铺模板的具体操作步骤如下。

第1步：进入店铺装修页面，选择页面左侧的"模板管理"，如图7-40所示。

第2步：进入新页面查看可使用的模板，如果对可使用的模板不满意，可以单击页面下方的"装修模板市场"超链接选购其他模板，如图7-41所示。

第3步：跳转到"装修市场"的模板选购页面，对旺铺版本、模板属性、行业分类等条件进行筛选，单击想要购买的模板，如图7-42所示。

图7-40 选择"模板管理"

图7-41 单击"装修模板市场"超链接

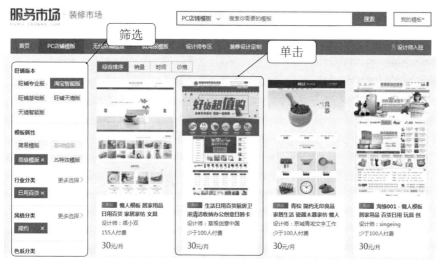

图7-42 选择所要购买的模板

第4步：进入模板详情页面，该页面上半部分是购买界面，下半部分是模板详情说明，店家可以在查看模板详情说明后，选择模板的使用周期，单击"立即购买"按钮，如图7-43所示。

图7-43 模板详情页面

第5步：跳转至订单支付页面，查看订单详情，选择自动续费、到期提醒等参数，确认无误后单击"同意并付款"按钮，如图7-44所示。

图7-44 查看订单详情

第6步：之后跳转到支付宝页面付款，付款成功后即可使用旺铺模板。

7.17 突破旺铺全屏海报950宽度的限制

在旺铺中可以实现全屏海报,也就是其宽度占满大半个屏幕的海报。全屏海报对于热门商品的推广非常有用,能够有效吸引客户的注意力。但是,旺铺的全屏海报宽度最大只能为950像素,如果用现在的高分辨率显示器进行浏览,则显得太小了,起不到应有的作用,因为高分辨率显示器的显示宽度为1920像素,950像素的图片只占其宽度的二分之一多一点,显然达不到吸引客户注意力的效果。

那么,如何突破宽度为950像素的限制呢?具体的方法如下。

首先店家可以制作一个任意尺寸的图片(建议将图片的尺寸设置为1920像素×470像素),并将图片保存到淘宝图片空间中。然后进入网店装修页面,添加一个"自定义内容区"模块(注意不要在页头上添加,在页头上无法添加自定义内容区模块),❶将标题设置为"不显示",❷然后单击"源码"按钮,进入源码编辑模式,❸将HTML代码粘贴到文本框中,❹并单击"确定"按钮保存,如图7-45所示。

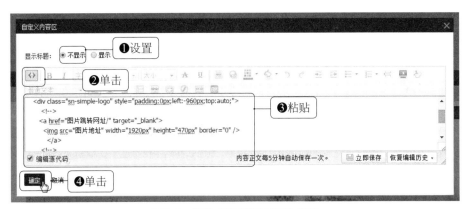

图7-45 编辑"自定义内容区"模块

图中使用的源代码如下:

```
<div style="height:470px;">
    <div class="footer-more-trigger"style="left:50%;top:auto;border:none;padding:0;">
        <div class="footer-more-trigger"style="left:-960px;top:auto;border:none;padding:0;">
            <!-- >
            <a href="图片跳转网址"target="_blank">
              <img src="图片地址"width="1920px"height="470px" border="0" />
            </a>
```

```
     <!-- >
                </div>
            </div>
</div>
```

需要说明以下两点。

- 代码中的"图片跳转网址",是指客户点击全屏海报后跳转的网址。比如海报是为某件热销商品做广告,则点击海报后应跳转到该商品的详情页面;如海报是为某活动做广告,则点击海报后应跳转到该活动的详情页面。
- 如果店家的图片使用了其他尺寸,则应该在代码中进行修改。将代码中原来的一处"1920"替换为新的宽度,将原来的两处"470"替换为新的高度即可。

7.18 移动端淘宝店铺装修的注意事项

随着手机购物的日益流行,移动端淘宝店铺的装修变得越来越重要了。有些店家会认为可以将电脑端淘宝店铺装修内容直接复制到移动端店铺装修就可以了,这显然是不行的,移动端淘宝店铺装修有其自身的特点和要求,移动端淘宝店铺装修应该注意以下几个方面。

- **色彩搭配**:有些店家认为移动端店铺的色彩只要鲜亮、丰富多彩就可以吸引客户。其实这是错误的认识,色彩的搭配是有所讲究的。首先,配色要美观,要符合配色原理;其次,配色要符合店铺产品的风格定位,即从店铺的实际情况出发,与店铺所经营的商品相符合,同时,色彩的选择要尽量和谐;最后,颜色不要过多,尽量不要超过4种,这样才不会显得视觉杂乱。
- **图片处理**:图片方面,移动端淘宝店铺的图片尺寸与电脑端有所不同。不能直接把电脑端店铺装修图片应用到移动端店铺装修上,否则图片会变得模糊不清。
- **导航栏设计**:手机由于屏幕较小,展示的内容有限,因此移动端淘宝店铺在导航栏的设计上必须进行细化,主要是做好商品的分类,适应手机显示的特殊性,这样才能把移动端店铺的装修也做好,赢得更多的流量和销量。
- **自定义模块切片尺寸**:设计移动端页面时一定要计算好切片的尺寸,根据切片的尺寸对页面进行布局。

7.19 移动端店铺装修的小技巧

手机购物的日益盛行,对移动端店铺的装修提出了更高的要求。那么,作为一家网店的店家,掌握一些基本的移动端店铺装修技巧,可以有效帮助自己提高网店的销售量。下面就分享几个简单实用的移动端店铺装修的小技巧。

1. 手机店铺最重要的位置放什么内容

由于移动端淘宝受手机屏幕尺寸的影响较大，为了提高客户打开移动端淘宝页面的速度，应该尽量将活动、促销优惠和新品、热卖商品等内容放在最显眼的地方。

- 推单品：什么样的产品比较受欢迎，即店铺热销商品。
- 推活动：增加顾客的黏度，提升商品转化率。

2. 店铺色彩、风格保持一致

为了打造出最佳的视觉营销效果，在装修移动端淘宝店铺时，色彩、风格应该保持一致。不宜使用过于鲜亮的颜色，且颜色种类也不宜过多。因为色彩过于鲜亮刺眼，而颜色种类过多的话，就容易造成客户的视觉疲劳。因此在装修移动端淘宝店铺时，宜采用统一的浅色系，这样更容易让客户接受。

3. 手机店铺滚动屏幕的设置

移动端店铺的客户通常是通过触摸滚屏的方式来浏览店铺或商品信息的。滚动屏幕的设置并不是越多越好，过多的滚屏，会令客户失去浏览的欲望。因此，滚动屏幕的设置要适中，最好控制在3屏以内。

4. 手机店铺的排版设计

由于大部分手机用户都是使用右手滑动手机屏幕，并产生点击行为的，因此，将点击按钮放在屏幕右侧更方便浏览者的点击，如图7-46所示。

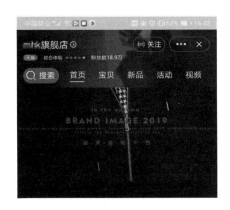

图7-46　手机店铺的排版设计

7.20 设置移动端淘宝优惠券

店铺优惠券是很多店家都会用到的促销优惠方式,移动端优惠券有"自动添加"和"手动添加"两种装修方式,下面将介绍如何用这两种方式添加店铺优惠券。

1. 自动添加优惠券

自动添加移动端优惠券的操作步骤如下。

第 1 步:登录淘宝后台的"千牛卖家中心",在左侧导航栏中的"店铺管理"模块下单击"手机淘宝店铺"项,进入新页面,在"无线店铺"项中选择"立即装修"选项,进入淘宝手机"无线运营中心"页面,如图 7-47 所示。

图 7-47 进入手机"无线运营中心"页面

第 2 步:进入"店铺装修"页面,选择"手机端"→"手淘首页",单击"手淘首页"中的"装修页面"按钮,如图 7-48 所示。

图 7-48 单击"装修页面"按钮

第 3 步:进入店铺装修页面,在左侧的"营销互动类"模块下选择"优惠券模块",将其拖曳到中间的装修页面,如图 7-49 所示。

图7-49 添加模块

第4步：在右侧的优惠券模块中选择"自动添加"复选框，系统自动抓取店铺已创建的优惠券，按照面额由小到大排列，最多展示6个优惠券，单击"保存"按钮，自动添加优惠券就装修完成了，如图7-50所示。

图7-50 自动添加优惠券

2. 手动添加优惠券

手动添加移动端优惠券的操作步骤如下。

第1步：进入移动端店铺首页装修页面，在左侧的"营销互动类"模块下选择"优惠券模块"，将其拖动到中间的装修页面。

第2步：在右侧的优惠券模块中选择"手动添加"复选框，设置优惠券数量，选择优惠券，单击"保存"按钮，即可完成手动添加优惠券的操作，如图7-51所示。

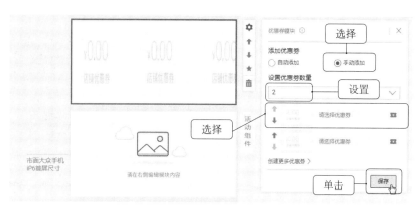

图7-51　手动添加优惠券

案例——"双十二"视觉营销新套路

行者，山东淄博云派电子商务有限公司运营总监，自营内衣类目店铺，年销售千万元级别。6年电商运营经验，专注网店标准化、数据化运营规划、产品开发项目管理。以下内容源于他的分享。

我在这里分享一组"双十二"的活动页面规划。页面必须以营销为基本目的，如果纯粹为了好看，那设计出来的是美术作品，不是店铺页面。而店铺页面的规划，应该由运营或视觉营销人员去把握。但很多店家都把这个重担交给了美工。美工对于店铺活动和营销都不是最了解的人，这么做就相当于让医师在边上看着，让护士来开刀一样。所以，运营人员必须提供一套营销型页面的陈列逻辑。希望店家看页面以模块化的思维去看，而不是单纯看页面美不美观。

接下来，我给大家讲一个基本的营销套路模块。按照这个去做，至少不会出什么纰漏。至于能不能做得更好，要根据自己店铺的实际情况来考虑。

- 店招：这个一般店铺都会有，主要起烘托氛围作用。事实上，这更多是一个装饰，真正点击的人不多。
- 店招下面是海报栏：海报栏主要目的是突出活动主题。
- 海报栏下面是导航区域：例如店铺里面有多个分类页面，或者活动二级页面，就可以用它来进行陈列。
- 接下来是活动规则：无论是买赠、抽奖、满减、免单、秒杀，都必须要把活动规则写出来。说明活动玩法，让客户明白，从而减轻客服压力。
- 然后是放置红包或优惠券，进一步刺激客户购买。红包或优惠券区域，尽量采用神笔编辑，放弃使用默认优惠券呈现框。
- 爆款专区：大部分人都有从众心理，所以我们会推出爆款专区、店铺明星商品专区。一般是放些新品或主推款，主推款不一定是爆款，但最好是利润款。爆款专区放2～3个商品。尽量使用已报名"双十二"活动的商品，如果没有报名活动的商品，尽量使用打标商品。

- 特价专区：前面展示的爆款或主推款，价格让利力度可能不一定太猛。所有我们还可以用特价商品来刺激客户，让他们看到我们真正的让利产品。
- 常规类目专区：陈列常规的商品，每个分类展示4个商品就行，太多也没人看。

如果将这套模块放到二级页面里，还需要在最下面加一个返回首页的按钮，方便客户跳转到首页。整理下我们的模块思路，最初让客户看海报，确定店铺活动氛围基调，然后告诉其参与方式，接着让客户看店铺的爆款；如果爆款不喜欢，说明客户不是从众心理，所以再推一些新品或平时卖得好的商品。

因为我们的目的是做活动，而不是做单纯的铺陈。既然是做活动，就要按照活动页面的模块构造来做。至于做得好不好看，还要看设计的功力。但放哪几个模块，每个模块放什么商品以及商品的陈列顺序，都需要运营统筹安排。

第8章

网店视觉设计

本章导读

网店视觉设计并不像店铺装修与美化店铺那么简单,设计者需要全面系统地掌握色彩、构图、版式设计等美学的相关基础知识。在设计过程中,无论颜色搭配、字体设计,还是版面布局都需要从客户的角度出发,尽可能满足客户的需求,这样才利于提高网店的转化率。另外,在进行网店视觉设计时,还要保证整体视觉效果的协调性和统一性。

8.1 网店的色彩构成和配色比例

打开网店的页面之后,首先给客户带来视觉冲击的就是店铺的色彩,好的配色不但可以打动人心,让人产生共鸣,还能增加店铺的识别度。

1. 网店的色彩构成

网店页面中的色彩构成一般包括主色、辅助色和点缀色。其中,主色可作为品牌色、背景色使用,它的确立会影响整个画面格调;辅助色起衬托作用,能帮助主色建立更完整的形象,使主色更出彩,也使画面视觉感受更丰富;点缀色通常小面积地分散在页面适当的位置,具有高频次、颜色跳跃、反差较大等特性,点缀色不限于一种颜色,其最突出的功能就是活跃画面和引导阅读。例如,某淘宝店铺首页中的海报文案,该页面以绿色为主色,以黑色为辅助色,以红色为点缀色,如图8-1所示。

图8-1 某网店页面的色彩构成

2. 网店的配色比例

通常,在网店页面中主色的占比为70%,辅助色的占比为25%,点缀色的占比为5%,如图8-2所示。一般情况下建议画面色彩不要超过3种,3种是指3种色相,比如深红和暗红可以视为一种色相。

图8-2 网店页面的配色比例

通常来讲,颜色用得越少越好,颜色越少画面越简洁,给人的感觉就会显得更加成熟,而且颜色越少设计者越容易控制画面的呈现效果。针对一些特殊情况,比如节日类海报的设计等,要求画面要呈现出热闹、活力的氛围,这时可适当多使用些颜色让画面显得很活跃,但是颜色越多越应该严格按照配色比例来分配颜色,否则会使画面变得杂乱无序,难以控制。

8.2 网店装修配色方案与应用

艺术的色彩搭配不仅可以为店铺装修加分,还可以对店铺转化率的提升起到一定的促进作用。不同的产品、不同的季节、不同的时间对色彩会有不同的要求,所以店家在进行店铺装修的时候千万注意颜色的运用及色彩搭配。下面将详细讲解在网店装修中不同色系的配色方案及实际应用。

1. 红色系

在网店中大多数情况下,红色都作为突出颜色,因为鲜明的红色极容易吸引人们的目光。高亮度的红色通过与灰色、黑色等色彩搭配使用,可以得到现代且激进的感觉,低亮度的红色通过冷静沉着的感觉,可以营造出一种古典的氛围。常见的红色系配色方案如图8-3所示。

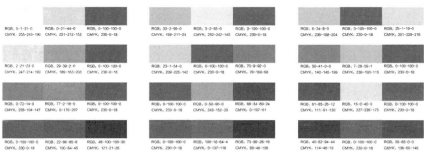

图8-3 常见的红色系配色方案

在店铺装修色彩的应用中,红色和黄色向来是中国传统的喜庆色彩搭配,这种传统且色调浓烈的色彩能让客户瞬间联想到节日庆典,从而增加店铺的促销感,因此在大型网购节日中,经常会用这种色彩。例如,某淘宝店铺在"双十一"购物狂节期间使用红色系配色方案装修自己的店铺,如图8-4所示。

图8-4 某网店红色系的配色应用效果

2. 橙色系

橙色介于红色和黄色中间,其本身色调平衡性较好,它不但能强化视觉感受,还能通过改变其色调进而营造出不同的情绪氛围。橙色既能表现出年轻人的活力，也能传达出稳重感，因此它在店铺装修中的使用率也比较高。常见的橙色系配色方案如图8-5所示。

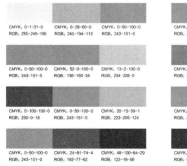

图8-5　常见的橙色系配色方案

在店铺装修色彩的应用中，橙色系主要用于活泼、时尚的商品。它是一种引人注目和充满芳香的色彩，同时也是一种容易引起食欲的色彩，因此橙色常常适用于食品、儿童用品、家居用品等行业的店铺，该色彩能营造出积极、活力及美味等氛围。例如，某家经营水果商品的店铺使用橙色系配色方案装修自己的店铺，如图8-6所示。

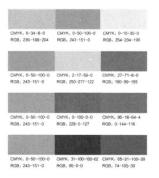

图8-6　某网店橙色系的配色应用效果

3. 黄色系

黄色是所有颜色中亮度最高、最醒目的颜色，能带给人一种明快、灿烂、愉快、高贵以及柔和的感觉，同时还容易引起人们对味觉的条件反射，给人带来甜美和香酥感。黄色与其他颜色搭配时会显得比较活泼，能够充分彰显出快乐、希望和充满阳光的个性。

在店铺装修色彩的应用中，建议尽量选用红色、黑色和白色来与黄色进行搭配，这些色彩的对比度较大，更容易形成画面层次的对比，也更容易突出商品主体；而与蓝色、绿色及紫色搭配时，能形成轻快的时尚感。常见的黄色系配色方案如图8-7所示。

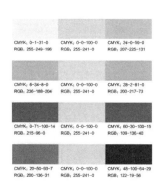

图8-7　常见的黄色系配色方案

在店铺装修色彩的应用中，黄色系主要用于表现华美、时尚和生动的商品。与红色系的不同之处在于，黄色系带给人的视觉刺激感是柔和的，比红色系更能体现出华美感。黄色系配色主要适用于家用电器、儿童玩具和食品等行业的店铺，还有很多销售高档商品的店铺也适用黄色系配色。例如，某玩具网店使用黄色系配色方案装修自己的店铺，如图8-8所示。

图8-8　某网店黄色系的配色应用效果

4. 紫色系

紫色能够带给人一种神秘、奢华、稀有的感觉，同时它也象征着浪漫、庄重与神圣，所以该色系一直以优雅、高贵的品质深得女性消费者的喜爱。

紫色属于冷色，在使用紫色的同系色彩进行搭配时，能变现出宁静、优雅的感觉；如果加入少量的互补色，则能在宁静的氛围中表现出华丽与开放感。紫色与红色、黄色、橙色搭配时，能让页面的整体色调形成强烈对比，表达出非凡的时尚感；与白色搭配时，能让页面看起来更加简洁、大气和优雅；而与黑色搭配时，能让情绪氛围显得更神秘。常见的紫色系配色方案如图8-9所示。

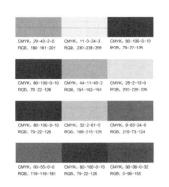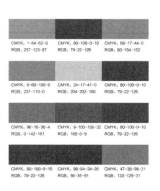

图8-9　常见的紫色系配色方案

在店铺装修色彩的应用中，紫色系主要适用于女性使用的服饰、箱包、珠宝、高端化妆品等商品以及部分艺术品。无论紫色系配色所表达的感受是神秘还是优雅，都能让人一见难忘，所以该色系也是高端商品的首选色系。例如，某化妆品网店使用紫色系配色方案装修自己的店铺，如图8-10所示。

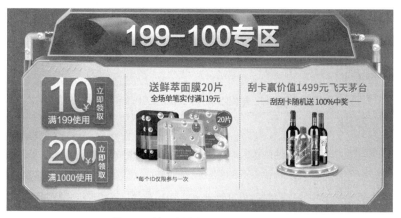

图8-10　某网店紫色系的配色应用效果

5. 绿色系

绿色是最能表达出自然能量的色彩，也是亲和力很强的色彩，能给人带来一种自然、舒适、充满活力和希望的感觉。绿色系既能表现出大自然的生机勃勃，也能传达出健康的感觉，因此它在店铺装修中是使用最广泛的色系之一。

绿色属于冷色，如果整个页面只单独使用这一种色彩，画面会变得很单调，缺少鲜艳感；如果加入少量的补色，例如红色，绿色便能表现出难以想象的力量，成为整个页面的主角。常见的绿色系配色方案如图8-11所示。

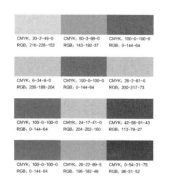 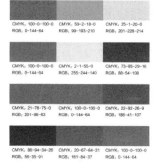 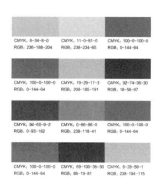

图8-11　常见的绿色系配色方案

在店铺装修色彩的应用中，绿色系能让人联想到环保、天然和健康方面的事物，所以该色系主要适用于保健品、农副产品、护肤品、儿童用品等类目的店铺。例如，某家经营母婴用品的网店使用绿色系配色方案装修自己的店铺，如图8-12所示。

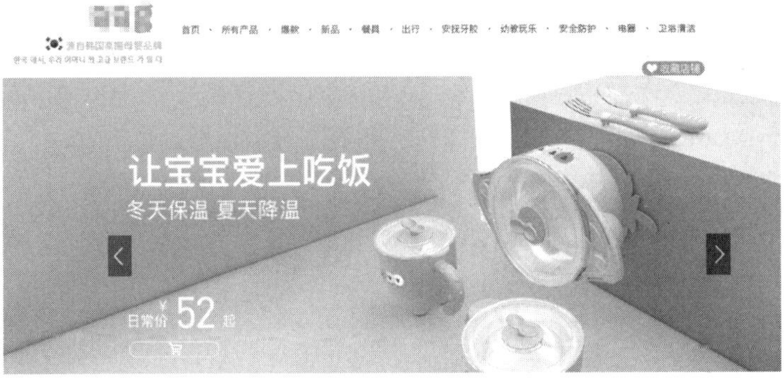

图8-12 某网店绿色系的配色应用效果

6. 蓝色系

蓝色是冷色系中最具代表性的中心色，是一种能表现冷静和理性的色彩。蓝色在与红色、黄色和橙色等暖色系进行搭配时，页面的跳跃感会比较强，这种强烈的兴奋感容易刺激客户的购买情绪；如果蓝色和白色搭配，页面则能表现出清新感、淡雅感，强调品牌感。常见的蓝色系配色方案如图8-13所示。

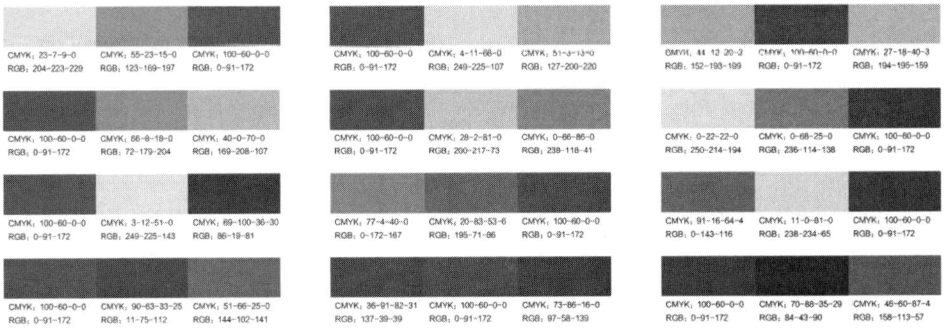

图8-13 常见的蓝色系配色方案

在店铺装修色彩的应用中，蓝色系总能让人联想到科技、智慧和自然方面的事物，因此主要适用于数码产品、家用电器、清洁用品、汽车用品、医药品、海鲜和旅游用品等类目的店铺。例如，某家销售手机数码产品的店铺使用蓝色系配色方案装修自己的店铺，如图8-14所示。

图8-14 某网店蓝色系的配色应用效果

7. 其他色系

除了上述介绍的彩色色系以外，还有白色、灰色和黑色等色系也可以用来装修店铺，而且这三种色系都属于经典的百搭色系，既能作为主色来设计页面，也能作为其他色彩的辅助色搭配使用。

（1）白色。白色能给人一种简洁、干净、明快和纯真的感觉，是店铺装修中最常见的页面背景色。白色的明度最高，可以与任何色彩任意搭配，而且白色极具时尚与扩张感，整体页面使用白色时，画面会显得非常优雅、明亮和简洁。另外，在同时运用几种色彩的页面中，白色和黑色是最显眼的颜色。例如，某家销售鞋类商品的店铺使用白色系配色方案装修自己的店铺，如图8-15所示。

图8-15　某网店白色系的配色应用效果

（2）灰色。灰色属于中性色彩，能带给人一种素雅、沉着的感觉。灰色虽然能表现出优雅感，但是如果整个页面只使用单一的灰色，会显得过于沉闷，从而产生消极感。在使用灰色设计页面时，应采用不同明度的灰色或搭配其他鲜艳的色彩，以此来提升页面所要表现的开放感和力量感。在店铺装修色彩的应用中，灰色主要适用于家居用品、手表、鞋服和奢侈品等类目的店铺。例如，某家网店使用灰色系配色方案装修自己的店铺，如图8-16所示。

图8-16　某网店灰色系的配色应用效果

（3）黑色。黑色是一种充满神秘且抑制力很强的色彩，能带给人一种高格调、稳重和庄严的感觉。与黑色搭配使用的其他色彩都能被很好地衬托出来；如果背景采用黑色，则能最大程度地激起客户对神秘和幻想的向往情绪。在店铺装修色彩的应用中，黑色系适用于需要表现出神秘感和力量感的服饰、箱包、数码产品和汽车用品等类目的店铺。例如，某家服装类网店使用黑色系配色方案装修自己的店铺，如图8-17所示。

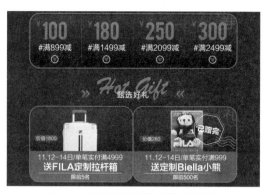

图8-17 某网店黑色系的配色应用效果

8.3 网店常用的8种价格字体和5种英文书法字体

在进行网店视觉设计时,网店店家们常常会因为找不到一种比较合适的字体而感到烦恼。为解决店家的这一困扰,下面为大家总结了网店常用的8种价格字体和5种英文书法字体。

1.8种价格字体

在网店视觉设计中,关于如何去选择商品价格的字体是店家必然会遇到的一个问题。那么店家究竟应该怎样去选择一个识别度高、可读性强、美观度高的价格字体呢?下面总结了8种在网店视觉设计中使用频率较高的价格字体,供店家参考,这些常用的价格字体,多数都是英文字体。

(1)字体名称:BebasNeue。该字体的展示及实际应用效果如图8-18所示。

图8-18 "BebasNeue"字体的展示及实际应用效果

(2)字体名称:Milibus Sb Italic。该字体的展示及实际应用效果如图8-19所示。

图8-19 "Milibus Sb Italic"字体的展示及实际应用效果

（3）字体名称：AccidentalPresidency。该字体的展示及实际应用效果如图 8-20 所示。

图8-20 "AccidentalPresidency"字体的展示及实际应用效果

（4）字体名称：ImpactMTStd。该字体的展示及实际应用效果如图 8-21 所示。

图8-21 "ImpactMTStd"字体的展示及实际应用效果

（5）字体名称：TENSANS-BOLD。该字体的展示及实际应用效果如图 8-22 所示。

图8-22 "TENSANS-BOLD"字体的展示及实际应用效果

（6）字体名称：Avanti Regular。该字体的展示及实际应用效果如图 8-23 所示。

图8-23 "Avanti Regular"字体的展示及实际应用效果

（7）字体名称：UniversLTStd-UltraCn。该字体的展示及实际应用效果如图 8-24 所示。

图8-24 "UniversLTStd-UltraCn"字体的展示及实际应用效果

（8）字体名称：Niagara-Solid。该字体的展示及实际应用效果如图 8-25 所示。

图8-25 "Niagara-Solid"字体的展示及实际应用效果

2. 5 种英文书法字体

相信不少人在浏览网店时都见过使用英文书法字体设计的各类网店图片，如图 8-26 所示。这些字体通常具有很强的个性化，能够很好地吸引客户的注意力，激发客户的购买欲望。店家平时可以在网上下载并收藏这些字体，然后将它们安装到自己电脑上，以便在设计网店图片时使用。

图8-26 英文书法字体的应用效果

下面介绍 5 种常用的英文书法字体，供店家参考。

（1）字体名称：Christians United。该字体的展示效果如图 8-27 所示。

图8-27 "Christians United"字体的展示效果

（2）字体名称：LEVIBRUSH。该字体的展示效果如图 8-28 所示。

图8-28 "LEVIBRUSH"字体的展示效果

（3）字体名称：Edo Regular。该字体的展示效果如图 8-29 所示。

EDO REGULAR

图8-29 "Edo Regular"字体的展示效果

（4）字体名称：SNNeoNoire-Regular。该字体的展示效果如图8-30所示。

SNNEONOIRE

图8-30 "SNNeoNoire-Regular"字体的展示效果

（5）字体名称：Ruach LET Plain。该字体的展示效果如图8-31所示。

Ruach LET

图8-31 "Ruach LET Plain"字体的展示效果

> **提示**
>
> 在安装字体时需要注意，不要过多地安装一些不常用的字体，除系统自带的字体外，安装一些网店设计常用的字体就可以了。另外，在进行网店视觉设计时，尽量不要滥用字体，要根据店铺或商品的风格来选择合适的字体。

8.4 网店店招的设计原则和设计要点

网店的店招就是网店的招牌，用来展示店铺名称和店铺形象。一个好的店招能有效突出店铺的经营风格，提高店铺的美观度以及推广效率。店招上主要包括店铺名称、店铺LOGO、店铺口号、店内搜索框、收藏店铺、关注店铺、店内导航条及热销宝贝推荐或者店铺优惠券等内容。如图8-32所示为一家淘宝店铺的店招。

图8-32 某网店的店招

1. 店招的设计原则

店招通常由文字和图案组成，表现形式千变万化。在设计网店店招时，一般要遵循以下几个基本原则。

- **专业性**：店招是一家店铺的招牌，也是店家向客户进行视觉传达的重要阵地。在店招设计过程中，要最大程度地表现出店铺的经营理念和经营活动，强调品牌的价值与意义，并将其准确传达给客户，以彰显店铺的专业性。这样既可以有效提高店铺的信誉度，还会使客户产生信赖感，从而提高店铺成交率。
- **识别性**：如何让客户在众多店铺中一眼就能看中自己的店铺，并且能快速记住自己的店铺？只有具有独特个性和强烈视觉冲击力的店招，才能拥有较高的竞争力，给客户留下深刻的印象。
- **时代性**：电商时代是一个与时俱进的时代，为了适应不断变化的竞争市场，店家必须结合鲜明的时代形象特征来构造标志的理念，设计出独特的店招，让客户感觉眼前一亮，激发起欣赏的欲望。

2. 店招的设计要点

店招是客户看到店铺的第一印象，客户进入店铺可能第一眼看到的就是招牌。店招的主要作用是通过形象宣传去留住更多的客户，因此在设计网店的店招时要更多地从留客的角度去设计。

在店招设计过程中，必须要体现如下几个要点。

- **店铺名称**：店铺名称不仅要好记而且要有一定含义，能直接告诉客户自己店铺是卖什么的，品牌店铺可以标榜自己的品牌；
- **店标（LOGO）**：它是区别于其他店铺的核心内容，有很高的识别度，能直观形象地体现店铺的品牌和形象；
- **产品特点**：直接阐述自己店铺的产品特点，在第一时间打动客户，吸引客户；
- **店铺（品牌）优势和差异化**：展示店铺（品牌）的优势以及和其他的店铺的不同之处，形成差异化竞争。

8.5 店铺页尾的视觉设计要点

店铺页尾考验的是一家店铺的服务品质和专业程度，其中包含了大量有用的信息，能够为客户提供全方位的服务。店铺页尾通常包括退货须知、关于快递、客服中心，店铺公告等内容。从设计角度而言，店铺页尾一般使用简短的文字再配上相关性的图标来传递相关信息。例如，某网店的页尾设计如图 8-33 所示。

图8-33 某网店的页尾设计

店铺页尾的视觉设计主要有以下几个要点。

- 店铺底部导航：便于客户寻找店内商品。
- 返回顶部按钮：在页面过长的情况下，加上返回顶部超链接以便客户快速地跳转到顶部。
- 收藏店铺：在页尾添加收藏店铺链接，方便客户收藏店铺，时刻关注店铺信息。
- 旺旺客服中心：便于客户联系客服人员，及时解决客户问题，增加互动，提高转化率。
- 客户须知：包括发货须知、客户必读、购物流程和默认快递等信息，可以帮助客户快速解决购物过程中的问题，减少客户对常见问题的咨询量。

8.6 店铺背景的视觉设计要点

店铺背景设计与店铺的风格息息相关，店铺背景的视觉设计重点在于背景颜色的搭配。例如，某网店在"双十一"购物狂欢节期间使用红色作为店铺的背景色，以凸显店铺的节日氛围，营造促销感，如图8-34所示。

图8-34 某网店的店铺背景设计

店铺背景的视觉设计主要有以下几个要点。

- **尺寸**：店铺背景的尺寸大小是根据背景显示大小而确定的，一般情况下，只要背景图不超过 1MB，背景尺寸可以根据电脑的分辨率设置宽度为 1920 像素，高度不限制。如果是装修固定背景，尺寸最好是 1920 像素×1080 像素。
- **格式**：目前淘宝旺铺中店铺背景图支持的文件格式为 GIF、JPG、PNG。
- **颜色**：以主体色调为主，背景色调为辅，背景的颜色切忌不可太过抢眼，喧宾夺主，主要运用的颜色是单色调、淡色调、冷色调、暗色调等。
- **内容**：主要以与主体相关的简单的装饰素材作为背景内容，目前比较多的店铺喜欢在店铺背景上加上店铺的手机二维码，以及购买优惠提示等。

8.7 店铺海报的视觉设计要点

经过精心设计的各种店铺海报，不仅可以彰显店铺的风格，还可以向客户传递出最新的商品信息、最新优惠活动等。通常，一张海报基本上由产品、背景、文案 3 个部分组成，如图 8-35 所示。

图 8-35 某网店的首页轮播海报

- **背景**：根据产品和活动来选择合适的背景。背景分为颜色背景、场景背景及纹理背景。
- **文案**：文案的字体不超过 3 种，用粗大的字体突出主题。文案分主题内容、副标题和说明性文字，把握好主次关系，适当留白，让客户在浏览的过程中能够轻易地抓住画面信息的重点，提高阅读体验。
- **产品信息**：海报中要突出展示产品的特色卖点等关键的产品信息，使客户一目了然。

海报的视觉设计主要包含主题、构图、配色 3 个要点。

1. 主题

设计店铺海报首先必须要有一个主题，无论是新品上市还是活动促销，主题选定后才能围绕这个方向确定海报的文案和信息等内容。海报的主题以产品加上描述来体现，将描述提炼成简洁的文字，并将主题内容放置在海报的第一视觉中心，能比较高效且直接地让客户一眼就能知道所表达的内容。

2. 构图

海报的构图就是处理好图片和文字之间的位置关系，使其整体和谐，并突出主体。

（1）左右构图。左右构图是比较典型的构图方式，一般为左图右文或者左文右图两种模式，这种构图比较沉稳，如图8-36所示。

图8-36　左右构图的店铺海报

（2）左中右三分式构图。左中右三分式构图是指海报两侧为图片，中间为文字，相比于左右构图更具层次感。为了突出主次，可将两边的图片设置为不同大小，如图8-37所示。

图8-37　左中右三分式构图的店铺海报

（3）上下构图。上下构图方式分为上图下文和上文下图两种模式，如图8-38所示。

（4）多层次构图。多层次构图是指图片底部一层为背景图，中间层基本为产品图或者模特图，上层为主题文字，如图8-39所示。

图8-38　上下构图的店铺海报

图8-39　多层次构图的店铺海报

（5）斜切式构图。斜切式构图会让画面显得时尚、动感、活跃，但是画面平衡感不是很好控制。一般斜切式的文案倾斜角度最好不要大于30°，否则不利于客户阅读。另外根据大多数人的阅读习惯，文字一般是往右上方倾斜的，这样会使文字呈现一种上升感，如图8-40所示。

图8-40　斜切式构图的店铺海报

3. 配色

海报的配色十分关键，画面的色调会营造一种氛围。在配色中，对重要的文字信息用突出醒目的颜色进行强调，以清晰的明暗对比传递画面信息，并以不同的配色来确定相应的风格。

8.8　店铺商品陈列展示区的设计

店铺商品陈列展示区是店铺首页中最重要的模块之一，可以有效帮助客户快速地了解店铺商品，甚至影响客户的购买决策。通常店家都会把店内人气、销量排名比较好的商品展示在这个模块中。下面将介绍商品陈列展示区的视觉设计要点。

1. 分类明确

在设计店铺商品陈列展示区时，一定要注意对同类商品进行分类陈列，这样可以使店铺的商品显得更丰富、更整洁、更美观，且更具视觉冲击力，如图8-41所示。

图8-41　分类明确

2. 突出商品

在设计店铺商品陈列展示区时，要尽量保证商品的大小和背景的统一性，通过背景和商品的对比，突出产品的信息，如图 8-42 所示。

3. 主次分明

对于店铺主推的商品或爆款商品，应采用不同的陈列方式或者通过色彩对比的方式进行展示，以求做到重点突出、主次分明，如图 8-43 所示。

图8-42　突出商品　　　　　　　　　　图8-43　主次分明

4. 图文对应

对于混排的商品，描述和价格等文字信息需要与相应的商品图一一对应，避免混淆，如图 8-44 所示。

5. 突出商品价格与购买按钮

商品价格的写法要统一，对商品价格及购买按钮进行放大、加粗和使用色彩对比等方式，使其突出显示，同时弱化图片中不重要的信息，如图 8-45 所示。

图8-44　图文对应　　　　　图8-45　突出商品价格与购买按钮

8.9 直通车图片的设计要领

如何使自己店铺的商品在众多同类商品中更突出，获得更多客户的喜爱，从而提高点击率呢？除了商品本身要具有其个性化和卖点外，直通车图片的设计也需要与众不同。在设计直通车图片时，通常必须把握以下3个方面的要领。

- 卖点明确：在设计直通车图片时要明确突出商品的关键卖点。任何一个商品都有自己的卖点，并且有些商品的卖点有很多，但在设计直通车图片时不建议把所有卖点全部展现出来，因为卖点多了，给予客户的信息量就显得太复杂了，这时客户反而会觉得商品没有卖点了。因此，在设计直通车图片时，只需选择重要的一个至两个商品卖点来进行展示，以吸引客户的注意即可。
- 文案突出：卖点可以直接通过商品图片来展示，当商品图片不足以准确地传达卖点信息时，精炼有创意的文案配上商品图片能够更好地传递出商品的卖点，这时的文案就尤为重要。
- 视觉差异化：视觉差异化主要表现在商品图片拍摄创意和直通车图片排版设计两个方面。通过视觉差异化，可使自己店铺的商品直通车图片从同类商品直通车图片中脱颖而出，以此来吸引客户点击。

提示

直通车图片通常不止一张图片，可以用不同的商品卖点，不同的设计形式多做几张直通车图片，以此来测试直通车的点击率如何，最终确认使用什么样的直通车图片来进行推广。

8.10 直通车图片的差异化设计

直通车图片的设计要想与众不同，并吸引更多的客户点击，就需要充分研究现有其他周边商品的直通车图片的特点，找出它们的共性，然后采用差异化策略进行设计。差异化可以从素材、色彩、构图、文案和创意等方面入手。

（1）素材差异化。如图8-46所示的两张直通车图片，销售的商品同样都是不粘锅，但左图只是通过文案来展现商品卖点，而右图则是通过实拍图加文案的方式来展示商品卖点，更写实、更有代入感，也更具有说服力，其点击率自然也要比左图高。

（2）色彩差异化。如果一个商品

图8-46　素材差异化

的颜色与背景色相同或相近,那么就很容易使得商品的辨识度降低,从而降低客户对商品的注意力。在设计直通车图片时要懂得选择背景色,或者尽量在拍摄中使用与商品本身色彩差异较大的颜色,但是不要让背景的颜色过于复杂,否则就不能突出商品图片的主导地位。

如图 8-47 所示的电水壶商品的直通车图片,除了第 4 张图片以外,其他的图片使用的背景颜色都是灰色、白色、黑色等非彩色的色系,一眼看上去好像都一样,很难凸显出商品的优势。只有第 4 张图片使用了彩色色系作为背景颜色,一下就与其他几张图片产生了对比,更能吸引浏览者的眼球。

图8-47　色彩差异化

（3）构图差异化。比如采用均衡化的原则构图时,倾斜角度能更全方位地展示商品,让商品更显眼。如图 8-48 所示,左图中的商品是以倾斜角度的方式进行展示的,所以它会比右图中的商品给人的印象更为深刻。

（4）文案差异化。当商品的价格优势不明显时,可以换一种表达方式,通过文案表述的方式来吸引更多客户点击。如图 8-49 所示的直通车图片中销售的是一款护手霜商品,但该商品的价格为 39 元,与其他同类商品的价格相比并没有具有太大的优势,但该图片的文案中却说明该商品拍一件发 5 支,一下就让客户觉得该商品比其他同类商品便宜了。

（5）创意差异化。设计直通车图片时,可以根据商品的某一卖点引申出具象的创意差异化,比如表现风格的差异化。如图 8-50 所示的直通车图片就是采用的漫画风格设计,能给人带来耳目一新的感觉。

图8-48　构图差异化　　　　图8-49　文案差异化　　图8-50　创意差异化

8.11 直通车图片的设计技巧

直通车作为比较容易上手的推广方式，商品选择、关键词选择、时段选择等都是不可或缺的重要因素。当然直通车图片的视觉效果同样不容忽视，商品图片、包装设计、文案卖点等都会影响客户的视觉感官。要知道客户通过搜索从直通车展示位最先看到的就是图片和标题，图片又占了大部分位置，极大程度上影响了点击率的多少。因此好的直通车图片能有效吸引客户的注意，继而刺激客户下单，从而提升直通车推广的效果。下面就为大家分享一下直通车图片设计的小技巧。

1. 保证商品的重要位置

如图 8-51 所示，这张直通车图片中的文字描述内容在商品的上方，给客户的第一感觉必然是先看到文字，再看到商品。这就背离了大多数客户的浏览习惯，同时文字覆盖商品，也会影响商品展示的完整性，使商品在图片中的主导位置受到"侵犯"。

> **技巧**
>
> 图片中展示的商品不能被任何素材及文字覆盖，在设计时要保证图片与素材或文字的间距至少为 10 像素。

2. 保证商品展示的准确性

如图 8-52 所示，如果只看这张图片的话，客户肯定存在一个疑惑，169 元就能买到图片中展示的所有商品吗？但事实上，该直通车图片推广的只是所展示的那款厨房置物架，所以这就会给客户造成一定的心理落差。

图8-51 文字覆盖在商品上面的直通车图片

图8-52 准确突出商品主体

> **技巧**
>
> 在做商品展示和拍摄时，可以适当找一些"配角"搭配，但应注意主次关系。主角永远要占 2/3 的位置，客户会根据图片中的比例关系去区分商品，同时还要配以一定的文字进行说明，避免给客户造成误解。

3. 增加图片的清晰度

作为直通车推广的图片，清晰度是最为重要的。例如，下面两张商品对比图片，如图 8-53

所示，相信大家都会把目光焦点放在第二张上。因为在对比图中，第二张要比第一张鲜亮和清晰，给人一种"新"的感觉和品质感。因此，在设计直通车图片时要注意较暗的图片可以用色阶调亮，模糊的图片可以适当锐化，让它变得更清晰。

图8-53　图片清晰度对比

技巧

在缩放商品图片时，商品会相应变模糊，因此在缩小图片后适当进行锐化（不可超过两次），可以使商品看上去更有质感。但是，缩小了的图片切勿放大，如果觉得商品缩放得太小了，就用高精度的原图重新缩放。

8.12　直通车图片的设计风格

常见的直通车图片的设计风格主要有以下 3 种。

1. 功能性设计风格

如图 8-54 所示的两张直通车图片，左图无论是点击率还是销售量都要比右图高很多，因为在左图中客户可以很明确地知道该商品的功能和卖点有哪些。因此，在设计直通车图片时要懂得提炼商品的功能卖点，并合理利用商品的功能卖点。这类设计最忌讳文案没有层次感，文案的排版层次不清晰，没有突出点，让客户不知道该从哪里开始阅读。如果采用有层次的排版方式，客户就可以有序地看完商品的所有功能展示，所以在设计追求视觉效果的同时，也要考虑到客户的阅读体验。

图8-54　功能性设计风格

2. 促销类设计风格

促销类商品的设计风格简单来说就是以促销和价格来吸引客户点击和购买。对于这类设计风格，首先用色要选择大促色彩，添加活动氛围的元素，文案对于其他类别的直通车，要更加厚重、更加突出显眼，一眼就能看到促销的价格以及力度，如图 8-55 所示。

3. 品质类设计风格

对于比较高端的品质类商品，它们本身就很有特点，所以在设计直通车图片时，要弱化文案，尽可能地展示商品本身或是留白，如图 8-56 所示。

图8-55　促销类设计风格

图8-56　品质类设计风格

8.13 钻展图的视觉设计要求

钻展图的全称为钻石展位图。钻石展位是淘宝网图片类广告位竞价投放平台，依靠图片创意吸引客户点击，可获取巨大的流量。钻展图的视觉设计的具体如下。

1. 主图突出

钻展的主图既可以是产品图片，也可以是创意方案，还可以是客户诉求的呈现。由于钻展主图的尺寸相对要大一些，且有多种规格可供选择，在可操作性方面钻展主图要比直通车主图更强，因此要求主图一定要突出，这样才能吸引更多客户点击。如图 8-57 所示的是一张巧克力的钻展图，该主图中展示的巧克力商品十分突出，让人一看就有想要咬上一口的冲动。

图8-57　巧克力的钻展图

2. 目标明确

钻展投放的目的有很多种，比如引流到聚划算，预热大型活动，进行品牌形象宣传，上新品等。在钻展图的设计制作中，首先需要明确自己的营销目标，然后再根据它进行针对性的素材选择和设计，这样点击率才更有保障。例如，某酒类品牌的钻展图，其核心目的是通过"双十一"返场活动的宣传将客户引入店铺，如图 8-58 所示。

3. 形式美观

形式美观的钻展图更能获取客户好感进而实现高点击率。在素材相同、创意类似的情况下，钻展图的美感就成为了决胜关键。如图 8-59 所示，是一家鞋类品牌的钻展图，该图片在排版、配色、文案等方面的设计，均符合促销的主题，对于客户有极强的拉动力。

图8-58　店铺引流的钻展图

图8-59　某鞋类品牌的钻展图

8.14　设计高点击率钻展创意图的原则

创意是钻展图的灵魂，没有创意钻展图就没有吸引力，就无法成功地获取到大量的点击量。所以，无论钻展图的展示目的是日常推广还是做大促活动，钻展图的创意都是设计的重中之重。那么，如何设计高点击率的钻展创意图呢？下面就介绍几个设计高点击率钻展图的常用原则。

1. 焦点图构图的通用原则

焦点图构图的通用原则是指左文右图或左图右文的构图原则，即构图时一边放文字，另一边放产品或者人物图片。大部分的创意图构图都符合这个原则。例如，某店铺放置在天猫首页的焦点图，就是采用左图右文的构图原则，左边运用产品图片展示实物效果，右边采用文案传递产品信息，以吸引目标客户的眼球，如图 8-60 所示。

图8-60　某店铺展示的焦点图

采用这种构图原则时，建议文案部分的内容不要超过 3 句话，第 1 句话为吸引眼球的噱头，第 2 句话为吸引点击的理由，第 3 句话是行动指令的按钮，引导点击。

2. 通栏广告的构图原则

通栏广告的构图一般应遵循"视觉认知的产品（左边）+ 促销文字信息 + 图片（右边）"

这一原则，即通栏广告采用产品图片放两边，中间放文字或者左文右图的版式布局。例如，某店铺展示的通栏式广告，如图8-61所示。

图8-61　某店铺展示的通栏式广告

3. 整体拍摄原则

整体拍摄原则不仅方便构图，而且整体视觉呈现效果很好，具有场景感、真实感。因此，建议图片能拍摄成整体效果就尽量拍摄成整体效果，毕竟使用后期软件进行处理既费时间，又没有直接拍摄的图片效果好。当然，如果店家没有条件拍摄整体效果的图片，也只能让美工后期合成了。例如，某店铺使用的钻展图就是采用整体拍摄原则拍摄的，图片的整体效果非常不错，给客户传递出了一种温馨的感觉，让人有一种很强的代入感，如图8-62所示。

4. 精准的数据营销原则

由于人们对数据有着格外敏感性，且电商销售数据来源的真实可靠性较高，所以，数据在营销中更具有说服力。使用数字营销是一种精准的营销理念，可大大提高点击率。例如，某店铺的钻展图中准确地标注出了商品的销售量，这一精确数据的展示就比单纯地说"商品销量很好"具有更好的营销推广效果，如图8-63所示。

图8-62　整体拍摄的钻展图　　　　图8-63　精准的数据营销

5. 促销信息堆积原则

促销信息堆积主要是指将众多促销信息汇集在一起，进行有序的安排。这些促销信息包括：免邮、满减、打折、秒杀、增优惠券等，这些信息的大量堆积可以使钻展图获得不错的点击效果。这些促销通常是针对大型活动进行的，比如"双十一""6·18"等大型活动。例如，某店铺的钻展图就包含有打折和优惠券两项促销信息，如图8-64所示。

6. 舍图求字原则

舍图求字，即在设计钻展图时大量使用文字进行表现。选择恰当的文字有时候会比使用图片具有更好的宣传效果。采用舍图求字原则设计钻展图主要是介于两个方面的原因：一是文字表达信息更准确、简单明了，客户可以从文字信息中了解商品的功能特点；二是广告中文字比图片所占存储空间小，而高质量的图片所占存储空间大。如图8-65所示为某家店铺采用舍图求字原则设计的钻展图，该图中除了背景图以外，没有再放置商品图，而是通过文字的方式来描述商品的卖点。

图8-64 促销信息堆积　　　　图8-65 采用舍图求字原则设计的钻展图

8.15 根据展示位置设计钻展图

与直通车不同,钻展的展示位置较多且尺寸各异。另外,钻展图片还具有个性化、定制化和差异化等特征。不同的钻展展示位置由于所针对人群不同,其消费特征和兴趣点也是各不相同;而不同尺寸的钻展位置也对设计者也提出了不同的设计要求。因此设计钻展图片时,要根据位置、尺寸等信息调整广告诉求,并采取合适的表达方式进行设计。

例如,某店铺的钻展图位于淘宝网电脑PC端首页的通栏位置上,由于该展示位置是细长条形的,所以设计者只使用了商品关键部分的局部图来进行展示,很好地契合了钻展位置的尺寸特征,如图8-66所示。

图8-66 首页的通栏位置上的钻展图

是否符合资源位要求,可以在"千牛卖家中心"→"我要推广"→"钻石展位"→"尺寸"→"资源位图片要求"的链接上单击查看。

 案例——从三方面检验视觉的好坏

冯慧,14年电商千万元级卖家,载沉载浮。从事过服装、箱包、母婴、食品行业。以下内容来源于她的分享。

图片是我们店铺的一个形象,给客户带去最直观的感觉。好的图片往往能吸引客户进店,甚至可以让客户因为创意图片对店铺留下深刻的印象。

首先,我们需要明确视觉最终的目的是什么。对于我们网店店主来说,最主要的是为了准确的传达信息,包含了:店铺定位、人群定位、销售目的。在做图片设计之前我们就要确定以上3样信息。以便我们明确目的,来考虑手段的运用。

例如,我们的目的是做高端,还是拼价格,视觉呈现是不一样的。所以,检验视觉好坏的标准还跟它的定位有关。明确了目的,再看下手段,就是怎么做。要注意些什么?

1. 色彩

第一眼,肯定是色彩。如图8-67所示,"双十一"活动期间,每屏基本都是红色、橙色、紫色这样明亮度高的，可以称为大促色。

图8-67 "双十一"活动页面图

当你想要表达优惠、促销这些信息时，用暖色系会让人心里产生划算的感觉。比如，在我们写促销文案的时候，促销价一般情况下用红色表达，会让人感觉更划算。然后在关注色彩的时候，我们要注意色彩的饱和度、明暗的对比。另外，在用色上不能杂，一般建议不超过三种颜色，且要有明确的主次之分。

2. 图像表达

再来说说图像表达，注意画面要干净整洁，元素因需要而存在。如图8-68所示，所有的文字信息和标志是因需要而存在的。

图8-68 元素因需要而存存案例

3. 文字信息的表达

再来说说文字信息的表达。应注意避免乱加特效，主体文字与图片不要粘连，排版不能杂乱。另外，关键字要选取得当。如一般客户会关注：特价、买赠、顺丰包邮。另外，还有商品其他的卖点信息，而不是大众共性信息。大众共性信息指的是什么？就是这个特点大家都有，就不能吸引客户。如红糖，它本来就很甜。相比用文字描述"甜"，"买一送一""特价包邮"等文字更能吸引客户。

很多新手，在掌握色彩、图片和文字的搭配方面没有经验。其实很多时候可以先截取别人的，进行模仿。

第9章

内容营销

本章导读

除了直接地推广营销，店家还应掌握一些实用的内容营销技巧。例如，微淘营销、直播营销和短视频营销。微淘以吸引淘宝站内流量为主，通过图文、视频的方式，软性地推广商品；直播以淘宝直播为主，主要通过培养专用主播或与达人主播合作的方式，开直播推广商品；短视频则分布在淘宝站内和站外，站内主要以主图视频、详情页短视频、微淘短视频为主，站外主要以抖音、快手等平台为主。

9.1 认识微淘

微淘是手机端淘宝的重要板块,其定位是便于手机端客户购物服务。微淘是一个社区化的营销方式,店家可用微淘来实现导购、销售、互动。如图9-1所示,微淘的问世对淘宝平台、店家和客户都有相应作用。

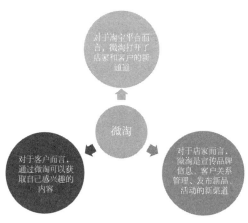

图9-1 微淘的作用

微淘属于典型的内容运营,店家可在微淘中发布文字、图片、视频等内容,来吸引客户的关注和互动。如图9-2所示,微淘内容包括"关注""上新""福利""买家秀""时尚""明星""美食"等版块。

图9-2 微淘内容截图

店家运营微淘，粉丝和内容很关键。粉丝是营销的基础，只有粉丝越多，其内容才有可能被更多客户关注。而内容更是直接决定了营销效果，只有符合客户喜好的内容，才可能被关注。

吸引粉丝关注微淘

新手店家在开通微淘后，首要工作是积累粉丝。根据羊群效应，如果一个客户在查看微淘账号时，在粉丝量100人和粉丝量1000人的账号之间，粉丝量1000人的账号被选择的可能性更大。所以，微淘运营的第一步是吸引更多粉丝关注。那么，店家要如何吸引粉丝的关注呢？

- **账号设置**：账号的定位和命名，能让粉丝快速知道该账号的功能。在命名时注意避开生僻字，用与店铺相关的名称会更容易被粉丝搜索到。
- **首页引导关注**：部分客户在查看单品时，可能会跳转到店铺首页查看店铺运营情况。所以，如果在店铺首页放置引导关注的微淘二维码，则能起到客户关注微淘。
- **群组互粉**：淘宝店家之间的客户互相关注，以此加大微淘账号的曝光率。由于微信、微博群组不好加入，所以QQ群是首选。直接在QQ查找面板中，输入"微淘互粉"关键词，加入相应的群组，进行互粉。
- **售后拉粉**：可在包裹中或包裹外粘贴微淘二维码，并添加相关提示：关注微淘，有礼相送。
- **社交平台推广**：例如微信、微博等社交软件，可将二维码或商品、店铺信息用巧妙的方式展现在网友眼前，获得更多关注。

店家也可以在贴吧、论坛、QQ空间等社交平台上发布微淘的链接或二维码信息来进行推广，获得更多的粉丝。收获粉丝后，要想长久地留住粉丝，还需要一定的技巧。

- **注重互动**：想要增进和客户的关系，需要在微淘中加入感情地去和粉丝互动，如点赞、提问、回复等。
- **用活动调动积极性**：为了吸引关注，店家可在微淘中举行活动，如赠送小礼物、赠送代金券等。让粉丝感到店家的用心，从而调动粉丝积极性。
- **推送对味内容**：站在客户的角度去思考，客户喜欢哪些方面的内容，从而把商品信息植入到内容中去。而不是为了推广商品而发内容，这样会吓走粉丝。
- **让粉丝有所收获**：想要长远地留住粉丝，就要让粉丝有所收获。例如，签到有礼、收藏有礼等实质性礼物；或者是生活中实用的技巧性内容。

9.3 了解微淘类型

微淘内容的类型不断变化，目前微淘类型包括店铺上新、好货种草、洋淘秀、主题清单、粉丝福利，如图9-3所示。店家要了解每个类型的主题是什么，从而去发布合适的微淘内容。

图9-3 微淘类型

- **店铺上新**：以分享店铺最新宝贝为主，通过介绍新品卖点、风格、潮流趋势，提升新品转化率。
- **好货种草**：通过分享商品的实物图或使用场景图，让粉丝更加了解商品，帮助粉丝种草。（种草：网络流行语，表示把一样事物分享推荐给另一个人，以激起另一个人也喜欢、购买的行为）
- **洋淘秀**：通过精选优质的客户有图评价分享，加大商品曝光率，提升商品成交率。
- **主题清单**：发布同类主题的商品集合，重点突出同一类型货品特色，帮助提升关联货品推荐效率。
- **粉丝福利**：发布粉丝专属折扣福利价格，助力提升粉丝转化以及粉丝成交率。

平台系统会根据微淘账号开通不同权限，如部分优质微淘账号每天可发送4条微淘内容，而部分账号每天只能发布1条微淘内容。部分新手店家，每天只有1次发布机会，故要利用好这1次机会，发布最具吸引力的内容。

9.4 发布微淘内容

前文提到，要发布粉丝喜欢的内容，才能引得粉丝的长久关注。因此，在发布内容之前，店家可对商品的目标客户进行分析，如客户的年龄、性别、爱好、消费习惯等。根据客户的这些特征，策划客户可能感兴趣的话题。

例如，一家经营大码女装的店铺，分析得知精准客户是年龄为 25～35 岁的偏胖女性。她们在购买衣服时较为关心的两大要点分别是价格和显瘦。如图 9-4 所示，该店家的微淘内容常提到"显瘦""代金券"等内容，刺激目标客户的关注。

除特定人群的喜好问题外，店家在策划微淘内容时，还可注意以下问题。

- **促销活动**：促销活动既可用于清仓，也是维护新老客户的促销活动的好时机。在策划促销活动时，可在微淘分享，吸引新老粉丝关注活动。

图9-4　某大码女装店铺微淘内容截图

- **品牌文化**：不定期地在微淘分享品牌文化，在宣传品牌的同时，也增强客户对店铺的信任。需要注意的是，在宣传品牌文化时，可多加入一些情感因素在内，引起粉丝的共鸣。
- **热点内容**：很多粉丝都喜欢八卦和新鲜事，在内容中结合当前的热门事件，能引起不少粉丝围观。

除了上述内容，在布局微淘内容时要注意内容差异化。内容差异化指的是在微淘内容中，并非单一地发布活动或上新，需要加入多种元素，避免粉丝产生阅读疲劳。如图 9-5 所示，为某女装店铺的"上新"和"种草"微淘内容。两个内容之间看起来没有直接的关联，但最终都不显生硬地宣传了店内商品。

图9-5　某店铺微淘内容截图

如图9-6所示，微淘推送"洋淘秀"，客户的真实反馈胜过广告词。再如图9-7所示，微淘发布"新品竞猜"内容，吸引粉丝们点击参加。二者的运营内容虽然不同，但都为商品宣传起着重要的作用。

图9-6　微淘洋淘秀内容　　　图9-7　微淘新品竞猜内容

微淘的篇幅可根据运营资源来安排，长短皆可。但根据手机端"快"的特点，用言简意赅的文字描述内容即可，篇幅过长，反而不利于阅读。另外，微淘的推送时间也有讲究，可通过生意参谋查看店铺时间段的流量分布，选择流量最多的时间推送消息。

9.5　认识淘宝直播

淘宝直播于2016年5月正式上线，开启"边看边买"的模式，弥补了电商的短板。直播通过场景互动，加深客户对商品的信息接收度和真实度。随着淘宝直播的问世，也诞生了新的消费形式：主播边播边卖，客户边看边买。在直播过程中，客户可以针对商品直接提出疑问和要求，主播也可及时做出解答。由此，拉近了客户和店家的距离，整个购买过程也十分方便、快捷。

曾在2016年6月20日，网红张大奕的淘宝直播结束后，统计数据显示观看人数达到42.1万人，点赞破百万。在不打折的情况下，商品新成交量超过2000万单，刷新淘宝直播销量纪录。据淘宝方面介绍，淘宝直播涵盖多个类目，如穿搭、亲子、珠宝、家居、美食等。如图9-8所示，任意点击一个直播间，可看到直播间详情。

- 直播间中间是主播直播画面，可清晰看到直播间名称、在线观看人数等信息。
- 左下侧是互动区，可看到新进入直播间的用户、关注信息及提问聊天信息、购买商品信息等。
- 点按商品图片，即可跳转到商品信息，包括商品主图、标题、价格等信息。
- 点按"🛒"按钮，即可跳转到更多直播间提及的相关商品标题、主图、价格、跳转链接等信息。

图9-8 直播页面截图

淘宝数据显示，淘宝直播从开始运营以来，观看直播内容的移动用户超过千万，目前每天直播场次近500场，其中超过一半的观众为"90后"。直播营销，相比传统的图片和文字，可以让用户更为直观、更为全面地了解商品的功能、材质、样式、尺码和颜色等参数。满足开通淘宝直播的店家可自己开通直播，来营销推广商品。

9.6 开通淘宝直播

淘宝直播与其他娱乐直播不同，淘宝直播更专注售卖商品，其售卖的方式也更加直观、互动性也更强。但是淘宝直播的开通也受一定条件的限制，例如，目前店家想开通直播需满足以下条件：

- 店铺满足一钻或一钻及以上（非珠宝类目的企业店铺除外）；
- 主营类目在线商品数≥5个，且近30天店铺销量≥3单，且近90天店铺成交金额≥1000元；
- 店家须符合《淘宝网营销活动规则》；

- 本自然年度内不存在出售假冒商品违规的行为；
- 本自然年度内未因发布违禁信息或假冒材质成份的严重违规行为扣分满 6 分及以上；
- 店家具有一定的客户运营能力。

满足条件的店家，在手机端淘宝首页顶部搜索框中输入"直播入驻"关键词，即可进入入驻页面，如图 9-9 所示。店家选择"商家"超链接，如图 9-10 所示，在跳转的商家主播入驻指南页面中阅读入驻步骤，点按"一键入驻"按钮，根据提示完成相关操作即可完成开通。

图9-9　淘宝直播入驻页面　　图9-10　商家直播入驻指南页面

在开通过程中，若遇到提示类目不符合，说明店铺主营类目暂不支持开通直播。

9.7 与直播达人合作销售商品

部分店家没有设置主播岗位，现培养人员费时费力。针对这种情况，店家可以通过与直播达人合作的方式来销售商品。相比娱乐主播，淘宝主播更具有一定的运营能力。例如对热销商品的定位和商品差异化等信息要有自己的见解和说法。通常，淘宝直播达人应具备以下能力：对接商家、规划直播内容、策划营销活动、认识粉丝群体。

店家可在各大达人网站，如"淘宝达人""阿里 V 任务"，寻找具体的直播达人合作。如图 9-11 所示，为阿里 V 任务平台"直播"板块的主播信息。

找主播合作销售商品已形成趋势，很多商品在主播的全面介绍下，使客户更快速、更全面地了解商品，进而促进整体销量。店家在选择直播达人时，应要求主播围绕商品特点，展现商品优势。主播应该有这样的意识：商品是关键、是主角，直播的目的就是让商品给客户留下深刻印象，从而刺激客户购买。所以在直播中，主播的言语要与商品相关，动作也要联系商品，甚至把商品放在镜头前引起观众的注意。

图9-11 阿里V任务"直播推广"页面

9.8 善用增值内容来满足用户需求

要想直播能够获得好的营销效果，主播在直播时就不能够只单纯地介绍产品，还应该为客户提供一些产品的增值内容。如图9-12所示，提供增值内容一般可以从以下3点出发。收获感主要是指客户在购买商品的同时，也收获与商品相关的知识或者技能。

- **陪伴感**：和众多娱乐直播一样，淘宝主播在直播过程中，也会通过言语去关心粉丝，让粉丝有被陪伴的感觉。
- **共享感**：主播会分享生活中的一些趣事、情感，让粉丝们共享主播的喜怒哀乐，更有利于建立友好的关系。
- **收获感**：主播分享关于商品的周边知识和技巧。

图9-12 增值内容

其中，最典型的增值内容是收获感。在淘宝直播中，很多主播为了更好地销售商品，往往会推出一些与商品相关的教程，以此来满足客户的软性需求。例如，淘宝直播中的一些美妆主播，不再是简单地介绍商品的特点、功效、价格等，而是直接在镜头前展示使用商品的过程，有时，还介绍一些化妆技巧和穿搭技巧。这样，更能刺激客户下单购买，达到直播营销的目的。

另外，直播间粉丝越多，则可能促成交易的可能性也就越大。为了吸引更多粉丝点击进入直播间，主播应设置好直播间的主图、标题等。主图方面，应注意：

- **颜值引流**：高颜值总让人有点击欲望，主播可用精致妆容的照片来作为首图，吸引粉丝点击；
- **爆款引流**：可暂时抛开产品属性，穿着时下较为火热款式的服装来吸引粉丝的点击；
- **场景引流**：把主播安排在多个环境中，找到最能表达产品的主题场景，吸引粉丝点击。

例如，主播今日推荐的产品为农产品，可将主播在地里采摘农产品的照片用作首图。

9.9 树立专家形象增加说服力

如果想通过直播售卖更多商品，并获取更高的利润，就需要围绕商品特点进行直播主题策划，向客户全面展现商品的优势和特点，以激发客户的购买欲望。

围绕商品特点的核心就是要以商品为主，让商品做主角。部分主播在直播时，为了留住粉丝，尽量不提及商品，完全以粉丝为主。这样做的后果是确实收获了部分聊天粉丝，但这些粉丝不一定会打赏主播。而且由于商品出镜率低，也不会点击购买。对于主播而言，直接减少了收入；对于店家而言，商品没有及时转化，品牌没有得到宣传，没有起到营销效果。

所以，主播既要维护粉丝，也要分享商品。但是如何做到呢？正确的做法是树立专家形象，可以在直播间里任意提及商品，还不被粉丝反感。很多人在购买商品时，都会参考专家的意见。

例如，2019年带货达人李佳琦就树立了一个这样的专家形象，提供专业意见。李佳琦在直播间中介绍某款美妆产品时，常常会讲解化妆中的问题、技巧、小知识。有时，直接让团队小助理现场配合化妆过程和结果，让粉丝直观地看到使用商品效果。在他的直播间中，经常可以听到如：点状遮瑕和片状遮瑕的区别，粉饼和散粉的区别等知识性内容。而这些内容恰好是粉丝需要的，会更愿意聆听。

因此，主播应树立一个专家形象。在直播中讲解商品时，既有专业名词术语，显得专业水平高；又要通俗易懂，让观众听明白，问题是什么，应该如何解决。

9.10 抓住限时心理做特价活动

店铺直播的目的在于销售更多商品，那么如何才能刺激客户进行购买呢？在直播过程中，店家可以利用一些客户在购买商品时冲动消费的心理，适当加入一点"小心机"，来刺激用户的购物欲望。

比如，采用"限时购+直播"的模式销售商品。这种模式是一种心理营销战术，在直播中采用限时购的方式特价销售商品，能够最大限度地激发客户的购买热情，从而实现营销目的。其具体做法是在直播过程中，提到可以领取限时优惠券去下单购买的信息。有购买意愿的客户为了把握住特价购买商品的机会就会果断下单购买。

部分店家在直播中设置关注店铺或主播，派送购物红包等活动，这也是一种非常明智的营销手段。这样做不仅可以促使本身就对产品感兴趣的用户快速下单购买，同时又可以吸引大量潜在客户购买产品。

9.11 认识站内短视频

短视频，指的是播放时间比较短的视频，如目前较为火热的抖音短视频、快手短视频、淘宝短视频等。短视频营销则是一种将互联网、短视频、营销三者相结合的活动。短视频营销本质上是一种以互联网为载体，以短视频为基本工具，以丰富的内容为竞争力的网络营销方式，其主要目的是为了实现变现盈利。

店铺想要得到良好经营持续变现的前提，是必须获取巨大的流量。在过去的传统媒体时代，电视、广播是传播信息的主流媒介，也是巨大且集中的流量汇聚中心。但随着移动互联网时代的到来，人人都有了智能手机，自媒体、短视频异军突起，用户的注意力都集中在了快手、抖音等短视频APP上。一个短视频捧红一个关键意见领袖（KOL），一个短视频捧红一个品牌，一个短视频增加数百万粉丝的例子，已经屡见不鲜了。

淘宝作为国内最大的电商平台，每天至少都有上千万固定访客，有着巨大的流量优势。淘宝站内短视频，从2017年发展至今，已经应用到了多个展现位中，如主图视频、详情页视频、每日好货等板块。淘宝站内短视频有着如下优点。

- 短视频要求在短时间内表现出卖点、创意，所以质量方面要求更高。如果在视频中加入导购，转化效果会更好。
- 短视频字节数占比少、加载快，便于传播。不至于让潜在客户长时间等待加载视频。

淘宝站内短视频对商品起着转化作用，刺激更多客户下单购买。如图9-13所示，分别为手机端淘宝"猜你喜欢"板块和"每日好货"板块，视频的下方带有商品具体链接和价格。客户如果查

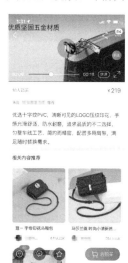

图9-13 淘宝站内短视频

看短视频时对这些商品感兴趣，可直接购买商品。短视频在宣传商品的同时也提升了商品转化率。

在短视频方面，部分店家具备视频制作能力，可自行拍摄、上传视频；部分店家则选择在达人合作网站发布相应的视频要求，满足条件的达人可与店家取得联系，制作符合店家要求的短视频，从而获得店家给予的佣金。

擅于短视频带货的达人可在多种服务平台（如阿里V任务）发出意向合作信息，供给店家选择。如图9-14所示为阿里V任务平台"短视频"板块的作者信息，可查看作者的粉丝数量、垂直领域、所属机构、合作报价等信息。

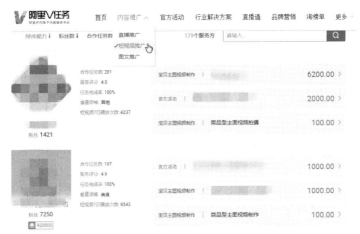

图9-14 阿里V任务"短视频推广"页面

9.12 站内短视频分析

短视频是淘宝的趋势，它在提高转化率的同时也会对商品加权。不同类目商品在短视频的制作上会有很多细节点，而且针对不同的用户，短视频的表达点也会不同。

1. 客户分类

店家应先了解大多数客户的购物特征，才能根据客户关心的问题，来策划相应的内容。如表9-1所示，就目前的淘宝市场而言，客户可分为4类：

表9-1 淘宝客户分类

客户名称	客户特征	短视频策划
快消客户	购物目的明确，可用"快""准"来形容	根据客户购物特点，短视频需要用最短的时间内表达出哪些商品性价比高、哪些商品很好用，让他快速决定买还是不买。短视频时间控制在9～30秒，投放位置在主图或详情页里

续表

客户名称	客户特征	短视频策划
无目的型客户	最显著的特点就是时间多，他们喜欢看新鲜、好玩的东西	考虑到上班和休息时间，尽量在周末投放一些带故事情节、新鲜玩物的短视频
品味型客户	生活质量中等偏上，在购买商品时，特别注重商品质量，且消费能力较强	需要呈现的短视频需要花费更多的精力，注重设计BGM、字幕等内容
刚需客户	集中在家电类目	展现客户关心的商品介绍、测评、售后及使用教程等内容

2. 淘宝站内短视频分类

短视频按照不同的分类方式可分为很多种，如根据展现位置的不同，分为主图视频、详情页视频、淘宝头条视频等。这里按照商品型和内容型，把淘宝站内短视频分为两类。

商品型短视频主要以展现商品卖点为主，如图9-15所示。这类短视频比较符合快消客户的购买习惯，其展现时长在9～30秒，投放位置在主图第一张或详情页里。商品型短视频在发布后，有机会在"有好货""猜你喜欢""行业频道""购买后推荐"等位置展现，可获得免费加权流量。

相比商品型短视频，内容型短视频的拍摄门槛较高，多以故事情节或达人教学为主。针对新手店家而言，可找达人、达人机构合作拍摄内容型视频。由于故事情节的丰富，内容型视频的时长比商品型更长，基本在3分钟左右。

内容型短视频被抓取展示的位置更多，且被抓取后，可能迎来相当可观的流量。具体的短视频类型展现位置如图9-16所示。

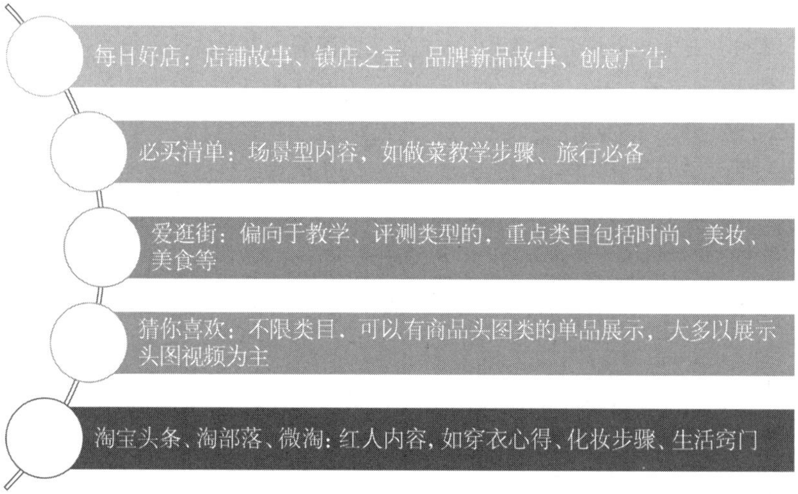

图9-15　商品主图视频

图9-16　短视频类型展现位置

如果短视频被抓取展现了，可能迎来流量爆发期，店家要把握住机会，增加商品权重。

9.13 了解热门的社交短视频平台

近年来，随处可见美拍、火山、秒拍、小咖秀、抖音、快手等社交短视频。很多视频内容在给观众带来欢笑的同时，也植入了很多商品广告。部分店家已找到并和短视频的达人合作卖货。这里介绍几个较为热门的短视频平台。

1. 抖音

2016 年 9 月，今日头条内部孵化出了抖音。抖音，是一款以短视频为主的社交软件，也是一个专注于年轻人音乐短视频的社区平台。平台用户可以通过拍摄短视频、配以相关音乐，发布自己的作品。

根据百度发布的 2019 内容创作年度报告显示，短视频用户规模达到 5.94 亿人，日播放量超过 10 亿次。由此可见，短视频已经发展为目前规模较大的用户聚集地。反思 15 秒的短视频，为什么能在短短两年内，取得如此大的市场呢？

- **黄金时间 15 秒**：抖音时长为 15 秒，从工程心理学角度来看，15 秒刚好是人专注力最集中的时间。
- **具有冲击性的感受**：视频在一定程度上比文字、图片、语音，更有冲击性。抖音的视频内容本身就比较吸睛，背景音乐也基本是排行榜前几的音乐副歌，颇具冲击性。
- **大数据实现精准推送**：抖音平台会根据用户兴趣推送内容，如用户喜欢美妆，系统会在推荐栏里更多地展现美妆类点击率高的内容。
- **充分利用碎片时间**：在很多人抱怨压力大的社会环境下，抖音的内容以轻松、搞笑为主，让用户利用碎片化时间来进行消遣。
- **热门事件**：在信息爆炸的环境下，人们对文字逐渐失去了阅读兴趣。一般发生社会热门事件后，订阅号、头条新闻、微博等平台需要时间组织文字更新内容。短视频的快速、便捷，更好更快地将热门内容呈现在大众眼前。
- **贴近生活、贴近普通人群**：相比明星、大腕的距离感，抖音更多视频是由草根分享生活的，故拉近了博主和用户的距离。

由此看来，抖音短视频有着市场大、用户多等优点。很多短视频创作者在拍摄短视频初期，都喜欢把抖音作为流量前端，用于吸引第一批粉丝。当粉丝数量稳定后，再植入相应的广告。

2. 快手

快手由快手科技开发，是一款可用照片和短视频记录生活的软件。2016 年初，快手上线直播功能。在 2017 年 4 月 29 日，快手注册用户超过 5 亿人。目前在快手平台，87% 以上都是"90 后"。快手的内容覆盖生活的方方面面，用户遍布全国各地。这些用户对新事物的接受度更强。由于用户基数大而广,部分平台店家都选择转战快手卖货。据一位在淘宝、天猫开店的店家直言,"短视频卖货并不是一件新鲜事,但我们在快手里找到了新的市场"。仔细询问下来,该店家说他开发快手平台的原因有三。

- 部分同行在快手挖金成功:同行做快手普遍盈利性高,即使是部分草根创业者也能取得不错的成绩。
- 平台特点:快手更平民化、生活化,很多四、五、六线的用户,甚至把快手当作朋友圈来用。
- 在农村或县城的用户习惯快手购物。

特别是部分在快手上的团购商品,价格和质量方面与常见的购物平台(如淘宝、京东)相比不具优势,但销量往往可观。据分析,部分农村、县城用户没有淘宝购物经历,主要用拼多多等一系列拼购网站,对于优惠促销或即时购买的行为较为敏感,这部分用户也愿意为喜欢的商品买单。所以主播在策划短视频时,可考虑投放在快手平台,在积累一定的粉丝后,进行商品推广。

3. 美拍

美拍是一款可以直播、制作短视频的软件。美拍从 2014 年 5 月上线,号称"10 秒也能拍大片",通过各种 MV 特效对普通视频进行包装,呈现极佳的视频效果。凭借高清唯美的画质,上线后连续 24 天蝉联 App Store 免费总榜冠军,并成为当月 App Store 全球非游戏类下载第一。在 2016 年 1 月,美拍推出"直播"功能。强大的送礼系统决定了无论是拍摄短视频还是直播都可以直接接受粉丝的在线礼物。

美拍短视频+直播的方式,营销价值主要体现在:

- 有广泛的用户规模,这决定能否影响更多的人群;
- 平台极具黏性,能保证品牌营销的转化;
- 内容的丰富程度,决定品牌是否能够融入其中,从而转化用户。

目前热门短视频平台很多,且每个短视频平台都有各自的特点和人群。店家可选择在适合推广自己类目商品的短视频平台进行营销推广。

9.14 短视频运营的核心要素

无论在哪个平台进行短视频营销,都离不开粉丝的数量和黏性,只有做出符合粉丝口味的内容,才能得到更多关注和点赞。短视频运营的核心要素应包括如图 9-17 所示的 3 个方面。

1. 分析平台用户

不同的短视频平台,其用户群体也有所不同。如淘宝、天猫等购物网站的用户,主要通过短视频来了解商品信息;

图9-17 短视频运营的核心要素

而抖音、快手等平台的用户，主要通过短视频来了解一些热门信息和趣味段子。为满足不同平台用户的喜好，在发布短视频时，应先分析该平台的用户。

打造短视频时始终坚持以用户为中心、以创新为根本，利用分析和评估，对其核心用户的需求进行深入探讨，从而进行短视频内容的匹配。分析平台用户时，可分析其年龄、性别、地域等特征。

根据艾瑞咨询数据显示，抖音平台的用户以"80后""90后"为主，男女性别占比相差不大，主要分布在广东、江苏、浙江、四川等地区。分析目前的用户群，可以得出目前与用户相关的衣食住行等服务型商品适合在抖音上营销。

考虑到抖音平台用户可能比较反感商品广告，"80后""90后"也比较喜欢互动的特点，一个名为"云南小花"的抖音账号经常在该平台发布各种削皮的视频。为加大互动，博主常在视频结束前提到"你想看小花削什么？评论区留言"。部分用户果然在评论区留言如"削榴莲"，如图9-18所示。博主在查看用户留言后，策划一期削榴莲的视频内容，该条视频播放量高达149.8万次，如图9-19所示。

短视频创作，就是指以对短视频内容进行生产和重组的方式，来使用户的视频观看需求得到满足，并在此基础上，对内容加以创新，以此来提升用户对品牌的认可度和忠诚度，最终实现品牌的成功营销。"云南小花"账号也在抖音平台里售卖云南特产，但视频内容以迎合用户喜好为主，宣传商品为辅。故博主既能售卖商品，也能获得大量用户。

2. 分析热门视频

热门视频浏览量往往非常可观，分析该视频的内容、特效、背景音乐等信息，可进行适当效仿。例如，在2019年11月，在抖音平台一个播放量达7.3万次的视频使用了"漫画男"特效，如图9-20所示。点按该特效，可查看该特效已有86.1万次用户使用，如图9-21所示。短视频创作者也可以选用该特效拍摄视频，增加上热门的概率。

图9-18　抖音用户留言截图　　图9-19　短视频截图　　图9-20　抖音视频截图　　图9-21　特效使用页面

3. 内容为王

内容为王指的是注重内容的原创性、专业性和数量。短视频时长日趋成熟，只有拍摄出有辨识度的内容，才能被粉丝持续关注。策划短视频内容可从以下几方面入手。

- 贴近生活：很多用户认为真实的生活场景更有亲近感，所以在创作短视频内容时，策划一些贴近生活、接地气的内容，更能引起用户的关注。
- 正能量：激励人心、积极向上的正能量的内容，能激发用户感动情绪，吸引更多用户的关注。例如，见义勇为、善于助人、励志创业等。
- 体现爱意：在日常生活中，用户更容易被某些让人产生爱意的事件所感动。例如，游子与父母久别重逢；恩爱夫妻和新生儿的初次见面；老夫妇携手漫步在黄昏后等。
- 干货知识：干货类短视频是指那种可以为用户提供有用、有价值的知识和技巧的短视频。常指知识性和实用性的内容，"知识性"，是指短视频的内容要包含一些有价值的知识和技巧；而"实用性"则是指短视频内容中介绍的这些知识和技巧能够在实际的生活和工作中运用。
- 精湛技艺：如果短视频的内容是专注于某一领域或某一类事物，且视频中展现的内容又刚好体现了主角某项高超的技艺，那么这类短视频对于用户来说，也是非常有吸引力的。
- 搞笑情节：包含搞笑情节的短视频内容能使人心情愉悦、开怀大笑，所以通常搞笑类的短视频特别受到用户的欢迎。

为了吸引更多播放量，店家也可以拍摄一些美景、美人的镜头。从人物方面，想要提升外在颜值和形象，衣着和妆容很关键。在拍摄短视频前应该尽量为视频中的人物搭配最合适的服装，并化上精致的妆容；从事物、风景等方面来说，除了合理把握其本身的美感之外，还需要通过高深的摄影技术来进一步提升其颜值，比如精妙的画面布局、构图和特效等。

9.15 社交平台短视频营销

对于短视频营销而言，内容即销售。店家利用短视频，实现快速圈粉。这种最大限度地使用视觉语言，展现人格魅力的短视频，最容易让用户产生消费冲动，从而实现商品交易。所以，对于短视频创作者而言，如何做好短视频内容，将产品润物细无声地推荐给用户，才是短视频内容营销的核心。

和淘宝部分商品短视频不同，社交短视频不能直接夸赞某某商品好。需要从侧面出发，让受众用户在无意间认可产品，进入购买产品。早在 2018 年 3 月 26 日，抖音平台出现了关联淘宝的卖货链接。渐渐地，抖音已经发展成为了带货能手，让很多视频创作者带火商品，让店家获得更多收益。比如佩奇手表、蟑螂抱枕、喷钱蛋糕等。

如图 9-22 所示，抖音平台出现了直达淘宝链接。用户点按商品，即可跳转到相应的淘宝商品详情链接，如图 9-23 所示。淘宝店家利用抖音可以为商品带来不少的销量。对于用户而言，在抖音平台看到的商品，可直接跳转到淘宝、天猫下单购买，使得整个购物流程更有保障。

抖音短视频商品推广的好处在于，可利用用户的碎片化时间来进行推广。例如，一般去看淘宝短视频的人，可能是对某商品有购买意向的。而看抖音短视频的用户，基本是在打发空闲时间，这类用户可能原本对商品没有购买意向，但在看完视频后，认为该商品还不错，因此会点击购买。

抖音与淘宝的强强联合，还有一个更为直接的推广效果：关联推广。如某用户近期在淘宝搜索过"保温杯"，在抖音平台中，就可能收到多个关于推荐保温杯的短视频。这种精准式推广，更容易满足用户的需求，进而促进下单。

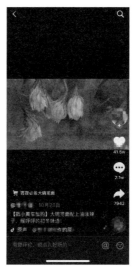
图9-22 直达淘宝链接

图9-23 跳转后的商品页面

除了抖音平台，还有其他短视频平台也是相同的道理，推广商品时能软则软。推广越直接，则越可能引起用户反感。

9.16 制作短视频的流程

短视频并不是随意一拍、随意一发就可以达到营销效果的。如图9-24所示，制作短视频应经过寻找选题、整理素材、设计剧本、正式拍摄、后期制作等步骤。

图9-24 制作短视频步骤图

1. 寻找选题

选题决定短视频内容的方向。综观粉丝数量多的视频，基本都有自己的拍摄选题和风格。短视频的选题不是一蹴而就的，需经过以下几个步骤。

第一步：建立选题库。可以策划多个主题，选取其中一个使用。例如，在策划一期推广农产品的视频时，可从农产品的环境、店家创业故事和低价优惠等几方面出发。

第二步：分析竞争对手。选题不能千篇一律，偶尔需要借鉴一下竞争对手的内容。但想要被人记住，也需要一定的辨识度。所以，最好的选题应该是在模仿竞争对手的基础上，超越竞争对手。

第三步：对选题进行包装。对主题的内容展开联想，如选择什么呈现方式，人物选择采访还是叙事的形式等。让整个选题看起来更加饱满。

另外，在进行短视频创作之前，需要定位目标用户，再由目标用户来决定选题方向。例如，一些用户面较广的生活技巧、情感视频，更容易得到关注。

2. 整理素材

素材指的是从实际生活中搜集到的、没有整理加工过的、分散的原始材料。在确定一个视频的选题后，可以着手准备素材。整理素材时，要提炼出一个中心点。如策划一个以情感为选题的短视频时，应整理出整个视频的主题、情节和任务结构等。

3. 设计剧本

剧本所呈现出的内容较为详细，包括视频内容的整体脉络，以及各种细节因素，甚至包括短视频内容发生的时间、地点、人物动作、对话等细节。在策划短视频内容时，要根据实际情况来考虑。

4. 正式拍摄

要想创作出高质量的短视频作品，就需要组建优质的创作团队，正确选取拍摄器材，并合理利用场地。

- **人员配置**：一个短视频团队基本的人员配置一般为4～6人，主要包括编导、摄影、剪辑、运营等。具体情况可根据经费多少进行调整。
- **拍摄器材**：拍摄器材决定着视频画面的质量，好的拍摄器材往往可以呈现出更优质的画面，提高用户体验。拍摄器材包括智能手机、单反相机和摄像机等，各个拍摄器材各有优缺点。在部分拍摄过程中，还需要用到辅助器材，如麦克风、轨道车等。
- **拍摄场地**：合理布置拍摄场地，能增强拍摄效果。拍摄场地分为室内拍摄场地和室外拍摄场地两种。通常美食、手工制作、吐槽等类型的短视频会选择在室内进行拍摄；一些访谈、情景剧等类型的短视频，则常常会选择在室外进行拍摄，通常以街景作为拍摄背景，有的会选择在一些有代表性建筑的地方拍摄。

5. 后期制作

一个完美的短视频作品需要后期的精工细作，如剪辑视频，设置转场，添加滤镜、背景音乐、字幕等。可供短视频后期制作的软件非常多，移动端的视频编辑软件有小影、巧影、FilmoraGo等；电脑端的视频编辑软件有快剪辑、爱剪辑、会声会影、Adobe Premiere等；还有一些短视频后期制作辅助工具，如秀米、红蜻蜓抓图精灵、GifCam、PhotoZoom等。

在拍摄好视频后，可将视频分享给多人观看，提供修改建议，达到最佳的视觉效果。

案例1——他如何依靠直播做到年销售额3000万元

这几年，直播与短视频崛起，给了很多店家以往所不敢想象的巨大商机和发展空间。而直播对于很多类目都是非常有潜力的流量渠道。例如，钢琴店家学员孔黎明就凭着直播，做到年销售额3000万元，年年行业第一的成绩。以下内容由淘宝店家孔黎明分享。

我叫孔黎明，从事钢琴行业15年有余。我在2001年大学毕业后的3年中，一直从事网页设计。2004年，有个朋友找我做兼职，帮忙一家钢琴厂家做设计。后来厂家让我帮忙把钢琴挂到网上去卖。我想着试试，没想到还真的有人买，我的淘宝路也就这样开始了。

目前我们店铺主要经营两类产品：日本原装二手钢琴和我们自创的一个品牌新琴。二手钢琴是我们店铺起家的主要产品，也是目前主要业务。我们的二手钢琴都是在日本本地收的一些知名品牌，如雅马哈、卡哇伊。因为全亚洲最好的钢琴就是日本原装，但是全新的太贵，最便宜都要7万多元。所以我们卖二手钢琴，价格会便宜很多，目前客单价在2万元左右，纯利润在10%左右。

我们的直播渠道从2017年正式打开。在此之前也偶尔直播，但从来没卖过钱。2017年初，我开了一家新店。新店开初，去了日本供应商谈货。我想着，到了原产地，就直播一下吧。直播内容大概就是呈现了日本当地的供货商和供货环境。谁知道当场就成交了4单。

回来之后，我们就开始重视淘宝直播，也正好赶上2017年的直播红利期。这两年直播做起来后，我们把店铺运营的工作都逐渐放下了，全部靠直播。

目前播一场的访客量大概在1.5万次左右，多的时候有2万多次。平均每天可以出10单左右。其他琴行，两三个月能卖出一台钢琴就算很好了。而我们2018年的年"双十一"当天就卖出了150台。目前，我们在钢琴类目第一，淘宝平台还给我们颁了成交额第一的奖。而这些成交，全靠直播。

1. 直播如何策划

在直播方面，我们有策划直播时间、直播内容和互动。

时间方面，目前是每天都播，一天三场，中午、下午和晚上各一场。

内容主要是一位钢琴老师在弹琴，然后前面有主播讲解。先介绍一下这个琴的高度、适用人群、价格明细；然后介绍配置，使用时长等；有时也会注意和观众互动。因为我们售卖的是二手钢琴，所以播一台就卖一台，有点像拍卖的形式。每台钢琴都只有一个，谁拍下就是谁的。

钢琴行业，客户最关心音色和售后。通过直播，客户可以更好地感知到这个钢琴的音色。另一方面，直播性能很多，我们偶尔会在直播中设置一些抽奖促销活动。比如每天抽一些幸运粉丝，赠送价值10多元的小礼物，来促进和粉丝的黏性。

2. 直播团队如何培训和打造

我们有一个专业的直播团队，大概有7个人。因为我们的直播和美妆、服装类目不同，可以不露脸，所以对主播外貌没有要求。但是对声音和性别有要求。

一般是选择声音甜美、性格外向的女孩子做主播。因为我们测试过，女性说话更有吸引力和感染力。另外，行业的专业度也很重要，我基本每天都会对主播做培训。例如，培训钢琴知识、直播说话技巧等。

3. 店铺内功作为辅助

目前，我们在店铺内功这方面做得不好，只能起到辅助作用。就连运营都没有，只有一个美工美化图片，几名客服负责售后。所以在店铺内功方面，主要就是三方面：主图、详情页和售后。

- 主图：由专业摄影师拍摄穿着礼服的美女弹钢琴，营造一种非常文艺的氛围。
- 详情页：先去关心客户最关心的点，列出自身优势，做好差异与转化。因为我们基本每年都会获奖，所以我们会在详情页放一些获奖的照片、与日本供应商的合影、视频、直播回放等。用这些别人没有，且比较有信服力的内容去吸引客户。
- 售后：对于售前客服要求不高，因为很多客户都是直播引到店铺的，客服指导一下如何下单就行了。主要是售后问题，我们会指导售后客服定期回访客户，询问钢琴的使用情况。

在今后，我们想让售后把客户引导至微信。虽然钢琴类目自身复购率低，但是可以卖点其他商品来刺激二次消费。

案例2——抖音、短视频实现双赢

理想，2013年进入电商，先后运营过保暖内衣、餐饮、厨房用品、家居收纳等类目，去年开始接触香薰。近年来，短视频迎来了井喷式的快速发展，内容红利的攫取也成为电商人获得新的利益增长点的方式。下面理想为大家主要分享的内容就是如何做好内容营销，抓住站外的红利流量。

1. 运营成本和风险不断增加

现在，想要运营好一家店铺，不仅需要运营人员具有各种运营技能，而且运营成本也越来越高。一个好的运营，不仅需要懂行业趋势、懂产品运营、懂对手，还需要懂电商的发展趋势。

早期，我做电商研究最多的是技术，比如直通车、智钻，后来发现这些技术更新快，并且点击费用越来越高，而产出比越来越低。

我们一直在费尽心思获取流量。哪些平台流量最多？据我观察，淘宝、腾讯和今日头条流量都很高，其中今日头条的流量已经可以与淘宝相媲美了。

2. 短视频的红利来临

今日头条最多的是什么？短视频。现在腾讯推出微视，淘宝也在增加头图视频的投入，这全都是因为短视频是现在内容营销的红利风口。

短视频的火，也预示着中国的网红经济来临。现在很多明星、时尚人士以及网红，纷纷转战抖音。新网红出现的时间也越来越短，可能一晚上就会火。

那为什么，还有很多店家没有做内容营销呢？我总结了以下三点。

- 大多数店家还是传统的卖货思维。主要靠工厂走流水卖货，没有品牌和粉丝维护意识，做得比较多的就是价格战。

- 喜欢直接投入产出比的方式。比如与淘宝客合作就比较直观，投入多少钱，加了多少价格卖出，能看到中间的产出比，但内容营销不同。
- 对新兴事物的抗拒和怀疑。有的是不愿意去接触，有的是做了一次，碰壁了。虽然身边的人做的赚钱，但自己还是不敢投。

3. 内容营销需要注意的点

做内容营销虽然没有具体的公式和方法，但是有几点是要注意的。

（1）商品颜值高。我们在做内容之前，会对商品的外观以及包装进行升级。在质量过关的情况下，颜值必须高。

（2）品牌故事。主要是为了拉近与客户的关系，了解客户喜欢的购物方式以及表达方式。把客户喜欢的东西体现在商品文案和客服沟通中，提高店铺转化率和客单价。

（3）研究对应网红的消费群体。分析网红粉丝群体，包括年龄、性别、消费能力、社会阶层、职业特点以及消费特点等内容。

（4）选择网红博主。目前，短视频更倾向于按单次的视频收费，所以对博主的策划能力要求很高。所以，我们平时看抖音时，也会留意有没有合适我们商品推广的网红。主要分析网红博主的特点，看他的评论互动以及更新速度。

（5）推广费用的预算。网红博主的推广价格有所不同，悬殊高至十几万元。我们在找合作时，更倾向于找粉丝量还行，没有推爆过商品的网红。这样的博主因为没有推广过爆品，所以价格方面不会很高。在合作前，要做好推广预算、效果预算、风险控制，不能盲目跟风。

（6）找网红的方法。直接看网红是哪个经纪公司的，一般会有网红的收费目录可供挑选。如果资料里有写微信号或微博账号，可以直接私聊。

4. 短视频内容的策划与投放

短视频的时长比较短，如何在短短的几十秒或者几分钟内把产品的特点价值表现出来，达到吸引客户的目的呢？

首先，要和网红对策划的内容进行交流沟通。能当面沟通的话，效率会更高。视频的内容最好能直接深入主题。

其次，就是视频投放的时间节点。我们当时以七夕情人节送女友礼物为切入点，直接介绍商品、突出商品特点，把流量引到店铺，再配合做一些活动策划，提高转化率和客单价。比如，在策划之前客单价在80～90元，后面通过店铺优惠券和满减、满赠、换购等活动，引导客户多买。最划算的是客单价400元以上，可以带动店铺的动销率，当时店铺的动销率达到百分之百。

这里大家可能会有疑惑，怎么在短视频中引导客户找店铺？其实可以利用评论区回复，用店内工作人员的抖音账号留言"如何购买？"；再让博主回复具体操作方式，把评论置顶，让其他客户看视频时能明显地看到这个评论。再在手淘店铺首页，挂一张引导关注可以领红包的海报。我们用这个方法，吸引了1万多名新粉丝关注。

第10章

网店促销活动一网打尽

本章导读

为了使商品和店铺得到更好的宣传推广,店家应定期或不定期地参加或策划各种类型的促销活动。促销活动能有效地吸引新客户的关注,从而为店铺引入更多新流量,提升店铺商品销量;促销活动也能加强老客户的黏性,有利于店铺的发展。

10.1 促销活动带流量

网店店家都处心积虑地想提升店铺流量,而促销活动就是提升流量的有效方法之一。通常,促销活动分为官方活动和店铺活动两种。

1. 官方活动

电商官方平台会在某些特定的日子进行一些大型的促销活动,如图10-1所示为淘宝平台的近期活动页面。淘宝官方平台会投入大量的广告来宣传这些大型的促销活动,只为在活动的当天给平台引入更多的流量。平台流量猛增的时期往往也就是各位店家提高店铺流量的重要时期,因此店家们一定要懂得抓住这些官方大型促销活动的机会来提高店铺的流量。

图10-1 淘宝平台的近期官方活动页面

由于各个活动的主题有差异,所以对店家帮助程度也可能不同。因此,店家在参加活动之前,应仔细阅读活动规则,审视自己的商品、店铺是否与活动主题相契合。

2. 店铺活动

平台官方的大型促销活动并不是随时都有,所以店家不可能随时都借助大型促销活动来提高店铺流量,但如果能做好店铺内部的促销活动,同样可以为店铺引入大量流量。店铺的促销活动,因为可以给客户带来实实在在的优惠,所以往往对客户都很有吸引力。因此,店家在日常店铺经营中要善于利用促销活动来吸引客户。

店铺促销活动的种类和形式可以多种多样,常见的促销活动类型有上新促销、节日促销、周年庆促销等,而促销形式可以是折扣促销、满减、满赠等形式。店家可以在店铺商品主图上或者关键词上设置相应的促销宣传和提示,使客户在看到店铺的促销活动宣传和提示后能够进入到店铺中,从而有效提高店铺的流量。如图10-2所示,是淘宝平台一家鞋类店铺的活动,该店铺以宝贝上新为契机进行活动促销,并通过满800元减150元的优惠方式来吸引客户进入店铺。

通常,在店家打造爆款商品时,也可以参加官方活动或打造店铺活动,集中对某款商品进行宣传、优惠,从而提升该商品的流量和转化率。

图10-2 店铺活动页面

借助活动消化库存积压商品

大多数店铺都可能面临库存积压的问题,积压的商品如果不及时处理就会影响到店铺的资金流转,严重时甚至会影响整个店铺的正常运营。利用促销活动来销售这些库存积压商品,是大多数店家都经常用到的消化库存积压商品的办法。

店家将那些库存比较大的商品作为促销对象通过一定的活动优惠进行销售,使资金周转走向良性化。最常见的消化库存积压商品的促销活动就是店铺的换季清仓促销,如图10-3所示,就是一款正在进行换季清仓促销的鞋子。

图10-3 换季清仓商品

利用促销活动来消化库存积压商品最常用的促销方式主要包括打折促销和组合促销这两种方式。

1. 打折促销

处理库存积压商品最直接有效的方法就是打折促销,库存积压商品如果在活动中折扣促销力度大,对于客户来说还是非常有吸引力的,有很多客户甚至会专门去淘一些清仓打折促销的商品。

在处理库存积压商品时,打折促销的优惠力度一定要有足够的吸引力,这样才能快速地消化这些库存积压商品。若不能在短时间内将库存积压商品销售出去,留下的商品不但影响资金周转,还会随着时间的推移而出现贬值的情况。

2. 组合促销

组合促销其实也是运用降价进行促销的一种方法,它是指将库存积压商品和店铺的热销商品进行巧妙的搭配,通过合理的店铺陈列,用热销商品来带动库存积压商品的销售。库存积压商品与热销商品组合销售,不仅能有效消化库存积压商品,还能促进热销商品销量的提升。

利用促销活动带热新品销售

新品上市阶段,店铺需要提升销量,将新品推向市场,增加市场的认可度,让客户尝试购买新品。但是由于使用新品的初次消费成本往往比使用老商品的消费成本高,因此很多客户对新品会有一种抗拒的心理,不愿意冒风险轻易去尝试购买新品。

如果店家能够在新品上市时进行一些促销活动,就能够对客户起到一定的刺激作用,降低客户初次购买新品的风险意识,并且还可以降低客户初次消费的成本。新品促销是一种常见的手段,它可以使新品很快地打开市场,使客户能够快速地接受新品,一旦新品有了购买的记录后,人气的积累和销量的提升就容易多了。如图10-4所示,是淘宝上一家服装类目店铺进行的新品促销活动宣传。

图10-4 店铺新品促销活动页面

促销活动有时能坚定客户购买商品的信心,使客户能够在短时间内产生购买意愿并做出购买决定。促销都是让利给客户,而这样的让利并非时时都有,往往会给人一种"机不可失,时不再来"的感觉。促销活动正是利用了客户这种怕错失良机的心理,促使客户快速接受并购买商品。例如,不少销售食品的店铺就常常会推出低价试吃这种促销活动来吸引新客户购买。

了解平台官方组织的活动

官方的营销活动可以说每天都有。那么,面对这么多的营销活动,该怎样去选择和参加呢?原来,如图10-5所示,淘宝平台有一个专门的营销活动网页——"淘营销",该页面集中了所有的淘宝活动,店家可以选择参加适合的活动。

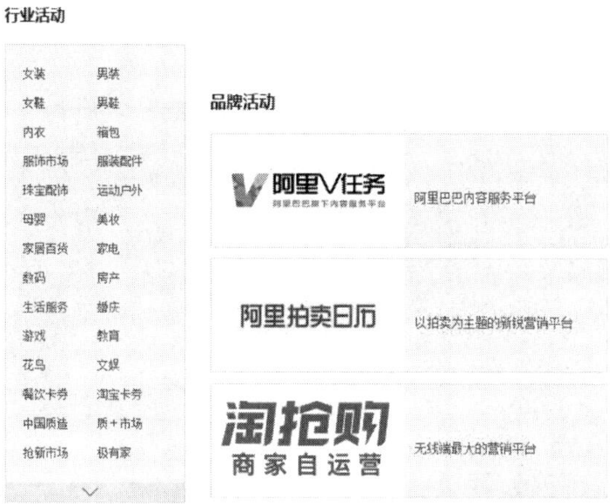

图10-5　淘营销活动页面

　　淘营销页面提供各行各业，各个时间段的营销活动，以及活动规则和报名路径等内容，如图10-6所示。所以店家在参加活动之前，一定要读懂活动的规则，并严格遵守。

一、活动说明：

完成微淘双11宠粉任务（店铺微淘粉丝亲密度设置、双11签到设置、微淘粉丝活动内容发布），官方将评选TOP100宠粉之星，在11.1~11.10日获得福利频道、福利中心两个位置的上墙机会。

获得宠粉之星上墙机会的商家，可在双11期间：
1、获得固定品牌曝光机会！专属店铺坑位全天固定曝光！
2、获得进店成交转化！用户点击跳转直播进到商家店铺微淘主页，转粉、互动、下单！

二、活动时间：

宠粉任务设置时间：10月18日~10月25日
宠粉任务评选时间：10月26日~10月27日
宠粉任务公布时间：10月28日
宠粉之星上墙素材提交：10月29日~10月30日

三、参与对象：

微淘L4以上（即：有亲密度权限的商家）

图10-6　某活动详情页面部分截图

　　店家在参加活动时，不要为了个人小利益去违反相关规则。如某款原价为188元的外套参加聚划算活动，刻意将原价提升为388元，再将活动价设置为188元。耍这种小手段一经发现，后果就会很严重。

参加聚划算活动

　　淘宝网聚划算最开始是淘宝论坛搞的一个独立板块，用以聚拢一些店家不时进行团购活动。后来发展为阿里巴巴集团旗下的团购网站，如图10-7所示。聚划算包括"品牌团""非常大牌”“聚名品”“全球精选”等板块。

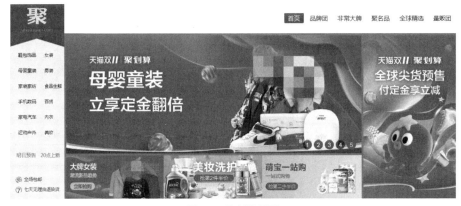

聚
首页
品牌团
非常大牌
聚名品
全球精选
量贩团
鞋包饰品
女装
母婴童装
男装
家装家纺
食品生鲜
手机数码
百货
家电汽车
内衣
运动户外
美妆
明日预告
20点上新
全场包邮
七天无理由退换货
天猫双11 聚划算
母婴童装
立享定金翻倍
天猫双11 聚划算
全球尖货预售
付定金享立减
大牌女装
美妆洗护
萌宝一站购
一站式购物
图10-7　聚划算首页

由于聚划算的全部商品都必须在原价上打折，优惠力度较大，因此拥有较为稳固的消费群体。如图10-8所示，店家参加聚划算有如清库存、树立品牌、打造爆款等多种好处。

清理库存
· 由于聚划算有较强市场凝聚力，是一个清理库存的好活动平台
发现短板
· 通过大量的销售数据，有利于发现店内商品、工作人员和物流等环节是否存在问题，若存在问题能及时进行改善
树立品牌
· 参加聚划算活动能加大店铺曝光率，对品牌宣传有良好的作用
加大搜索权重
· 流量、销量和评论的增加，能加大商品搜索权重，使得商品获得更好的曝光
关联销售
· 可用聚划算主商品带动关联商品销量
积累客户
· 在商品质量良好的前提下，流量和销量有所提升，店内忠实客户的数量也有所提升
图10-8　店家参加聚划算的好处

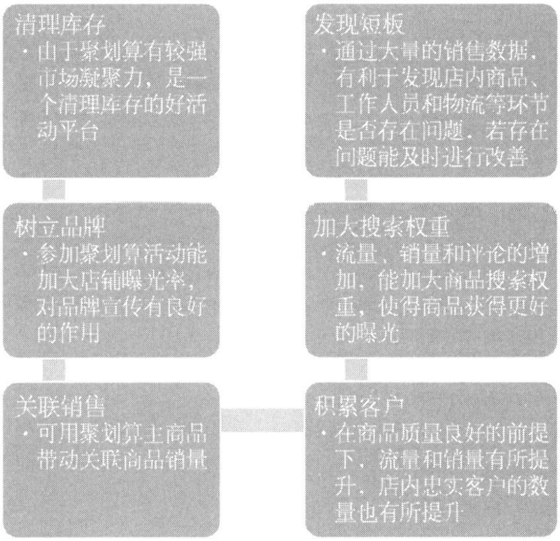

参加聚划算除了有以上好处外，还有吸引更多流量、帮助新手店家突破零销量现状、获得更好的排名等好处。聚划算不同主题活动有着不同的规则，店家可根据店铺实际情况加入不同的活动中去。

为增强活动效果，店家应提前做好活动策划、活动预热、通知老客户等工作。活动当天，随着流量和销量的增长，工作人员压力会增大。店家要提前安排好客服、打包员等工作人员。

10.6 设置淘金币活动

淘金币是淘宝网的虚拟积分。所有在淘宝交易的客户都可以得到数量不等的淘金币，当积累到一定数量后，可以进行抽奖或者购买店家提供的商品。淘金币也可以兑换、抽奖得到免费的商品或者现金红包，或兑换线上线下店家的积分。如图10-9所示，在淘金币网页中

的商品，都可用不同金额的淘金币抵扣。页面中价格为 29.00 元的枣夹葡萄干，可用淘金币抵扣 1.45 元，也就是用 27.55 元购买。

图10-9　淘金币抵扣商品页面

对于客户而言，淘金币带来最直接的好处就在于可以抵现；对于店家而言，设置淘金币活动有如下好处。

- **签到送金币**：对进店签到的客户赠送金币，可以提升客户黏性，加大复购率。
- **分享送金币**：对进行店铺分享、商品分享的客户赠送金币，加大店铺的宣传。
- **收藏送金币**：对收藏商品的客户赠送金币，在提升店铺人气的同时，也能增加客户回访商品或店铺的可能性。
- **购物送金币**：对促成交易的客户赠送金币，增加下单率与商品转化率。

除了上述价值外，参加淘金币的店家还有机会获得抵钱频道的展位；提升店铺的流量，拉动店铺成交量；增加和客户的互动以及移动端商品获得更好排名等。满足参加淘金币的店家进入卖家中心的营销中心，单击"淘金币"进入活动页面进行活动设置。

10.7　加入试用中心

部分用户对陌生的品牌或商品持怀疑的态度，阿里试用中心就很好地解决了该问题。店家拿出试用品免费给淘宝用户试用，用户针对该商品反馈一个试用报告。其他用户在浏览报告后，能更加了解该商品的质量与细节，对是否购买也就有了更多的判断依据。

商品加入试用中心能极大地增加销量和店铺信用，还能得到商品试用的反馈，相当于花少量的钱也能吸引到新客户，提升店内品牌价值与影响力。

如图 10-10 所示，某食品类目的试用报告，用户需对商品的包装、口味、性价比等几方面进行评分。该商品目前综合得分为 4.9 分，是试用者强烈推荐的商品。

试用者除了对商品给予评分

图10-10　某食品类目的试用综合评分

外,还应给予图片加文字的正面评论,以供其他用户参考、浏览。如图 10-11 所示,从商品的包装、密封性、颗粒大小、口感等方面给予详细评价,最后针对商品也给出了相应的建议。

图10-11 试用者对某食品类目的具体评价截图

客户的良好试用体验对商品能起到口碑作用;针对试用者给出的缺点或建议,店家可以积极采纳,调整运营战略或改进商品。

如图 10-12 所示,符合报名试用中心条件的店家可以仔细阅读活动规则,单击"报名免费试用"按钮,根据提示完成相关操作即可。

图10-12 报名免费试用页面

10.8 参加"双十一"活动

"双十一"活动指的是每年 11 月 11 日的网络促销日。在这一天,许多店家会进行大规模促销活动。"双十一"活动起源于 2009 年 11 月 11 日,最早的出发点仅仅是想做一个属于淘宝商城的节日,目的是扩大淘宝的影响力。时至今日,"双十一"活动不仅仅是电商消费节的代名词,对非网购商城和线下商城也产生了较大的影响。

根据阿里官方数据,2019 年"双十一"总成交额达到 2684 亿元,相比 2018 年的 2135 亿元,多了549亿元。由此可见，淘宝"双十一"活动的影响力之大。如图10-13为2019年"双十一"的宣传海报。

不少店家通过"双十一"大促，取得傲人成绩。如在2019年的"双十一"活动中，优衣库、格力、雅诗兰黛、小米等9个品牌，超过10亿元的交易额；美的、阿迪达斯、戴森、南极人等148个品牌，超过1亿元的交易额。不少小店家也因为"双十一"大促，交易指数刷新历史最高纪录。

店家应提前对每年的"双十一"活动进行剖析，满足条件的店家，可以积极参与到"双11"促销活动中去。如图10-14所示，为2019年"双十一"活动报名时间和活动时间（图片源自天猫官方）。由此可见，店家"双十一"的准备工作应提前准备。

图10-13　2019年"双十一"宣传海报

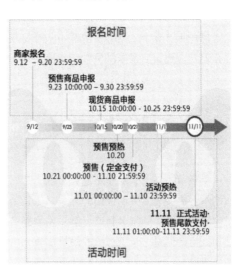

图10-14　2019年"双十一"活动时间图

店家在参加"双十一"活动之前，应提前策划活动，如选择活动商品、储备工作人员、唤醒老客户等。

10.9　参加"双十二"活动

继每年的"双十一"大促后，每年12月12日当天推出网购盛宴，将延续"全民疯抢"的活动，简称"双十二"。虽然"双十二"的销售额不如"双十一"火爆，但早在2017年，"双十二"成交额已突破千亿元大关。店家可以抓住机会，继续在"双十二"中大展拳脚。

每一年的"双十二"活动也都有着不同的主题，如2018年淘宝"双十二"首次用综艺选秀方式助阵，同时开启第一个小时低至3折起的限时秒杀活动。2018年"双十二"活动时间分为四个时间段，具体时间和内容如图10-15所示。

图10-15　2018年"双十二"活动时间图

每一年"双十二"的主题都不一样，规则也在发生变化，因此每年的具体招商规则可能存在差异，建议店家仔细阅读该年度的规则。

10.10 参加年货节活动

年货节是基于"双十一"和"双十二"后的第三个节日。和前两个节不一样的是，年货节的举办更多加入劳动人民的元素。年货节的主题在促进农民土特产销量的同时也能让城市里生活的居民买到家乡特产，解一份乡愁；另一方面，更是促进快递员的业绩，挣足了钱好过年。换句话说，年货节给农民增加收入的同时也便捷地解决了城市人购买年货的过程，可谓是双赢。

响应"年货"主题，部分类目在每年的年货节中，都能刷新前一年的销量。据天猫旗舰店销售数据显示，2018年1月、2月，三只松鼠天猫旗舰店销售额达12.5亿，同比增长1.83%；百草味1月、2月销售额达7.9亿元，同比增长32.68%。其中，百草味增幅领涨整个休闲零食行业。

符合报名条件的店家，可以积极地加入到年货节中来。由于年货节的快递和人工可能和平时有差异，故店家在策划活动时，更应做好备货、联系快递等准备工作。

10.11 策划店铺活动的注意事项

除了参加官方活动外，店家还可以根据商品属性定期策划店铺活动。通常，在策划一个活动时，需考虑到活动规则的设计、活动的前期准备、如何处理活动中的各种状况、如何通过活动提高销量、活动后期的维护等方面的问题。

1. 设置活动规则

为了保证促销活动能够达到一个好的活动效果，首先需要制定一系列活动规则，以规则的形成来确保活动的顺利进行。店家制定的活动规则应该简洁明了，让客户一目了然地看明白活动主题和内容。切记不要叠加过量的活动方案，否则在交易量较大的情况下容易产生纰漏，同时也会增加客服的工作量。

在淘宝中，最常见的店铺活动就是领取优惠券抵现的优惠．如图10-16所示，这种方式的活动规则简洁明了，易于客户理解。比起礼品赠送和折扣销售，这种发放现金优惠券的方式往往对客户也更具吸引力。

图10-16　某店铺优惠券领取页面

2. 活动选款

选款是促销活动前期准备的一个重要环节。活动的选款要根据商品的销售情况和促销活动的形式而确定。选款可通过生意参谋和阿里指数的数据来分析完成。

（1）考虑款式的需求。在选款时，首要考虑客户的需求问题，有需求才有市场。在线上商城中，通过"搜索"就能体现需求。打开阿里指数，选择商品类目（这里以选择"食品酒水"为例），可从搜索排行榜中看到上升榜和热搜榜，如图10-17所示。

图10-17　食品酒水类目上升榜和热搜榜

通过搜索榜，能看到商品搜索热词、搜索趋势和搜索指数等数据，便于店家分析得出近期客户的搜索动向；再通过查看全站商品数，能初步了解该商品的竞争情况。

（2）紧跟竞争对手的销售动向。部分类目竞争对手的实力强，在活动方面也更具优势，紧跟他们的动向，对选款有所帮助。如在"双十一"活动中，部分店家往往在9月底10月初，就已经在做主推商品的搜索权重、直通车推广、钻石展位推广等。根据这条线索，店家可以定期定时记录直通车车位商品信息，包括：卖家信息、价格、销量增量、位置等。

如果发现某款商品，连续几天都处于非常好的展现位置，价格稳定、销量呈现平稳上升趋势。基本说明这款商品是目前重点推广的活动商品，也比较符合市场需求。在符合自己类目的前提下，选款时可考虑加入这款商品。

3. 勾画客户画像

通过查看生意参谋"访客分析"和"买家人群画像"，可以看到查看店里访客和买家的年龄、性别、地域、价格等信息。店家针对客户画像，根据店铺标签，适当地添加属性词，强化标签，有利于提高商品搜索权重，获取更多的流量。

4. 活动备货要充足

在进行促销活动时，店铺的交易量可能会刷新历史销量，故店家需要提前准备充足的库存，以备不时之需。在备货时，店家可以根据近期的商品销量情况，或者参考同类商品在活动期间的销量进行备货。

同时，在活动中，店家应密切关注商品销量和库存，根据实际情况适时地进行调整。且在活动期间，店铺引入大量流量，可能会带动其他商品的销量。因此，店家除了要准备好参加活动的商品库存外，还要对店铺中其他商品的货品进行补足。

5. 提前培训客服

在活动期间，店铺的流量会不断增加，对商品的咨询和交易量也会不断增加，这也会增加客服人员的工作量。为了避免出现不必要的工作失误，店家需要在活动期间，扩大客服团队，并提前培训客服人员。针对活动期间可能会出现的问题和咨询，提前设置快捷回复短语，并对客服人员进行统一的话术培训，同时提高客服人员的回复速度和服务态度。

6. 宣传推广工作

在活动开始前，店家需要进行一些宣传推广，使客户提前了解活动内容和活动商品。可以利用免费试用、发放优惠券以及直接发送活动短信和邮件等方式，进行活动前期的宣传推广。

7. 做好活动后期的相关维护

店家在策划活动规则时，需要针对活动后期维护制定相应的活动规则。例如，适时地回馈老客户，定期向老客户发送优惠信息；向客户发送节日的祝福和问候；向客户定期发送新品发布信息或者活动信息等。活动后期的维护，能够使客户在活动结束后，感受到店家的情谊，从而获得一批稳定的固定客户，也有利于塑造良好的店铺形象。

10.12 策划节日促销活动

节日期间通常是大家购物的高峰，因此很多店家都以"节日庆祝"为理由进行促销活动。特别是母亲节、情人节、中秋节、国庆节、春节等节日，更是为促销活动提供了好的理由。如图10-18所示，是淘宝上一店铺利用母亲节推出的全场8折，全国包邮的促销活动。

图10-18 母亲节主题的节日促销活动海报

店家在做节日庆祝促销活动时，需要考虑到节日与店铺销售商品的关联程度。例如，经营鲜花、干花的店铺，比较适合在情人节、母亲节进行促销活动。

10.13 策划店庆活动

与节日活动相比，店庆活动更为灵活，可以不受节日限制。比如，店铺在新店开张时、周年庆时、"升钻升冠"时都是进行店庆活动促销的大好时机。如图10-19所示，为某经营红酒店铺5周年店庆活动海报，海报中突出"1元秒杀""感恩红包""5周年庆"等吸引人的字眼。

图10-19 某店铺5周年庆活动海报

店庆活动促销，一方面因为这类促销活动的次数有限，故有利于营造出一种机会难得的氛围，增加客户购买欲望；另一方面是这类促销活动可以展示店铺的历史，有助于增加客户对店铺的信任感。

10.14 策划换季活动

部分有时令之分的商品,过了热门季节,其销量会出现停滞不前的现象。如夏装,如果库存过多,必然会影响资金运转。且今年的款式积压到明年,其销量也会因为和新款式有区别而再次出现滞销的情况。而部分客户,则喜欢在商品换季清仓时进行购买,因为他们认为这时购买商品更优惠、更划算。

所以针对一些季节性强的商品,进行换季清仓促销的力度通常都会比较大,这样做既有助于库存商品的清理,还能为店铺吸引到不少人气。一些断码、断色或即将断货的商品,进行换季清仓促销,往往能起到更好的促销效果,如图10-20所示。

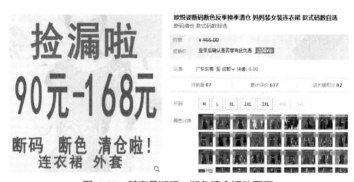

图10-20 某商品断码、断色清仓活动页面

店家在策划换季活动时,以出售库存商品为主,故在价格方面应尽可能地降到最低。为吸引更多客户的参与,可提前唤醒老客户。

10.15 策划关联销售

关联销售可以使流量的利用率实现最大化,在增加店铺访问深度的同时提高商品曝光率、转化率和客单价。因此,很多店家都喜欢应用关联销售。

1. 关联商品的选择

关联商品与主推商品是相辅相成的关系,在选择关联商品之前,应先分析主推商品。通常,关联商品有两种关联形式。

- **同类型关联**:选择功能相同、产品属性相近或者价格相近的同类型商品作为关联商品。例如,主推商品为一套护肤品,则关联商品可以是一盒面膜;又或者主推商品为30元的肉干零食,那么关联商品可以推荐一款10元的坚果、花生。
- **互补型关联**:选择功能互补的商品作为关联商品,例如主推商品为手机就可以搭配手机壳、充电宝等手机配件进行关联销售。

2. 安排关联位置

通常，关联销售应该根据店家所选取的关联商品的性质来确定关联位置。关联销售的商品可以放置在详情页面的上方、中部和尾部，不同的商品要放在不同的关联位置上。

- **页面上方**：适合放置连带性比较强的商品，比如促销商品或者其他相关的爆款商品等。
- **页面中部**：适合放置搭配套餐，通过提高相关商品的曝光度，进一步提高商品销量和客单价。
- **页面尾部**：适合放置与商品详情页所描述的商品关联性较高，并且便于搭配使用的商品，比如需要单独销售的主推商品的包装礼盒等。

3. 活动与关联销售

将关联销售加上适当的店铺促销或者官方活动，能够增强客户的购物欲望，缩短客户购物思考的时间，使商品的交易能够尽快完成，同时也能够为店铺赢得更多的口碑，为店铺的经营带来更多好处。店家可以根据自己的需要，在一个官方活动中搭配多个店铺活动进行关联销售，这样有利于提高商品的转化率和客单价。

10.16 发放优惠券吸引客户

店铺优惠券是一种虚拟电子现金券，是网店店家在开通营销套餐或会员关系管理后开通的一种促销工具。当客户购买符合该功能的商品以后，会自动获得相应的优惠券，在限定时间内购物，可享受一定额度的优惠。

如图10-21所示，店家在"双十一"活动期间推出3种优惠券，分别为"面值10元的收藏店铺优惠券""面值20元的邀请好友优惠券""面值50元的购物津贴"。为避免客户被规则绕晕，给出使用优惠券案例。

图10-21 某店铺的优惠券

通过发放优惠券，能够吸引客户收藏、关注、分享店铺，从而有效地将新客户转化成老客户，提高店铺的销量。优惠券还常用于新品销售中。因为新品上架没有销量和评论，没有信任基础在前，很难达成交易。但如果在新品领券满减的诱惑下，客户会在利益的驱使下，更容易下单。

店家在设置优惠券时，应考虑如下问题。

- **是否具有吸引力**：如售价为998元的商品，放置2元优惠券，对于客户来说基本没有吸引力。

- 使用期限：如某款售价为 98 元的商品，可领取 8 元、10 元优惠券，使用期应控制在领券后的 3 天内。超过 3 天，优惠券自动失效。从而刺激客户尽快下单。

10.17 使用"限时打折"和"满就送"吸引客户

"限时打折"是淘宝提供给店家的一种店铺促销工具。订购了此工具的店家可以在自己店铺中选择一定数量的商品在一定时间内以低于市场价进行促销活动。活动期间，客户可以在商品搜索页面根据"限时打折"这个筛选条件找到所有正在打折中的商品，如图 10-22 所示。

图10-22 限时打折活动页面

"满就送"是基于旺铺的一种促销功能，它给店家提供一个店铺营销平台，让所有设置了满就送的宝贝，自动实现促销，如图 10-23 所示。

图10-23 满就送活动页面

如图 10-24 所示，单击满就送页面中的某款商品详情页，显示"买 1 发 2 送杯""买 2

发5送杯"等文字。客户在下单后,不用手动备注或单独联系客服,系统会默认多发果茶和杯子。

图10-24 满就送商品详情页

店家可根据店铺实际情况,结合商品属性,策划更多活动。只要规则设置合理,又具有吸引力,想必引流效果都不错。另外,建议店家仔细核算活动成本,应达到利益与成本基本平衡,理想状况下还能有一定的收益。

案例——春节后稳拿开年第一波流量

千里鹿,11年电商人,6年电商讲师,千里鹿电商媒体创办人,中国电子商务协会出版教育分会首席专家。以下内容源于他的分享。

众所周知,春节长假大部分人都放假回家了,快递物流等行业也停了。客户也知道过年期间网上购物是不好收货的。所以,客户会在大年初七、初八时集中购物。根据以往经验,这段时间的流量大且转化率高。

那么,店家如何抓住时机,做好春节后的第一波活动呢?我以前常常提到,一个活动最重要的不是活动当天的流量或者转化,而是在于预热期的宣传是否到位。

以前有很多网店在春节时段都挂关门休业的公告,这就是典型的没有营销意识。平时活动的预热期间,店内销量往往会比较低。比如,"双十一"前,相信大家都能感受到低销量。这是因为很多客户都在工作期间,也都在等着节日当天再抢购。但春节不一样,春节大家都处于空档期,更可能逛网店。所以,店家应该抓住这段时间来做预热活动。

以我们店铺为例,我要求大家在年假开始前3天把活动计划做出来,并且要把活动放在店铺里,说明开业时间和活动玩法。以前我也提到,一场活动如果只是为了卖货这一种目的,那么这个活动一定不是成功的,一个活动必须具备影响或产出3种最终目的以上。以我们店铺活动为例,有以下3个目的。

- 发布新品的最佳时机之一。因为是新年新气象,推出新品理所当然。
- 清理年前库存,尽量清理干净,保证商品保质期(化妆品保质期很重要)。
- 带动新客户兴趣,主动加入成为老客户。

1. 体现新年的喜庆

我们在公告中说明,开年3天凡购买任何商品,都有新年实际祝福送上。送什么呢?

- 新年大礼包:用试用装来做礼包;

- 真实红包：每个红包里边放 1 元钱，在红包封面写上：1 元复始。

"1 元复始"的后一句"万象更新"都可以不用写上。虽然是试用装和小礼品，但也代表了我们店家的祝福，这是拉拢人心的方式之一。

关于节后发布的新品是年前就要准备好的。因为化妆品替代更新不多，一年更新几个商品就差不多了。我开了 8 年化妆品店，新品才上了 6 个。所以，店家完全可以提前准备好新品，提前写公告。例如，节后上新一款XXXX商品，注明只要店内购满多少，送新品。新品用原价标注，不打折，而且新品只送不卖，这也是一种新品预热的方式。我们还尝试过用换购的方式进行新品预热。活动期间店内购满多少钱，就送一张新品抵价券。

2. 库存清理

关于库存清理，就是把以前那些不热卖的商品，都上传到新的活动承载页里去。只要亏得不多，全部半价或低价销售。因为我们的目的在于清理库存，等客户们收到这些商品时，资金也基本回来了。按照 1 个星期的周期来计算，从大年初七、初八后的一周左右就是元宵节。这时候工厂开工，又有资金可以用于进货了。开年就是要想法把手里的货变成钱，才能跟上生产日期。

3. 带动客户兴趣

还有一种拉拢人心的方式，就是公告说明，原购买满多少成为VIP会员，开年 3 天凡购买多少钱的商品即可成为 VIP 等级会员，享受多少折扣的优惠。并且说明店内会员等级划分，如普通会员、高级会员、VIP 会员、至尊 VIP 会员。例如，往常 VIP 会员等级开通需要 500 元，但春节活动只要 200 元即可。新年伊始，对于新老客户而言，难道这不是一种兴趣点吗？

同时，还要说明普通会员，满多少送新品；高级会员，满多少送新品；VIP 会员，满多少送新品；至尊 VIP 会员，满多少送新品。拉开各个会员之间的差距。

我上面提到的这些活动形式，均可以设置为开年、开业 3 天多重好礼。把所有商品的描述，做一个活动页面，让所有客户都能看到。这样也便于春节活动期间，客户自助下单，只留一个千牛号来答疑即可。

实力强的店家，也可以尝试多家店铺联合营销，扩大活动声势，加大引流。如果店家过年不想休息，可以更新微博、微淘活动。我个人比较喜欢设置诸如"过年 7 天乐"游戏。通过秒杀的方式来与客户互动，效果很不错。客户秒杀到的商品，节后再统一发货。

第11章

付费推广技巧

本章导读

　　针对不同店铺情况，平台给出了多个推广方式。如淘宝平台内最为常见的3个推广方式：直通车、智钻和淘宝客。其中，直通车推广最常见，按点击收费；智钻主要是图片定向推广，可按点击或展现收费；淘宝客按成交额来收取费用。店家应多了解付费推广方式的特点和常规操作，找到最合适自己的推广方式，让每一笔推广费用都有所值。

11.1 了解直通车投放的目的

直通车是淘宝推出的一种精准推广工具,通过在淘宝内搜索关键词,就会显示出与关键词相关的商品。直通车正是通过管理关键词的排名,以搜索竞价的方式,依次序呈现商品,并根据点击量的多少,收取一定比例的费用。直通车是淘宝平台内目前使用广泛的付费推广方式之一。

店家可自由对词条进行定价、设置投放时间。出价高的被放在排名的优先位置。在显示商品的直通车推广位,如果客户点击了该款商品,系统会自动根据该关键词或者类目的预设价格计费扣款。通过这种搜索方式,可以较为精准地将目标客户吸引进店铺,进而以点带面地浏览店铺的其他商品。总的来说,店家开通直通车的目的如下:

- 增加流量和销量;
- 增加单品的销量,打造爆款;
- 提升店铺整体权重,提高销量;
- 在大促期间,借助直通车来增加流量、销量;
- 部分经历了习惯性亏损后的店家,可以借助直通车来测款测市场。

部分店家认为开通直通车的目的是带来盈利。实际上,以前有不少店家通过刷单的方式为店铺或商品带来流量。但随着淘宝禁止刷单后,淘宝的流量只能来源于自然搜索或付费推广。由此,也抬高了直通车竞价,导致这种推广模式很少能马上带来收益,除非商品真的特别好。所以,直通车最直接的作用是吸引流量,而不是带来利润。

11.2 了解直通车的展示位

客户在搜索栏内输入关键词并搜索后,会跳转至搜索结果页面。而直通车就展现在这个搜索结果页面中。根据电脑端和手机端的展示方式不同,直通车展位也有所区别。总的来说,直通车共有 3 个较为常见的展示位。

1. 右侧展示位

在淘宝的主页上找到搜索工具栏,输入相应的关键词。这里以"鲜花饼"为例,在搜索结果页面的右侧,"掌柜热卖"区域就是直通车的展示位置。如图 11-1 所示。

2. 底端展示位

除了上述展示位置,在搜索页面的底端同样也有广告展位。按照上述操作步骤,拉动搜索结果页面至底端,能看到如图 11-2 所示的直通车展位。

3. 手机端展示位

手机端前几屏的用处比较大,后几屏流量会非常少,且这种差别效应比较明显。所以,这也决定了手机端直通车在投放时主要考虑前几屏。在手机端输入相关关键词,这里以"鲜花饼"为例,搜索结果页面中带"广告"字样的商品为直通车推广商品,如图 11-3 所示。

图11-1 直通车右侧展示位

图11-2 直通车底端展示位

由搜索结果看到的展示位,都是和搜索关键词相关的商品。所以,直通车提供的展示位绝佳,广告针对性强。店家可以考虑用直通车进行营销推广。

什么商品适合直通车推广

很多店家只知道直通车推广,却不知道如何推广,所以一来就盲目投钱开通直通车。这样其实是不对的,因为有的商品即使投了很多钱来做直通车推广,也很难带来流量。

特别是个别比较小众的商品,天生搜索量就比较小,即使投放直通车,能带来的流量也很少。还有一些类目的关键词只有少部分的人知道,一些精准客户可能也需要,但不知道商品的名字,不知道怎么搜,那么这种商品的搜索力度也非常弱。如图11-4所示,为某款商品的搜索结果页面图。从图中可知该商品的搜索结果只有"17"页,该商品最高销

图11-3 移动端直通车展示位

量也不到 1 千单。针对这些搜索量较小的商品，就不合适开通直通车推广。

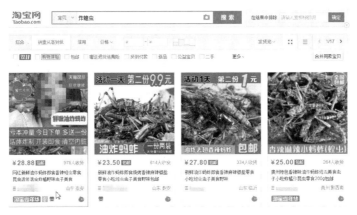

图11-4　搜索量较小的商品页面

还有部分商品，类目搜索量很大，但竞争也很激烈。这些类目里的低销量商品依然不合适用直通车推广。因为直通车是通过搜索结果进行展现的，如果一个商品的标题和主图都很吸引人，但是没有销量和评论。这样的商品展现在销量几万单或几十万单的同款商品中，不一定能促成交易。如图 11-5 所示，右侧推广商品价格高、销量为 0，很难引起客户的点击。所以，低销量或零销量的大类目也不能做直通车推广。

图11-5　销量为0的直通车商品截图

那么，那些商品适合开通直通车呢？答案是：大类目、性价比高、有基础销量的商品。所以，店家不能盲目开通直通车。

11.4　投放直通车的条件限制

直通车作为淘宝重要的推广工具，能让商品从海量的货品中占得流量先机，引起更多的关注。但投放直通车计划有一定的条件限制。满足以下条件的淘宝店铺，才能投放直通车计划。

- 店铺状态正常；
- 用户状态正常；
- 淘宝店铺的开通时间不低于 24 个小时；
- 近 30 天内成交金额大于 0；
- 店铺综合排名（指阿里妈妈通过多个维度对商家进行排名）；
- 店铺如因违反《淘宝规则》中相关规定而被处罚扣分的，还需符合相关条件；
- 未在使用阿里妈妈或其关联公司其他营销商品（如智钻展位、淘宝客）服务时因严重违规被中止或终止服务的；
- 经阿里妈妈排查认定，该账户实际控制的其他阿里平台账户未被阿里平台处以特定严重违规行为处罚或发生过严重危及交易安全的情形，且结合大数据判断该店铺经营情况不易产生风险。

如图 11-6 所示，满足条件的店铺，进入阿里妈妈官网，单击"淘宝直通车"超链接，根据提示完成相关设置即可完成投放计划。

图11-6　阿里妈妈官网截图

11.5　投放直通车计划

店家如果想把钱都花在刀刃上，就必须经过严密布局计划，如投放时间、投放地域、投放设备、分析人群、设计主图、提取关键词等。

（1）**投放时间**。直通车的投放时间需要根据商品特性进行优化，不能盲目投放。投放时间可以从周一到周日，以小时为单位。再根据生意参谋找到该类目商品的成交高峰段，设置不同的比例。可以动态设置，出价随着时间段、销量而有所不同。例如，通过生意参谋得知零食类目高峰期为下午 15:00～18:00，故售卖零食的店家就可以选择在这一段时间内进行投放。

（2）**投放地域**。不同地域的人群喜好或运输情况会有所不同。在设置直通车广告计划时，可以依照类目来分析地域接受度，让商品不受欢迎的区域看不到相应广告，实现精准推广。比如，一些液体商品，在新疆、西藏地区运费非常高。部分售卖液体商品且包邮的店家，在投放直通车计划时，应该不对新疆、西藏等地区投放。

（3）投放设备。设备指的是电脑端还是手机端。具体的投放设备还是应该按照商品类目来决定，如一些商品手机端搜索量远高于电脑端，一些商品电脑端又高于手机端。但是一般大家都会去抢手机端的头部流量，相应的溢价也比较高。

（4）分析人群。为实现精准人群推广，在设置直通车计划时，要把计划投放在目标人群身上。例如，售卖母婴商品的店家，目标人群以 25～35 岁的女性为主。在投放直通车计划时，可以对目标人群提高 20% 的溢价，经过测试，筛选出效果好的人群进行加价。分析人群时，可用生意参谋分析目标人群的年龄、性别、消费水平、职业等。

（5）设计主图。不管是什么商品，都要把精准客户从广告图引到商品页面，才有可能促成交易。直通车广告图的设计要点与页面转化率的主图设计要点基本一致。只是直通车的点击需要付费，所以既然花了钱，就要实现价值，如吸引更多客户的点击、购买。所以在设置计划时，直通车主图也需要精心设计。一张好的直通车主图应遵循 3 个要点，如图 11-7 所示。

图 11-7　直通车主图三要素

- 吸引客户注意力：要通过图吸引更多的点击，必须抓住潜在客户的注意力。
- 引发客户兴趣：通过文案、折扣、卖点或利益点引发潜在客户对商品的兴趣。
- 促使客户行动：通过限时限量或其他独特内容来吸引客户点击。

（6）提取关键词。商品关键词是投放计划的重中之重。好的关键词，能提升商品曝光率。在投放计划时，系统有相关提示，如某一个关键词应该出多少钱。店家可根据系统提示和生意参谋，分析、测试出展现量更大的关键词。

11.6　提高直通车质量分

质量分指的是质量得分，用于衡量推广关键词与商品推广信息和淘宝网用户搜索意向之间的相关性。换言之，质量分就是衡量商品和用户搜索关键词符合程度的数字。

质量分是 1 至 10 之间的整数，分值越高则推广效果越理想。例如，某个推广计划的质量分为 6 分，则说明买同个关键词的人很多，所以相关性也可能只在 60% 的位置，还有 40% 相关性更好的人出价。

质量分有多个维度，可能与类目相关度、与竞争对手同时段的强弱表现都有关。那么，如何来提高质量分呢？

（1）提升相关性。相关性是指关键词与商品自身属性类目的文本信息，它是影响质量分的关键。所以，店家在发布商品时，一定要选择正确的类目，全面地完善商品属性。同时，把商品属性词体现在标题中，以便被更多客户搜索。

（2）提高点击率。影响点击率的因素包括关键词、推广图、投放时间和投放地域。所以，店家一定要经过多方选词、测词，找到搜索量大的关键词，设计出吸引眼球的推广图片，结合数据分析哪些时间段、哪些地域点击率更高，然后安排投放。

（3）优化客户体验。优化客户体验，主要是从商品、服务、流程3方面入手。在选品时，就要选择质量上乘的商品，减少因为质量带来的差评；服务方面，要求客服做好接待工作和售后工作；为方便客户购物，应简化购物流程。

11.7　电脑淘宝直通车与手机淘宝直通车的区别

在直通车投放计划中，可以选择投放电脑端或移动端。那电脑淘宝直通车与手机淘宝直通车有什么区别呢？主要体现在以下3方面。

1. 位置多少不一样

在电脑端，一页有10多个直通车展位。如果一个客户翻3页内容，至少就有50多家商品会被曝光。但是在手机端，客户如果翻5页内容，只有5家商品能被曝光。从这个角度出发可知：同一个关键词，手机端直通车想获得排名难度更大。也就是说，如果店家投放直通车，但是进不了前5页，想要获得流量是非常难的。

而且，直通车是锦上添花，而不是雪中送炭。尤其对于竞争更激烈的手机端，应该更加重视为转化率高的商品投放直通车，否则就是把钱浪费了。在这种情况下，直通车不是技术，而是综合实力的比拼。也可以得到总结：手机端直通车对商品要求更高。

2. 点击率不一样

由于电脑端屏幕大，可以容纳更多直通车展位，那么算到单个商品被点击的概率也就低了。而手机屏幕小，直通车商品更容易被点击到。

关于电脑端直通车，排名第5名和排名第10名的商品，点击率相差不大。如果能够达到1%就不错了。但是手机端直通车，排名第1名的展位，点击率可以超过10%；排名第5名的展位，点击率可以超过2%。

虽然点击率对直通车的影响很大，但因为本身点击率不一样，电脑端的点击率和手机端的点击率要分开计算。店家在判断这个商品的直通车点击率数据时，更要判断电脑端的点击率数据，否则移动端的容易出现误判。

以前，电脑端的流量比较准。但现在电脑端流量少之又少，所以测试移动端进行数据测试。测试前，可以用多组图片来获得一个相对的平均值，来了解这个商品的点击率好不好。

3. 单个商品获得的流量数量不一样

电脑端直通车排名第1页、第2页都会带来流量，只是流量不多。但如果是手机端，排名第1页、第2页带来的流量就比较多了。

所以，电脑端直通车与手机端直通车应单独投放。手机端更强调针对少数转化率极高的词，抢前面的排名。因为一个精准词在手机端直通车排名第1，所带来的移动端流量，可能超过电脑端10个词的总流量。

11.8 智钻投放的目的

智钻是淘宝图片类广告位自动竞价平台，是专为有更高信息发布需求的店家定制的商品。智钻精选淘宝最优质的展示位置，店家通过竞价排序，按照展现计费。

智钻是按照流量竞价售卖广告位的，计费单位为"每千次浏览单价"（CPM），即广告所在的页面被打开1000次所需要收取的费用。智钻展位不仅适合发布商品信息，更适合推广店铺促销、店铺活动、店铺品牌。智钻在为店铺带来充裕流量的同时，也增加客户对店铺的好感，增强客户黏性。

智钻作为常见的营销工具，具有哪些优势呢？

- **更多展现机会**：部分冷门商品或无销量基础的商品不合适用直通车推广，而智钻则可以跨类目定向，覆盖面更广，展现位也更多。并且，智钻的门槛更低，部分中小店家达不到投放直通车计划时，可以考虑投放智钻计划。所以，相比直通车，智钻有更多展现机会。
- **定向人群更精准**：智钻以精准定向为核心，是面向全网精准流量实时竞价的展示推广平台。例如，母婴商品，在投放智钻广告时，可以单独投放给对母婴商品有需求的人群。人群越精准，转化率也就越高。
- **带动整店销量**：与直通车推广单个商品相比，智钻更注重推广某个店铺。由智钻铺位带来的流量，会以不同的比例分散给店内不同的商品。这对多个款式的收藏、加购都起着重要作用，也更容易带动整个店铺的销量。
- **配合促销活动**：在策划促销活动时，智钻更有利于刺激新老客户加入到活动中来，放大活动效果。
- **成本更可控**：智钻可根据每个店家的不同流量需求，进行不同的智钻玩法策略。例如，某店家只有1000元的预算。在投放广告时，可通过优化投放时间、投放地区等内容，做出更好的投入产比。

另外，通过智钻还能有针对性地挖同行客户。在设置计划时，可定向竞争对手店铺，把店内广告推送给竞争对手的客户，代价和测试的成本都更低。

11.9 智钻展位的类型与特点

如表11-1所示，智钻展现类型包括展示广告、移动广告、视频广告和明星店铺；展现位置则不仅限于淘宝平台内，还包括国内主流视频网站等。不同的展位对应的竞价成本和流量也不相同。店家可以根据各展位的特征优势和推广预算，选择适合的智钻展位以达到引流效果最佳化。

表11-1 智钻展现类型和位置

展现类型	展示位置	重点内容
展示广告	包含淘宝网、天猫、新浪微博、网易、优酷等站内、站外优质媒体	可自主选择资源位、设定定向人群，以竞价的方式投放计划
移动广告	电视剧、综艺等播放前、后插播视频贴片	可支持视频主题定向，筛选热门动漫、影视、演员相关视频节目精准投放
视频广告	在国内主流视频网站中，视频开始前、暂停播放时作为广告浮出	可根据目前热播剧的名称进行定向投放
明星店铺	在电脑端、手机端淘宝以及UC浏览器页面最上方位置	提供多样式创意模版，满足各类客户的需求

拿淘宝平台内来说，常见的智钻展位在首页焦点位置、首页二屏大图展位及内页频道焦点展位等。

（1）淘宝首页焦点展位。登录淘宝主页面，首先映入眼球的焦点展位就是智钻展位，如图11-8所示。作为展现量最大、点击率极高的信息发布位，它为店铺推广提供了良好的位置。

图11-8 淘宝首页焦点展位

（2）首页二屏大图展位。拉动淘宝首页滚动条，在页面的右侧也会出现稍大的推广位，如图11-9所示。该处的智钻展位也占据了相对重要的位置，点击率可能不及焦点展位，但出价的成本也较低，适合进行长期宣传。

图11-9 首页二屏大图展位

11.10 什么情况下适合投放智钻计划

有的店铺在使用智钻后反馈效果不错,也有的店家反馈说浪费钱。确实,使用智钻到底能不能为店家带来理想效果,存在不少争议。其实,这和店铺有很大关系。有的店铺适合智钻推广,而有的店铺则不合适智钻推广。所以,不合适智钻推广的店铺盲目投放计划,只会是花冤枉钱。

1. 适合投放智钻计划的店铺

智钻确实能帮助一些店铺提升流量和销量,但对一些店铺而言确实只是花了钱却没有效果。所以,店铺要分析自己是否适合智钻投放计划。总体而言,智钻适合一些有实力、有个性的店铺。

- **品牌商**:作为有实力的品牌商,想打造自己的品牌效应,就可以通过投放智钻的方式,增加品牌曝光率。
- **个性化店铺**:这类店铺一般拥有比较突出的风格,其目标客户也都比较有个性。这样的店铺投放智钻计划,能实现精准定向推广,给店铺带来更多精准流量,从而提升转化率。
- **回头客高的店铺**:店内回头客高,说明忠诚客户数量多,也说明店内商品的质量和服务都比较令人满意。在这种基础上,再投放智钻计划,能带来更多的客户。

2. 适合投放智钻计划的情况

店铺在符合投放智钻的前提下,也要考虑当前情况是否适合马上投放计划。因为有的店铺虽然是风格比较明显的个性化店铺,但由于规模比较小,经费少、人员少,就需要慎重考虑。那么,哪些情况才合适投放智钻计划呢?

- **策划大型活动时**:当店铺想开展一次大型活动时,如店庆。这时已经有了折扣优势,就可以投放智钻计划,而且还不需要缓冲期。
- **店铺预算足够时**:智钻计划可能需要多次测款、测图、测文案,需要足够预算来支撑。
- **有专业人员操作**:智钻计划涉及的工作比较烦琐,如果是一知半解的工作人员来操作,发生一个小问题都有可能影响整个计划。所以,为了效果最大化,一定要由专业人员来操作。

3. 不适合投放智钻的情况

上文提到,智钻计划需要足够的预算和专业人员,那么对于一些小店铺或新店铺而言,最好就不要去投放智钻计划。除了这种情况,还有些商品和类目也不合适投放智钻计划。

- **销量不好的商品**:智钻吸引进来的客户,会根据商品详情、价格和评论综合考虑是否购买。如果一个商品价格低廉、详情页描述极佳,但销量为0。那么,客户很难下订单。
- **价格虚高的商品**:价格始终是影响客户下单的重要因素。如果一个商品主图很吸引人,但由于价格虚高,也很难转化。
- **竞争力较小的商品**:很多店家投放智钻的目的在于得到更多展现,与同行形成更强的竞争。所以如果是一个本身竞争力就很小的商品,就没必要花钱来做推广了。

店铺是否适合投放智钻计划，需要考虑、分析的因素还很多，不局限于上述情况。总之，如果店家在资金充足、货源质量可信、有销量基础的前提下，还想获得更多流量，那就可以去投放智钻计划。

11.11 智钻资源位的选择

投放智钻计划也需要一定的硬性指标，如店铺信用等级在一钻及以上；无任何淘宝或天猫严重违规行为、出售假冒商品、虚假交易相关规定的处罚记录等。符合指标的店铺可以在阿里妈妈选择"智钻"商品，建立相应的智钻计划即可。

在建立智钻计划时，选择资源位是尤为关键的一步。智钻所有的资源位列表在"资源位列表"下面，店家可以根据自己的实际情况选择最适合自己的资源位。如果选择不当，不仅浪费钱还达不到想要的推广效果。

选择资源位时有如下两点建议。

- **资源位数量不宜过多**：虽然资源位的数量多，可以为店铺带来更多的流量，但在资金预算不充裕的情况下，建议选择 1～2 个资源位，最多不要超过 5 个。
- **优先选择较优的资源位**：首先选择较优质的站内资源位进行投放，根据投放的测试数据，保留适合自己店铺的资源位，最后根据预算的多少来调整资源位的个数。

电脑端淘宝首页焦点图 2/3/4 和手机端淘宝首页焦点图 2 的资源位流量充足、效果好，是智钻黄金资源位。建议店家多在这几个资源位上进行投放。店家也可以收藏心仪资源位，进行投放测试，找到效果好的进行长期投放。

11.12 做出高点击的创意图

在智钻计划中，创意图的吸引力直接影响了点击率。部分智钻按照展示来收费，客户看到店家广告但没有点击，店家仍然需要支付费用。所以，为了使智钻推广费用最大化，应该吸引更多客户点击创意图进入店铺中。

新手店家可以在智钻平台中，查看同行类目的优秀创意。在制作创意图时，要注意尺寸大小要和所选的资源位一致。在设计创意图时，应注意以下内容。

- **了解所推广的商品特性**：在了解商品特性的情况下，才能做好商品拍摄角度，设计适合商品特性的版式，写出吸引客户眼球文案等工作。
- **明确推广目的**：不同目的制作的创意图有所不同。如果是全店推广，则需用多款宝贝制作创意图片；如果是打造爆款，则只需拍摄该款商品照片。
- **配文案**：一个好的创意图可以吸引更多客户点击，而一个好的文案则能起到画龙点睛的作用。在写文案时，可以用网络热词将商品的优惠促销信息、商品的功能与特点言简意赅地表达出来。

- 设计图片：好的创意图需要配搭好的商品图片。选择经过精心构图、色彩鲜艳、突出质感的图片来体现商品图片。

创意图整体设计要求：图文排版有新意，突出商品卖点，整体配色不超过 3 种，字体设计不超过 2 种，且背景图能衬托出文案文字。另外，创意图的风格要与店铺风格一致。

11.13 智钻计划的定向选择

智钻计划比较灵活，可以定向竞争对手店铺，也可以定向所有访客，还可以定向可能购买的客户。例如，某经营母婴商品的店铺，可以投放定向竞争对手的店铺，也就是把该店铺的广告展示给竞争对手店铺的所有访客，把对方客户转化为自己的客户。

1. 地域定向

地域定向是根据访客所在地域来进行流量细分。通常，地域定向与商品的属性相关。例如，某店家的商品为羽绒服，但是云南、广西、海南等城市冬季气温不会过低，对羽绒服的需求也可能比较小。所以，店家在投放智钻广告时，就可以考虑排除这些城市。

2. 时间定向

时间定向是指店家可以根据自己商品的特点在一天的不同时间段内进行合理投放广告。在推广预算有限的情况下，合理设置智钻投放时间段，可以有效提高智钻推广效果。例如，某主营箱包商品的店铺，目标客户主要为 25～35 岁的女白领。这类人群的流量主要集中在 9:00—11:00、14:00—17:00 以及 20:00—22:00。店家在投放智钻广告时，就可以定向为以上时间段中的任意一点。

另外，价格和时间也有所关联，一般凌晨 0:00—8:00 的价格相对较低。如果店家的目标流量集中在凌晨，投放时间也可以选择价低、流量多的时间段。

3. 人群定向

人群定向主要包括访客定向和营销场景定向。这类定向主要以客户与店铺之间的浏览、收藏、加购和购买等行为关系区分出不同的人群。这类定向的流量精准，效果明显，常用于维护店铺老客户。

人群定向的要点，是一定要找到与自己店铺商品相匹配的店铺，这样带来的流量才更加精准。例如，有的店铺商品与自家店内商品类似，但价格明显更优惠。那对方店铺的客户虽然也是自家所需要的，但是对方店铺客户为什么要选择同质量的商品中，价格更贵的呢？所以，店家选择竞争店铺时，一定要选择商品质量、价格、服务都差不多的店铺。

另外，如果同时选取了多个竞争店铺，则应该把它们区分在不同的单元或不同的计划里。方便测试哪些店铺定向、人群定向更符合店内推广。

11.14 了解智钻收费方式

智钻竞价模式与直通车有一点相似：谁出价高，谁就优先展示。智钻展位的计费可以选择"每千次浏览单价"（CPM）或者"点击付费"（CPC）方式。

1. CPM 计费方式

CPM 是按照展示位的网页被打开的次数（PV）而计费的。如果竞价投放成功，智钻展位的实际计费是根据每天的预算决定的，同时受到下一位出价的影响。实际计费是在下一位有效出价的基础上加 0.1 元结算。计算公式为：

$$点击单价 = CPM 单价 / (1000 \times 点击率)$$

例如，某店家 CPM 出价为 8 元，那么花 8 元可以买到 1000 次的展现，假设该广告位的点击率是 3%，就会有 $1000 \times 3\% = 30$ 次点击。

2. CPC 计费方式

CPC 是指店家可在后台可选择的资源位上投放计划，免费展示，点击扣费。在这种方式下，点击成本可控，获取的流量更为优质。CPC 方式下，"点击出价"将被折算成"千次展现价格"，其公式为：

$$CPM = 店家设置的出价 \times 参考创意的历史 CTR 预估的数值 \times 1000$$

例如，某店家设置的出价是 0.8 元，预估 CTR 是 5%，参与竞价的 $CPM = 0.8 \times 5\% \times 1000 = 40$ 元。换言之，按照 CPC 方式 0.8 元的出价，实际是以 40 元的 CPM 参与竞价，最后根据 CPM 出价的高低进行展现排序。

在竞价成功后，实际扣费又根据下一位出价的 0.1 元结算。如上面案例中所述的，用 40 元拿到展现位，下一位的结算价格为 30.9 元。则实际扣费 = $CPM \div 1000 \div CTR = 31 \div 1000 \div 5\% = 0.62$ 元。

> **注意**
>
> 需要注意的是，智钻有个动态调整过程。例如，A 店家的智钻计划是 10 月 29 日 11:00、12:00 的前 10 分钟。但是到了 12:00 时，B 店家的预算和出价都超过了 A 店家，那 A 店家在 12:00—12:05 的时间段内就得不到展现，也不会产生相应的费用。

一个智钻展位的投放，需要大量数据分析和很多资金。所以，店家最好在全面了解智钻计划后，再选择性地投放。在运行计划时，也要实时监测数据，主动发现问题、解决问题。

11.15 认识淘宝客推广

淘宝客推广是一种按成交额计费的推广模式。淘宝客，就是一批帮助店家推广淘宝商品赚取佣金的人（个人或网站）。淘宝客从推广区获取商品代码，让他人通过指定的链接进入店铺完成交易，就能获得店家的交易佣金。

对店家而言，淘宝客就像一群没有底薪的推销员，只有促成交易后才支付相应费用。相比直通车和智钻，淘宝客的管理更简单、方便，就连支付佣金都不需要过多操作，支付宝链接代码会自动扣除相应的费用。

部分店家认为，找淘宝客推广店内商品，仅仅是因为别的店家都在这样做，所以也效仿。也有部分店家认为，只要能给某个商品引流，可以不惜一切代价，所以设置高佣金找淘宝客推广。实际上，这两种方法都不值得提倡，而且大部分店家经费有限，也不支持这样做。

店家应该明确自己的推广思路，如果选择淘宝客推广，就要分析通过这个渠道的推广能达到什么目的。通常，店家找淘宝客合作，有两方面原因。

- 新品破零：商品有生命周期，如新品期、发展期、爆发期等。新品期想要实现破零，就必须要有基础销量和评价。在现在的网购环境下，平台不允许刷单。店家只能通过让利给淘宝客的方式来实现新品破零。
- 打造爆款：在商品质量有保障的前提下，设置合适的佣金能促使淘宝客大力推广商品。如此一来，能让商品获得更多展现，从而也获得更多收藏、加购，有助于打造爆款。

店家应在明确推广思路后，再找淘宝客合作，才是最合适的。不能做无头苍蝇，否则就算佣金开得再高，价格再低，那也只是昙花一现而已，并没有多大的实际意义。你说呢？

开通淘宝客的条件

与直通车和智钻相比，淘宝客推广吸引而来的流量和点击不收费，在一定程度上减弱了推广风险，而且淘宝客对新品破零和打造爆款也起着重要作用。但开通淘宝客，还是有一定的门槛限制。例如，店铺需满足以下条件：

- 集市店铺：信用度等级须在一心及以上，且加入消费者保障计划；正常且出售中的商品数量大于等于 10 件；店铺动态评分均不低于 4.5 分；
- 企业店铺：信用度等级须大于 0；正常且出售中的商品数量大于等于 10 件；店铺动态评分均不低于 4.5 分；
- 天猫店铺：正常且出售中的商品数量大于等于 10 件；店铺动态评分均不低于 4.5 分。

满足条件的店铺，在阿里妈妈平台商品页面，单击"淘宝客"超链接，根据提示完善信息即可。

淘宝客营销计划类型

如图 11-10 所示，淘宝客计划包括通用计划、定向计划、如意投计划和活动计划 4 种类型。店家应根据实际需求，投放适合的计划。

图11-10　淘宝客营销计划类型

- **通用计划**：是默认开启的计划，主要由淘宝客单独获取某个商品或店铺的推广链接并分享到淘宝网以外的地方进行推广。全店商品推广，只能设置类目佣金比例。
- **定向计划**：由店家在后台自行创建，支持自定义部分功能，目前只能设置不公开且手动审核的定向计划。全店商品参加，未设置主推商品按类目佣金结算。
- **如意投计划**：由店家自行激活。阿里妈妈系统根据商品佣金比例和商品综合质量情况，智能推送到爱淘宝搜索结果页面、网站橱窗里。
- **活动计划**：店家报名淘宝客发起的互动招商活动后，系统自动生成计划。

大多数店家习惯性使用通用计划。店家可根据实际情况，投放具体计划。

11.18 淘宝客与网络红人的合作销售商品

目前，正是网红直播和达人推广的黄金时期。店家可将淘宝客推广与网络红人联系起来。店家可投放定向计划，为指定合作人设置较高的佣金比例。设置定向计划会生成申请链接，选择性地把链接发给指定合作人，合作人点击申请后，店家再通过审核。这类定向计划的淘宝客一般会在推广后享受较高的佣金。

例如某个达人在手机淘宝"有好货"频道里写一篇以美白为主题的文章。在文章里穿插某店铺的3个商品。虽然整篇文章像百科类、知识类的科普文章，但最终能为店铺带来几千元的成交额。那店家可以从这几千元中拿10%给达人。

店家应该重点关注淘宝客和网络达人结合的形式，而不只是开通淘宝客计划就行。另外，达人们在生产文章、视频内容时也需要优质的商品去填充，达人们肯定优先选择有佣金的商品。如果店家不开通淘宝客的话，被选择的概率会变小。所以，即使不找付费合作，也应该把计划开通，只是把佣金比例设置得稍低即可。

淘宝客与达人的合作是一个很大的红利期。店家要精选能为店铺、商品带来真正意向人群的达人。优质达人在推广商品时，一般从侧面推广商品，达到润物细无声的效果。如

图 11-11 所示，点击淘宝达人推荐的文章，可看到达人从素颜涂口红的角度来推广口红，在吸引粉丝关注的同时，也促进客户转化。

图11-11　淘宝头条文章

11.19 招募淘宝客的注意事项

大部分店家会在淘宝联盟社区发布招募淘宝客的信息；部分店家还会选择其他社交平台（如微信、微博）加入淘宝客交流群去招募淘宝客。淘宝联盟隶属阿里巴巴集团旗下，汇聚大量电子商务营销效果数据和经验，也是淘宝客们经常出没的地方。

店家可将招募淘宝客的信息发布在淘宝联盟里，如图 11-12 所示。淘宝联盟作为淘宝客挑选推广对象的平台，可供选择的店家和商品信息多不胜数。淘宝客在搜索关键词或者类目后，大都会参考 30 天推广量排序。非该领域的专业销售人员往往会选择排名靠前的商品进行推广。因此店家有必要了解淘宝客的关注点，写好招募贴，吸引更多淘宝客。

淘宝客比较重视商品的销量、佣金、数量、好评率和商铺的信誉。故店家在发布招募信息时，应选择爆款商品。其次，设置佣金比例要不低于同行业水平。除此之外，店家在撰写招募帖时应注意以下几点。

（1）撰写吸引人的标题。一般，标题是决定淘宝客是否点击的关键。故店家在撰写标题时，一定要具有吸引力。例如，类似"高佣金店铺广招淘宝客""热销店家招募精英淘宝客"的标题，适度夸张而不离谱。

图11-12 招募淘宝客信息截图

（2）**清晰传达信息**。招募贴要清晰传达出关于店铺、商品、佣金、联系方式、链接等信息。描述商品时要突出商品特色、卖点，让淘宝客更全面地了解商品。

（3）**帖子要图文并茂**。帖子最好图文并茂，直接展示商品各种属性，能给淘宝客留下一个直观印象。

（4）**设置淘宝客奖励**。对于一些优质的淘宝客，维持长期的合作关系将有助于持续地获得良好的收益。采取适当的奖励措施，激励淘宝客的工作积极性，同时也能招揽更多的新淘宝客加入到推广中。例如，月推 30 笔额外奖励 88 元。为吸引更多淘宝客，店家可在招募贴的标题中突出奖励。

除了淘宝联盟之外，店家还可以在返利网、淘客网、SEO 论坛、百度贴吧等发布招募贴寻找淘宝客。

11.20 了解淘宝客合作雷区

店家在招募淘宝客时，应注意一些合作雷区。例如，佣金要价过高的淘宝客。部分淘宝客会以团队合作的形式来和店家谈合作，直言自己手里资源丰富，佣金要到 70%、80%。细算下来，相当于把商品免费送给淘宝客，还自贴邮费。

部分冲量的淘宝客手里确实有很多淘宝客资源。这类淘宝客不仅佣金要价高，而且这些只为冲量的淘宝客，其受众人群不一定符合商品受众人群，会影响商品的千人千面，打乱商品真正的属性标签，不利于店铺发展。

另外，还有很多纯粹赚佣金的×××客联盟网站。这些网站支持店家把商品挂到网站上售卖，要求店家缴纳保证金。例如，某店铺有价值 3 万元的商品在某网站上售卖，平台要求店家缴纳 3 万元的保证金。客户从网站跳转进入自己店内下单、付款，但网站以扣除手续费为由，返钱给客户。如此一来，店家既低价卖出商品，还要支付平台费用和返现给客户的费用。而且，这些客户更看中网站返利，而非商品质量。如上次在网站内购买到一款9.9元的卫生纸，得到0.99元的返现。那他下次在购买卫生纸时，即使非常认可上次商品的质量，但如果有其他商品返现更多，他也会选择返利更多的商品。

所以店家在招募淘宝客时，一定要有自己的底线，不能为了销量而亏钱，还扰乱商品的自然搜索。

11.21 认识超级推荐

2019年4月18日，阿里妈妈正式推出一款信息流营销工具——超级推荐。超级推荐促进了从人找信息到信息找人的转变，挖掘客户购前、购中、购后的潜在需求。如图11-13所示，在淘宝卖家中心可以看到，超级推荐是并行于直通车、智钻的推广工具。对于店家而言，超级推荐也是付费推广方式中的一种，可按CPC或者CPM收费。

图11-13 卖家中心的超级推荐页面

超级推荐是在手机端淘宝"猜你喜欢"推荐场景中穿插原生形式信息的推广产品。超级推荐有着全场景覆盖、多创意沟通、数据技术驱动、多维度价值等优势。其核心是用内容创造消费需求，用商品挖掘潜在人群。

超级推荐在展现形式上突破了手机端淘宝原有的单一商品推荐，增加了图文、短视频、直播、淘积木等多种创意形式。在内容化运作的大趋势下，极大地丰富了店家内容化运营的场景，并加深了店家与客户的深度互动。

11.22 加入超级推荐

并不是所有的店家都可以参加超级推荐，投放推广计划。店家想要加入超级推荐，也有一定的门槛限制。例如，淘宝店家想加入图文推广或直播推广需要满足以下条件：
- 店家店铺信用等级为一钻及以上；
- 店铺每项 DSR 在 4.4 分及以上（特殊类目具体情况另行确定）；
- 店铺如有因违反《淘宝平台规则总则》中相关规定而被处罚扣分的，还需符合相关条件；
- 在使用阿里妈妈营销产品或淘宝服务时未因违规而被暂停或终止服务。

淘宝商品推广需要满足以下条件：
- 店铺状态正常；
- 用户状态正常；
- 淘宝店铺的开通时间不低于 24 个小时；
- 近 30 天内成交金额大于 0；
- 店铺综合排名；
- 店铺如有因违反《淘宝平台规则总则》中相关规定而被处罚扣分的，还需符合相关条件；
- 未在使用阿里妈妈或其关联公司其他营销产品服务时因严重违规被中止或终止服务；
- 经阿里妈妈排查认定，该账户实际控制的其他阿里平台账户未被阿里平台处以特定严重违规行为处罚或发生过严重危及交易安全的情形，且结合大数据判断该店铺经营情况不易产生风险。

满足条件的店家可在卖家中心或阿里妈妈平台，加入超级推荐计划。

11.23 超级推荐投放模式

超级推荐推广展示位主要集中在手机端首页"猜你喜欢"、购物车、支付成功、直播板块。展位的不同，主要取决于投放模式。如图 11-14 所示，超级推荐包括 3 种投放模式。

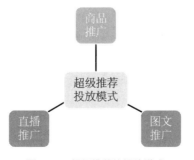

图11-14　超级推荐的投放模式

- **商品推广**：沿用原直通车定向、智钻单品推广的功能，以商品为主的推广模式。主要把推广商品展现在"猜你喜欢"、首页、购物车等优质资源中。
- **图文推广**：一种全新的投放形式，设有专门的投放位置，投放形式也更加丰富。不局限于商品推广，会以更多展现方式来吸引客户点击、购买。主要以图文和视频为主，展现在微淘营销中。图文推广主要包含微淘、淘积木、视频等3种投放方式。
- **直播推广**：在直播广场中以推广实时直播为主。

店家可根据自身需求，选择适合自己的推广模式。

11.24 超级推荐商品推广

由于超级推荐投放模式不同，其操作方式也略有不同。这里以设置商品推广为例，详细讲解超级推荐推广计划。商品推广是以商品为主体的营销推广，推广计划主要包括新品推广、爆款拉新、关联营销等多个智能营销场景。

- **新品推广计划**：适用于新品期（28天内）的商品推广。新品推广享有很多特权，系统会将商品推荐给喜欢新品的人群，让商品在新品期获得高曝光量，实现快速成长。
- **爆款拉新计划**：适用于店内有一定销量基础的商品来打造爆款计划。爆款拉新计划可以突破流量和销量，其操作简单，功能实用，适用类目广。
- **关联营销计划**：适用于需要与其他商品进行关联营销的商品。系统基于商品搭配，兴趣关联等维度识别进行匹配人群。
- **自定义计划**：适用于有经验的店家自定义计划。系统支持各项数据任意设置组合，也可以圈定达摩盘人群。实现人群选择更丰富，数据更精准。

商品推广虽没有直接写出分类，但实际上分为智能推广计划和自定义推广计划两种。新品推广、爆款拉新、关联营销是针对实际使用场景，属于智能推广计划。而自定义推广计划，店家可自由创建新计划。

智能推广计划与自定义推广计划，最大的区别在于，智能推广计划是系统自动跑数据；自定义推广计划可以自由设置。开通过直通车的店家都知道，在不够熟练的情况下，智能推广计划比人工操作数据好。在超级推荐中也一样，如果店家不清楚自己的目标人群，就更适合智能推广计划。通过系统大数据多维度为店家匹配精准流量，满足店家的需求。

推广计划和直通车类似，主要包含计划名称、每日预算、时段设置、地域设置、单元名称、设置推广宝贝、设置定向人群及出价、选择投放资源位、设置出价、添加创意等。店家可在超级推荐后台，根据自己的需求创建商品推广计划。其他推广计划也是类似操作，只有直播推广比较特殊，只能投放智能推广计划。

11.25 超级推荐人群定向推广

在超级推荐的推广计划中,可根据需求选择投放人群。这里以介绍直播推广各个定向人群的特征为例。

- 智能定向:是系统根据店铺、宝贝、访客、粉丝、内容、直播优选对宝贝、内容、直播更感兴趣的人群自动进行优化,然后根据实际自动出价,这个计划圈定人群比较精准。
- 通投:正常投放的话,花费较高,不建议一直打开通投。店家可以酌情使用。
- 拉新定向:根据店铺、粉丝、场景等诸多维度去圈选的投放人群,以满足多种维度的拉新需求,可以根据自己店铺的类目,或者内容、粉丝等圈定人群。店铺定向及粉丝定向的效果都还不错,具体需要根据实际情况进行调整。
- 重定向:是根据消费者在店铺浏览宝贝、内容、看直播等行为,进行优质人群挑选,以满足精细化老客户运营的需求。所以重定向在维护老客户,促进成交进行收割的时候有着极大的作用。
- 达摩盘:根据商家在达摩盘上自定义组合圈定的人群来投放。
- 达摩盘平台精选:基于达摩盘丰富标签,由平台配置推荐的个性化人群,人群会比较精准,但是花费较高。

在出价及溢价上,店家可根据自己人群制定合适的价格及溢价。完成单元设置之后上传创意,形成一个新的推广计划。

案例——不刷单,纯直通车打造爆款

熊尧,经营淘宝夫妻店,年销售额500万余元。以下内容源于他的分享。

1. 选款

不是所有的商品都会爆。做女装,最重要的是自己能够挖掘出一套适合自己的选款方式。这里分享一下如何选款。

(1)批发市场优质款。需要有一定的市场洞察力,在线下看到好的款式,可以拿过来做测试。

(2)线上优质款。各个电商平台,如微博、淘宝、拼多多等其他网购平台,都可以去分析别人的款式。看款时,找到那些不是特别热销的款式,竞争相对小一些,利润也更高一些。在发现这些款后,再适当改款,保证主体样式一样,修改部分款式细节。这样的商品点击率更有保障。

另外,强调一下,一定不要去做市场中已有的爆款,只做第一阶段刚刚开始热销的款。因为已有的爆款,竞争大、利润率低,跟款风险很大。

2. 赚钱爆款的五大前提

不是所有的款都能爆,也并不是所有的爆款都能赚钱。首先,能赚钱的爆款一定要具备以下五大前提。

（1）季节前要打造。只有在季节前开始打造，才能跟随趋势一起上升，就有足够长的售卖期，能够平衡前期的推广费用，因为前期的推广打造一定是亏本的。

例如，我有一次在"双十一"后，才开始打造冬季爆款，最终虽然成了爆款，但是由于后面赚钱周期太短，所以最终不能盈利。

（2）高利润率。商品需要具有足够高的利润率，至少在40%以上。如果一个女装商品卖不上价，那么证明它已经赚钱了。

（3）品控。我是做中端女装的，客单价大约在60元，能够有35元左右的利润。这一类衣服转化率高，容易爆，利润也不算低。

在找货源方面需要比较严格，我不需要工厂做包装，自己拿货，检查每一件商品并处理每一个线头。所以退款率能够降到5%，好评率同样能够达到99%以上，这是成功的前提。

（4）库存。款爆之后需要考虑工厂的出货速度、产量还有销量。后期可以做预售，宁可少卖、宁可晚一两天发货也不留库存。

（5）详情页和评价。详情页可以参照同行做得好的，上架之后重点是买家秀和评价。基本上前20个，针对相似款式的差评做评价。通过让利的方式，激发老客户下单，然后引导好评，有利于后期转化。

3. 开通直通车细节

首先要有一个对标对手，做到心中有数，销量要做到多少。比如这个对手月销量1000件，基本上日销量33件左右。我们就需要超过这个日销量，并且保证销量螺旋增速，从而超过这个对手，抢占他的坑位。心中有数之后卡好地域和时间段。

（1）测款测图。开卖前测款测图，最初始的点击率一定要高于行业平均的1.5～2倍。如果达不到15%，基本考虑放弃。比如我的商品，如果能达到并且测试的收藏加购率在15%以上，那么这个款基本上可以确定能被打造成功。当然，女装对图片的视觉设计有足够高的要求。

这里分享一个技巧，按照生意参谋行业力度，按流量排行。如果搜索流量很大，基本可以确定它是点击率高的图片。我们就可以按照它的图片来模仿。

每个季度，我基本上测10余款商品，平均在每个商品上花不到1000元的成本（包括商品费、拍摄费、广告费），就能够找出一款后期引爆的商品。每个引爆的商品，一季度可以做几十万元利润。

（2）少量投放。前期主要投放二级、三级词语，不需要类目大词。第一天只给300个限额；时间段卡在8:00—12:00；出价保持在16～20名。具体价格灵活变动，推荐多少，出多少。

要关注预算的消耗，实时地调整，保证关键词的排名在16～20名。前3天保持这个工作。拖低出价，测试出精准人群，点击率就会提高。

（3）销量增速。自然流量的进入跟直通车带来的销量增速有很大的关系。所以我建议如果预算充足，增速是越大越好。在周期内，每天都要完成足够的销量，如果单量不够，就要提高出价。

前3天的销量发货建议能做老客户就做老客户，一定要快速发货，尽量用顺丰发货，保证在第4天有大量的、高质量的买家秀。

第4天开始买家秀和评价都安排得差不多，在操作完前3天之后基本上PPC能够控制在7毛钱左右。这是女装和童装类目，也应该会有自然成交。

（4）后期赚钱。正常情况，如果前期测试的收藏加购率在15%以上。按照如上的操作。七八天基本上商品可以稳定销售，开始小爆。前期直通车操作，为了保证销量增速，也许会是亏钱的，但是只要有一开始的测款数据支撑，前期不用太看投产比，我最多日砸3万多元。后期打爆之后都能赚得回来。

第12章

轻松玩转社交平台引爆流量

本章导读

为了更好地做好营销推广工作，店家可以把新老客户引入到社交平台，如微信、微博中来，实现一对多的营销推广。为了吸引更多新客户，店家还可以在 QQ、论坛、贴吧等社交平台推广商品或店铺信息，使得商品或店铺得到更多曝光量。

12.1 借助微信发展客户池

店家在经营过程中不能过分依赖平台,因为平台规则在不断发生变化。而且目前电商平台竞争激烈,使得获客成本不断增加。故很多店家都希望自建客户池,拥有自己的粉丝群。自建客户池的好处如下:

- 信息推送成本低(甚至免费),便于维护老客户;
- 实现更快速的新品破零,在商品上架期间和库存商品清仓时间,都可以把信息推送给新老客户,节约推广成本;
- 建立有感情的账号与客户沟通,增加客户对店铺、商品的信任感;
- 从经营商品转化到经营客户,有了客户基础,方便转行。

可是选择什么工具来自建客户池呢?微信就是很好的选择。随着网络的发展,不难发现使用智能手机的人基本都在使用微信。毋庸置疑,微信的出现改变了营销环境。不少网店店家借助微信取得了傲人成绩。

(1)淘宝为主、微信为辅。部分店家选择以淘宝为主战场,用微信沉淀粉丝,辅助商品营销推广。例如,韩都衣舍、贝壳童装等店铺就用微信沉淀客户。店铺大促、上新时,客服通过微信群、微信公众号发布活动具体信息。客户通过客服提供的链接和图文二维码可直接跳转至店铺中,促成交易。

(2)搭建微店。部分自媒体起家的店家,自带粉丝,可以不依附任何平台推广商品。针对这种情况,也可以直接在微信上进行交易,采取开微店的方式,售卖商品。例如,某育儿博主,平时喜欢在公众号上发布自己的育儿经验。不少粉丝主动询问她用的奶粉品牌、尿不湿品牌等信息。后来,她索性在微信上开起了店铺,在文章和短视频中提到店铺名称和链接,直接把读者、观众引到店内下单。

(3)自建分销渠道。部分店家因有稳定的货物资源,可以在微信上自建分销渠道,招募分销员和代理商。例如,某店家的亲戚有个日用品加工厂,所以他有货源和价格优势。但由于竞争力大,所以他决定通过微信开起分销模式。成本6.9元的卫生纸,他定价为16.9元,其他人可通过他分享在朋友圈的链接注册成为分销员。分销员在售卖出这款价格为16.9元的卫生纸时,自己可获得5元佣金,佣金集满50元即可提现。

电商市场不断发生变化,店家只有顺应市场,把握好微信,才能降低自己的成本,获得更多销量。

12.2 搭建人格化微信形象

当店家决定用微信来做店铺的营销管理时,就需要建立一个相应的微信账号。这个账号被定位成什么角色,包含什么功能,将决定后期的运营方向。如图12-1所示,微信形象主要有昵称、头像、相册封面、个性签名、微信号等。

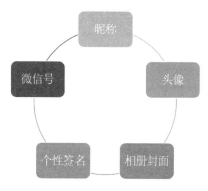

图12-1　微信形象的主要内容

1. 杜绝营销属性过强的昵称

微信昵称代表了一个账号的身份。很多昵称中含"元素袜""某某代购"的账号往往广告味太重。虽然让人一看就知道是做什么方面的，但是也给人随时可能打广告的感觉。为微信取一个简单易记又有辨识度的昵称，能给客户留下一个好印象。

下面分析3个不同的昵称给人的感觉。

- **可以借鉴类**：睿茗轩李子、万能的普哥、MG 小象—阿萌。睿茗轩李子在淘宝经营一家茶店，"睿茗轩"是店铺名，"李子"则是人名。
- **官方味过浓**：芒果销售商134×××××××、××袜代理商。这类昵称品牌味过浓，不利于和客户搭建友好关系。
- **微商代表名**：A×× 高仿款总代旺哥。特意在昵称前加"A"，想获得好排名；"总代"流露出自己的总代理地位；"旺哥"则想营造一个普通男孩形象。但把这三者结合起来，就是明显的微商昵称，效果适得其反。

一个好的昵称，方便传播，也可以提升知名度。微信昵称应包含4个元素：品牌词、品类词、人格词、特色昵称。当然，有时候昵称里不能同时含有这4个元素，则首要考虑人格词，其次是品牌词和品类词，最后才是特色昵称。

2. 设计一个专属头像

头像是一个账号的门面，好的头像也能增加客户对账号的好感。头像尺寸、大小并没有限制规定，都是由用户自行设置。据微信官方提示，微信头像尺寸最好是：正方形200×200或300×300宽，以BMP、JPEG、JPG、GIF格式上传，大小在2M以内。

反观一下自己好友列表里的好友头像，有的很精神，有的很模糊，有的是真人头像，有的则是网图。如图12-2所示，是某个健身教练的资料，头像选用自己的真实头像，并配有文字"××健身"；再看图12-3，是同仁堂店长的个人资料，选用带有同仁堂标志性文字"同"的漫画作为头像；总体来说，这两个头像，都和营销相关，让客户从头像中，能快速分辨出这些账号能提供相关的服务。

图12-2 某健身教练的头像

图12-3 某药店店长的头像

在设置头像时，主要思考：能不能用头像去拉近和客户的距离？能不能用头像表明身份？为增强可信度，店家可使用真实照片作为头像，或设计专属卡通形象作为头像。

3. 微信号

微信号是账号的唯一凭证，只能设置一次。如果没有设置过微信号，微信好友会看到系统自动生成的微信号，但是这个微信号不好被记忆和搜索。故店家在设置微信号时，应该注意一个原则：便于搜索。例如，部分人将微信号设置为自己的手机号，在与他人电话沟通后，可以直接说加微信了解更多，微信号就是手机号。

4. 个性签名

个性签名是除了昵称外的重要营销形象布局要素，具有很高的营销价值。功能介绍可以用一句话来告诉别人你可以给他带来什么价值，或表明自己的身份。如图12-4所示，某茶叶店家的微信个性签名为"一生只做一件事：专注武夷茶，心无旁骛"。既积极向上，也表明了自己专注武夷茶这件事。

图12-4 某茶叶店家个性签名页面

个性签名一旦生成，就尽量不去更改。频繁更换签名，不仅没有辨识度，还会让一些没有修改备注的好友迷茫，更加认不出是谁，从而删除好友。

5. 封面照

如图12-5所示，在查看他人或自己的朋友圈时，封面照作为顶部大图，是很吸引人的因素。

追求最大影响力原则，在选取封面照时，可参考以下几点。

- 用真实个人照，建立亲和力。但在选取个人照时，尽量选取五官清晰，背景好的照片。杜绝模糊照，不清不楚，反而带来适得其反的效果。
- 商品写真，在封面照中放入商品照片，就是把封面照作为一个商品展示柜。但需要注意的是，我们在放商品照时，要注意度，不要直接打广告，让整个

图12-5 某用户的微信封面照

朋友圈充满广告味。

- 品牌故事或LOGO，可以在封面照中放一些和情怀有关的品牌故事，用感情去打动用户，宣传商品。

6. 人格化角色

人格化，顾名思义就是要营销账号做到和正常微信好友一样，让用户觉得是"人与人之间的互动"而不是售卖商品。想要做好人格化，不得不提3个点：年龄、性别、身份。比如某服装店店家账号，用户在和他互动时，他的语言、语气都表明了他的身份，能大概知道他的性别、年龄和一些生活经历。

在设计微信个人形象时，要了解客户的特征。如客户的性别、年龄、消费水平、兴趣爱好等。如表12-1所示，列举几个行业粉丝的初步画像。

表12-1 部分行业粉丝的初步画像

类目	年龄	爱好	购物特点	购物疑问
服装	18~35岁	明星、电影、电视、综艺等八卦、职场、旅游	好看、便宜	怎么穿？穿什么？
食品	年龄不限	美食	看起来有食欲，价格合理	好不好吃？健不健康？
母婴	20~40岁	宝宝相关信息	安全、舒适	是否有利于宝宝健康？食品安全？对恢复身材有利？价格折扣？
家具	25~40岁	购物、旅游、聚会、高品质生活、关注情感	品质，对价格不敏感	品质是否过关？

在做好客户画像后，有针对性地设计账号形象。如图12-6所示，某大码女装的微信账号主要用于在维护老客户的同时吸引新客户。该账号的形象设置灵感就来源于粉丝画像。

图12-6 某账号的用户画像与设置

所以在设置账号角色时，要先分析目标群体。从目标群体的年龄、性别、爱好、消费水平等特征，去建立符合目标群体喜好的角色，才更容易拉近与他们的距离，成为真正的微信好友。

12.3 用微信功能增加好友

由于微信是一个较为封闭的圈子，因此对熟人、老客户进行反复营销非常方便，有利于提高店铺在客户心中的存在感，进而提高店铺的销量。微信不停地把陌生人变成熟人，然后在熟人中进行营销，卖出商品。

用微信号来做营销，最重要的是好友数量。好友越多，宣传效果力度也就越大。店家可用微信自带的功能增加好友。

虽然微信不像 QQ 那样，可以随意添加好友，但也自带很多功能可以获得好友，如"附近的人""漂流瓶""摇一摇"等功能。招商银行曾用微信"漂流瓶"功能发起了一个慈善性质的营销活动，为自闭症儿童募集善款，受到广泛关注。

企业虽然不一定要效仿招商银行的活动，但可以借助微信的这些自带功能，获得更多微信好友，便于日后营销。

1."附近的人"功能

微信"发现"标签里有一个"附近的人"功能插件，可以查找自己所在地理位置附近的其他微信用户。系统除了显示附近用户的姓名等基本信息外，还会显示用户个性签名档的内容。点按任意一个账号即可查看其详细信息，可与对方打招呼，如图 12-7 所示。

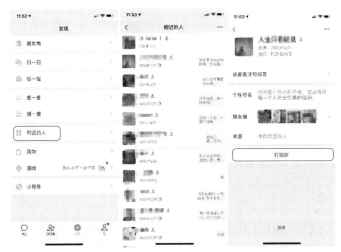

图12-7 "附近的人"加好友页面

当然，对方不一定会回复信息或添加好友。所以微信账号昵称与头像要精心设置，能够给人好感，尽量提高通过率。

2."摇一摇"功能

微信"摇一摇"是一个可以极大丰富和拓展人际关系的平台。在微信里打开此功能后轻轻地摇动手机，微信会搜索并显示在同一时间其他正在使用该功能的用户，这样摇动手机的两个用户就可能因此联系上，如图 12-8 所示。

图12-8 "摇一摇"加好友页面

这种和陌生人打招呼的方式,除了可以让个人用户用来广为结交朋友之外,其实也可为店家带来效果惊人的曝光度。店家通过"摇一摇"功能,能结识五湖四海的微信好友,有便于开展宣传促销活动。

增粉的方法有很多,如:

- QQ 好友、手机通讯录的朋友一般都是认识的朋友、同学、同事、客户等,可以把这些朋友都添加为微信好友;
- 在微博、QQ 空间、QQ 签名上发布微信号,并且隔段时间就宣传一下微信号;
- 根据商品特性加入不同的 QQ 群,把这些人发展为微信好友;
- 根据商品和领域,写一些分享类的文章,发布到论坛、贴吧上去对自己进行宣传推广;
- 把商品赠送给有影响力的朋友,建议他们帮忙分享名片至微信群或朋友圈;
- 多参加一些培训、论坛、讲座、交流会等,添加志同道合的朋友;
- 互推,找一些关系好、粉丝多的店家帮忙分享微信名片。同时,也帮他分享微信名片。

12.4 微信营销前的准备工作

微信营销,并不是只要有个账号就可以了。在营销之前,应该做好相应的准备工作。如图12-9所示,微信营销的准备工作包括好友数量、好友印象、文案功底和营销能力4大点。

1. 好友数量

微信上要有一定数量的微信好友,如果只有几十个,是无法做微信营销的,前期至少要有 500 个以上,必须还是高质量的好友,

图12-9 营销准备工作

才能产生一定的效果。当然也可以通过后期的一些努力增加你的微信好友数量。

2. 好友印象

很多店家可能会认为，售卖商品这件事，和人的品格毫无关联。无论是线上线下，营销的前提都是信任。客户只有信任某个商品或某个店家，才会心甘情愿地花钱购买。特别是做微信营销，店家可以通过微信账号、朋友圈的内容来树立一个积极向上的形象。

3. 文案功底

微信营销都是靠图文来打动人的。一个好的商品，需要会说话的文字去支撑它，使得商品更具生命力。如售卖鞋子的店家，如果直接把鞋子图片和款式发布在朋友圈中，别人看到会认为是赤裸裸的广告，不仅不会点击看大图，还有可能被拉黑或屏蔽。但是用引人注目的文字对商品进行委婉介绍，就可能会取得不错的效果。

4. 营销能力

营销能力也是一个不可忽视的因素。微信上的店家多不胜数，客户凭什么选中你？这就需要有质量保障的商品为基础，强有力的营销为辅助。例如，一个有 3 个功能的帽子，如果不对商品进行多方面讲解，客户会认为这就是一个简单的帽子。

12.5 内容三度原则

无论是微信公众号还是朋友圈，在发内容之前，必须先思考 3 点：

- 能不能增加信任？即将发的内容，能不能增加账号与用户之间的信任？
- 能不能产生关联？即将发的内容，能不能引起粉丝对商品产生关联？
- 能不能引发互动？如果内容不具备前面两点，那能不能引发用户创造互动，如点赞、评论、私聊等。

所以，在内容规划方面，要注意三度原则：商品相关度、用户相关度、个人相关度。如图 12-10 所示，三度原则细分的内容包括优惠活动、商品特色、知识技巧、私人生活等。

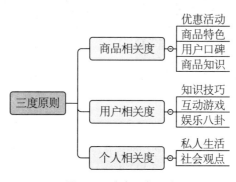

图12-10 内容三度原则

1. 商品相关度

商品相关度，换言之就是用和商品相关的内容，来使商品销量更佳，这部分内容包括优惠活动、商品特色、用户口碑和商品知识等。

- **优惠活动**：形式多种多样，如节日活动、上新活动、库存处理等。
- **商品特色**：可以理解为商品的特点和卖点，如艾灸这个商品，其卖点在于来源于李时珍的故乡；艾灸生长的环境好；艾灸商品使用简单，不复杂；艾灸对人体的好处等。
- **用户口碑**：如有人买了商品，在朋友圈中拍照分享了，店家可以截图再发一条朋友圈。一方面感谢用户认可商品，另一方面也让朋友圈的其他人看到用户口碑，可谓是两全其美。
- **商品知识**：关于商品方面的知识分享，如生活中遇到打开水龙头，水是浑浊或牛奶色时，需要沉着一段时间才恢复正常色的情况。针对这样的情况，卖净水器商品的店家就可以做知识分享，为什么会出现这种颜色的水？如何饮水健康？净水器过滤的好处有哪些？

以上内容都是商品相关度的内容，这部分的内容虽然是为卖商品而发的，但在表达方面希望尽可能的委婉，才能不被用户反感。

如图12-11所示，这款关于白茶的朋友圈内容，提到了白茶的价格、选材、制作、品相等方面，其文字和配图都十分讲究，整个描述特别优美，给人留下美好的感觉，让人忍不住想要购买。如图12-12所示，这个经营水果的账号，在朋友圈科普大贵妃杧果和小贵妃杧果知识的同时，也在宣传自己的杧果核薄、味甜。

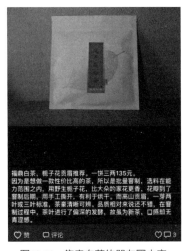

图12-11 售卖白茶的朋友圈内容

图12-12 售卖杧果的朋友圈内容

2. 用户相关度

站在店家的角度，肯定想尽可能地卖商品。但为了吸引用户关注，还得考虑用户关心的东西。所以，这里提到用户相关度。所谓用户相关度，无非就是让用户觉得有所收获，可以是知识、利益方面的收获。用户相关度可融入的东西很多，如知识技巧、游戏互动、娱乐八卦等。

如图12-13所示，发布互动类的朋友圈内容，规则以图片的形式展现，配文简单粗暴"睡前玩个小游戏"。当用户浏览到这条消息时，由于规则简单，结果也充满了神秘感，所以参与度很高。再看图12-14，点赞消息第1、第4、第6、第8、第12、第15名的6位朋友获得欢乐谷电影节免费体验名额。整个参与过程更简单，就是点赞即可，有机会获得免费门票更是充满了诱惑，用户会很乐意参与到互动中去。

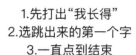

图12-13　带有游戏性质的朋友圈内容　　　图12-14　带有互动性质的朋友圈内容

3. 个人相关度

说到个人相关度，离不开前文提到的人格化角色。在经营朋友圈时，不能一味地发布商品，偶尔需要融入一些自己的见解和社会观点进去。如图12-15所示，一张关于寺庙的图片配以"难易"思考的文字，表达了作者对生活的思考，给人留下禅意。再看图12-16，一张震后图片，黑白的墙体和黄色的花形成了鲜明的对比，再配以一段略有深意的文字，整个朋友圈都"活"了起来。

图12-15　某用户对思考的朋友圈内容　　　图12-16　某用户对地震思考的朋友圈内容

个人相关度涉及方面很广，如评论热映电影、讨论实事、生活琐事等。这些内容没有技巧可言，大家表达出最真实的想法即可。例如，在母亲节这样的节日里，发一些关于母亲的内容，可以是感恩、送礼或是母亲照片等内容，让朋友圈充满人情味。

在规划内容时，基本能按照商品相关度、用户相关度和个人相关度来划分，整个内容就算得上有规划、有规律。长期坚持下来，每发一条朋友圈都有相应的归属栏目，例如商品相关栏目共有：新品上市、用户口碑、促销活动、每周秒杀；用户相关的栏目有：搭配技巧、养生技巧、每日游戏；个人相关的栏目：《三寿说》《做一个温暖的人》等。

12.6　创造销售机会的6种内容

内容是为了创造销售记忆，创造销售机会。只有先在用户眼中树立了一个被信任的角色，加上用户感兴趣的朋友圈内容，才能把用户转化为粉丝，转化为流量。

1. 用投票来吸引用户

对于灵活运用营销的运营者而言，随处都可以做广告。例如，做服装的店家，可以发关于穿搭的投票。两张风格差异较大的穿搭图片，问大家哪套更好看？其实这是用投票来吸引用户的手段，在大家纷纷留言后，再统一回复，图1和图2分的购买链接。

这种用投票来宣传商品的方式，很受用户喜欢。特别是在投票中加点利益诱惑，吸粉效果就更好了。

例如，在发朋友圈内容时就标注：在投票中抽取5名幸运儿赠送夏日遮阳帽。表面上，投票发起者是给用户提供了一个免费获得遮阳帽和表达自己观点的机会。但实际上，整个投票过程中，也是为商品增加曝光度。而且，站在用户的角度上，他也会认为你不是在赤裸裸地推荐商品，而是一个活动。所以，无论是电商店铺还是实体店铺，都可以用这种投票的方式吸引用户。

2. 免费试用

在淘宝门户中，开辟了一个免费试用页面，所有用户都可以通过此页面申请免费试用商品。每天都有为数众多的用户申请试用商品，人气火爆。店家在经营微信朋友圈时，也可以适当地考虑设置免费试用的活动。

之前，看到一个净水器公司做活动，只需一个电话即可免费上门安装净水器，试用1个月，满意再给钱。并且，这个净水器还推出按月付费活动，如某款净水器全款是3600元，以1年的时间计算，用户每月需给300元。那用户可以选择每用1个月，给1个月的钱。

店家可以结合商品和用户，发起诸如此类的活动来吸引粉丝，创造销售机会。

3. 用户福利

当我们自己看朋友圈时，都能看到很多用户福利吸引粉丝的方法。主要是通过用户福利来吸引参加、宣传商品或服务。

如图12-17所示，三寿老师的这条朋友圈内容，提到了3个信息：这本书、签名赠送、

5月课程。一方面，他为这本书做了宣传；另一方面，也提到了可以赠送签名书的福利。但是大家得到福利的前提是参加他5月的课程。

在设计福利时，要注意吸引力和别致性。例如，某个读书会要打造一个有特色的标签，可以每月从不同的国家代购带有国家特色的礼物赠送给大家，衍生出一个名为"每月福利日"的标签。当然，并不是只在送福利的当天才能发这个标签的内容，如第1周发该标签，征集用户想要哪个国家的小礼物；第2周发该标签，谈论为大家购买礼物的过程；第3周发该标签预热，如何有机会获得小礼物；第4周发该标签，晒出获得福利名单。通过这样的方式，既获得新标签，又能用福利来和用户互动，推广商品。

图12-17　三寿老师关于福利的朋友圈内容

送福利的门槛一定要设置好。有的商品客单价本身就很低，福利的价值也不高，却要求用户满高额值，才可能获得抽奖资格。对于用户而言，他也会思考这个福利值不值得。例如，一款护肤品的客单价在90元左右，赠送福利是价值在50元左右的另一款护肤品，获得抽奖资格的门槛是本月内买满1000元的商品。显然，这个门槛就过高了，参与度不会很高。

4. 热点植入

跟着潮流趋势走，永远都不会缺乏关注点。例如，在2018年7月上映的电影《我不是药神》热映期间，就有保险行业的人发了和电影相关的朋友圈内容。如图12-18所示，《我不是药神》引起人们对重疾、医药、保险的思考。内容抓住电影热点，浅谈保险和剧情的关系，引申出保险是一种良药的观点。

5. 知识植入

关于知识植入这点，在之前的商品相关度里有提过，就是通过知识和商品的结合，使朋友圈内容更具吸引力。如图12-19所示，某个药店的店家在朋友圈分享冬虫夏草的高营养吃法，其做法简单明了，配以可口的图片，使人产生浓厚的兴趣。

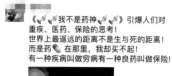

图12-18　关于热点电影的朋友圈内容　　图12-19　分享冬虫夏草的高营养吃法

店家可以根据自己商品的特点，去挖掘热门、冷门知识植入到朋友圈内容里去。让用户在接收新知识的同时，也宣传了商品。

6. 晒好评

直接利用买家秀、用户好评、用户故事创造商品宣传和销售机会。利用好买家评价，并附加在微信朋友圈里，可以增加说服力。如图 12-20 所示，在朋友圈晒买家对蛋糕的评论，并且，将与买家的对话截图分享在朋友圈，使好评更具真实性。

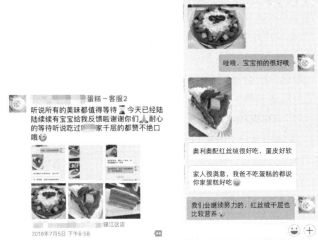

图12-20　在朋友圈分享用户对商品的评价

店家可以把买家秀、用户好评等粉丝评论创建一个新的标签，如"最粉丝"。每周选出 5～9 条走心评论，分享在朋友圈，让好友们投票选出最走心评价，并赠予这位粉丝小礼物。不仅能激发用户购买商品后认真写评价，还能把积极、正向的买家秀展示在其他用户眼前，加深对商品的印象，从而创造销售机会。

创造销售机会的内容还有很多，如以游戏、活动形式推出商品。设置一个专门"猜价格"的标签，每周日晚上推出一款商品，给个大概范围，让用户们猜价格，与真实价格最接近的那位用户可获得礼物。销售无处不在，这里只重点推荐了 6 种有利于销售的内容。实际上，店家可以根据商品和用户的实际情况，发现更多的技巧和方法，并用到实际生活中去。

12.7　店家常用的加粉方式

店家可连接用户的渠道多种多样，所以增加粉丝的方式也会相对较多。如店铺页面展示、短信提醒、快递包裹等。店家可以尝试多种加粉方式，从而找到最合适自己的。

1. 店铺页面展示

部分店家会在店铺首页或商品详情页留有微信公众号、微博号。如图 12-21 所示，店家在商品详情页中留有相应的微博号，并给出关注的动力：买家秀+微博真人秀，即可获得返店代金券 10 元。这种方式比较适合 C 店。

图12-21　详情页提示关注微博

2. 短信提醒

尤其对于快消品行业，用短信提醒的方式加粉很实用。尽可能地把短信发送给一年之内有消费记录的客户。短信提醒，要注意两点：时间快，文案人性化。

如图 12-22 所示的短信提醒，在发货后及时发出，体现了时间快。而且，通过短信内容，店家先告诉客户，已经发货了，快递单号详情。在结尾处，再用人格化的内容：添加多多微信，可以查物流、退换货、领红包、撩客服等。

关于文案人性化，这里举个反面例子。

图12-22　短信提醒加微信

- 原文案："既然遇见就是缘分，不聊一聊很笨。掌柜微信：×××，添加后免费设计茶席、布置茶室，还可随时退换货哦。"
- 存在的问题：缺少表明身份/角色，语气生硬，买茶人是谁？
- 可修改为：我是 ×× 茶舍掌柜 ××，买茶即是缘分，方便加下微信，我们一起聊聊茶，有售后问题也可以随时联系我！还能免费帮你设计、布置茶案。

3. 快递包裹

微信也有二维码扫描功能，因此通过二维码可以实现推广营销。用户使用微信扫描二维码图案后，可立即查看到店家的推广活动等信息，从而刺激他们进行购买。

很多店家会在发货单中留下微信二维码，并且标注：加微信好友，返红包。这算是微信主动被加好友的一种，但是效果不是特别好。用心的店家，可以杜绝机打发货单，采用手写+复印的方式，用200字左右的文字来讲讲开店故事和风格，让客户被这种情怀所打动，引起共鸣，自然会选择添加微信好友。

二维码一定要有一定的诱饵，这个诱饵可以是：小礼品、签到、积分、包邮等。二维码推送的两大关键点：

- 给用户足够理由，去做扫一扫的动作；
- 给用户足够理由，去做添加好友的动作。

也有部分店家，会把包裹发货单做成书签这种功能性卡片或抽奖卡，来吸引客户关注。

通过卡片的发放,要求用户集齐指定的卡片数,兑换奖金或礼物。

4. 在商品上放置二维码

在商品自身上放置二维码,适合一些高频使用的商品,如电器、洗车器、净水器、美容套装、烘焙仪器、零售、餐饮袋。例如,很多笔记本键盘上就印有二维码。因为像笔记本这类商品,用户在购买时,可能没有及时关注公众号,但在日常使用中发现问题,扫一扫关注公众号,马上就能把问题反馈给店家。

12.8 通过微博进行推广宣传

微博是一种"迷你"型的日志,这种短小精悍的内容发布平台受到了很多网民的追捧。微博的种类繁多,如新浪微博、腾讯微博等,其中新浪微博最为火热。如果店家想要通过微博来为自己的促销活动做推广,新浪微博是首选。店家可以在微博中获取更多粉丝,加大互动来将他们转化为客户。

1. 优质内容引关注

和微信一样,微博账号建立初期粉丝量小,无法做营销。所以,店家应掌握一些增加粉丝关注的技巧。

(1)紧跟时事热点。微博的内容应尽量包含当下热门话题的关键词,这样更加有利于微博搜索时得到曝光的机会。当然,最好是结合热点又能融入自己的商品进行营销,既能引发用户的兴趣,又能趁机推广商品,这比单纯发布热点内容更有价值。

(2)用好"标签"引关注。标签是一种简单的词语,用来标注一条微博的特点。比如发表了一条关于冬季保暖的微博,则可以在微博中带上"保暖"的标签。其他人在搜索标签"保暖"时,带有相应标签的微博会被集中起来呈现给用户。在新浪微博中规定,凡是夹在两个"#"号中间的均会被识别为标签,如图12-23所示。

图12-23 新浪微博"保暖"标签

(3)抓住"价值"做文章。任何微博内容都要有价值,如果用户认为某个微博账号发送的内容大部分都很有价值,自然而然就会成为该微博账号的粉丝。

店家考虑价值因素的时候不要只想到活动信息能为读者带来价值,价值的含义是广泛的,不仅仅包括知识、经验的传授,还包括能够带给人放松、愉悦、惊奇、愤怒等体验,总之,一切能够满足人类需求的内容,都是有价值的。而且,店家在发布活动信息的时候更多地从粉丝关注的点去入手,不要只考虑自己能为粉丝带来价值,要考虑粉丝想要什么价值。

(4)多样化的微博内容引注目。微博的展现形式可以是文字、图片+文字和视频等多样化的,因此店家在发布内容时需要考虑多样化内容的元素。

- 再好的文字,阅读时间长了也会烦;统一风格的图片看久了也会视觉疲劳;视频内容的风格也应该是多种多样的;

- 图片的内容可以是静态图片、gif 图片或者是多张图片的拼图；
- 文字内容决定了是否有人愿意阅读微博内容。因此，店家可在闲暇时间对文字功底较好的微博内容做一下研究，学习一些有用的经验。

店家在发布微博内容时，可以考虑图文形式和视频形式来回切换，尽量将不同的东西展现给粉丝看，让粉丝对该微博保持新鲜感。

2. 主动去"发现"粉丝

店家不能被动等待用户关注，可以主动去发现并关注用户。俗话说"礼尚往来"，用户看到店家都主动关注自己了，极有可能反过来关注店家账号。

- 店家应尽量在与经营商品有关联的行业中寻找粉丝。比如一个经营母婴商品的店家，找粉丝应该先从"婴儿"这个板块中着手，这样对方反过来关注店家的可能性也大一些；
- 应主动关注当下的热门人物，也就是关注当前名人，能有更多借势传播的机会，传播效率也会显著提高。

3. 利用转发和评论进行互动

店家主动去关注对方的微博，对方不一定就会关注店家。此时，店家也可以通过转发评论的方式引起对方的注意，最终让对方也成为自己的粉丝。

转发他人的微博，可以大大增加对方的好感度；而认真评论他人微博，同样可以增加互动，吸引更多人来关注正在推广活动的微博。

- **转发行业相关的热门微博**。推广微博，每天要做的一件事就是有节奏地更新微博内容，但是每天的微博内容不可能都由自己逐条编写，有时也可以从其他微博中转发一些过来。一方面可以丰富自己微博内容；另一方面也会大大增加对方的好感，对方也可能会主动转发自己的微博内容，这样可以增加互动的机会和曝光度；
- **评论的同时别忘了点赞**。给自己的评论点赞，其实是一种评论的技巧，可以提升评论的排名名次。抓住眼下热门的微博事件进行评论（评论的内容不一定非要加入商品信息），只要言语犀利一点就可能被大家关注到；评论完了再为自己点一下赞，提升名次让更多人看到，这是成为热门微博中热门评论的一种有效方式。

12.9 通过QQ进行推广宣传

QQ 作为一款即时通信软件，被人熟知。因使用人数非常广泛，有着巨大的影响力和使用力，店家在推广促销活动时，可借助此平台。

1. 个人 QQ 号推广

和微信、微博一样，QQ 作为一款社交软件，当有陌生人添加好友时，个人资料会备受关注。所以，店家为方便营销，应设置好 QQ 资料。资料的设置包括：昵称、头像等内容。

- 一个好的头像能为资料加分，尽量选择符合大众审美的图片来做头像。头像一旦生成尽量不去改动。

- 好的昵称能起到营销作用。关键词的覆盖能为昵称加分。例如店家是经营护肤品的，在昵称中尽量包含"护肤品"字眼，让人一看就知道是做什么的，以及从这里可能得到什么样的服务或商品。

完善 QQ 资料，能为营销账号加分。这些资料包括年龄、地区、职业、个人说明等。需要注意的是，以上信息尽量以真实为主。真实完整的资料，能加大好友的真实感，增强亲和力。

2. QQ 说说、个性签名

利用 QQ 说说和个性签名做营销的优势在于成本低、互动性强且传播速度快，算得上病毒式营销。店家在 QQ 签名上写促销信息和联系方式，就能起到打广告的作用。

签名信息和空间内容一样，需要更新。通过修改签名信息，QQ 好友会收到更新提示。如果感兴趣的好友居多，可通过签名来宣传打折活动信息引导成交。

3. 通过 QQ 群吸粉

QQ 群是多人交流、互动及时和低成本操作的营销推广方式。而 QQ 群营销做好了，可以大大提升引流效率，甚至可能影响粉丝口碑、品牌宣传等一系列发展。因此，店家需要掌握正确的 QQ 群营销推广技巧，实现它的推广意义。

（1）寻找目标群。常见的查找 QQ 群，是通过 QQ 面板来完成的。这个方法的好处是可以根据商品关键词来找相关群组。如图 12-24 所示，以"祛痘"为例，打开 QQ 查找面板，单击"找群"选项卡，在搜索栏里输入"祛痘"，单击"查找"按钮。跳转至关于祛痘的群组页面，店家可查看群信息，加入相应群组。

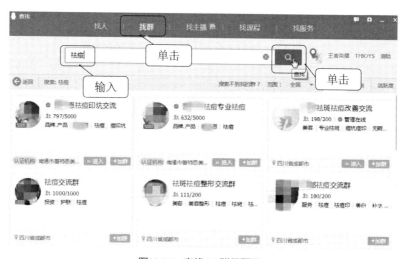

图12-24　查找QQ群组页面

店家还可以在 QQ 群官网（http://qun.qq.com）加群，如图 12-25 所示。这个方法不仅可以查找目标群，还可以管理群组。

查找 QQ 群的方法还包括从论坛、贴吧或行业性的网站中查找，这些地方一般会留下相关的 QQ 群信息；或是直接在搜索引擎上通过关键词搜索找目标群。

找到目标群组后，会发现，相同行业的群有成百上千个。店家可筛选加入优质群。

图12-25　QQ群官网

- 选择成员数量多的群组：比如两个同行业群组，一个群组成员是1000人的满员，已经有了783名成员；另一个群同样是1000人的满员，但只有200多名成员。店家应选择加入成员多的群组，才能做更多的宣传。
- 选择群活跃度高的群组：成员人数相差不大的群，在活跃度方面也有区别。有的群一分钟能刷上几十条消息，也有的群整天无人发言。建议选择活跃度较高的群，凝聚力更强。

（2）巧用群交流，引群友关注。和QQ一对一聊天不一样的是，群聊天面对的是很大一群人，沟通就显得更重要。群交流的要点如下。

- 每个群规则都不一样，有的完全允许有广告；有的规定每人每天最多3则广告；而有的严禁广告。店家在进群之后，应先阅读一遍规则，按照规定格式修改群名片。一个颇具特色的群名片，更容易引起群友注意。还可以通过群签到的方式来引关注，每次签到，都可以免费让自己的账号和大家有一次见面的机会。
- 加入QQ群后，通过群友聊天及名片信息，店家可以了解到很多群友信息。但是初到群里不建议马上去加好友。盲目添加好友，好友申请可能被驳回，还有可能遭到群成员投诉，带来被踢出群组的风险。
- 群聊很重要，它决定了是否能在群里打广告或添加目标好友引流。因此，不要新进群就着急打广告。在部分熟络网友聊得火热的时候，店家可迅速加入到话题的讨论中，让大家注意到你。
- 很多人都喜欢抢红包，金额可以不大。店家可以在群内发布口令红包，将商品信息和联系方式作为打开红包的口令。群成员中如果是想要领取红包的成员必须将红包口令信息复制一遍，自然会对商品信息有个记忆的过程。

（3）自建群组吸粉。店家如果能建个属于自己的群来推广促销活动则更好，可以不受别人管制。建群营销，重点在于"营销"，不仅要建群，还要对它进行运营和维护，使其发挥最大的作用。

- **一个高级群的重要性**：成为超级会员可以创建人数为 2000 人的群组，而一般普通的账户只能创建人数 200 人的群组。2000 和 200 的区别，相差整整 10 倍。如果条件允许，为账号开个会员，不仅在排名上有优势，还可创建人数大群。
- **群名称的好坏直接决定群是否具有吸引力**："佳妹儿卤肉饭售后 1 群""交大路夜跑 2 群"这样主题鲜明且有针对性的群名称，把具体的信息呈现在大家眼前。加上数字，如同连锁店的分店名称。
- **活跃度和管理员**：群的活跃度相当重要，只有活跃的气氛才能留住老成员，吸引新成员。这一步算是建群步骤中最难的，因为稍有不适，群成员之间就可能发生冲突。所以，几个明事理的管理员就显得尤为重要了。可以选择发言较多且有一定话语权的人作为管理员。
- **男女比例**：俗话说的"男女搭配，干活不累"也不是不无道理的。群成员的男女比例适当，群内的氛围会更好。
- **注意宣传群**：上述步骤都完成得不错，接下来可以去各种行业论坛、贴吧推广群信息。例如在交流水果的贴吧里回复楼主："我在某某群里买的面膜美白效果蛮不错，上次打折买真是太划算了，群号：×××××"或者留言："我们的群号是××××，如果有兴趣可以加入，大家一起薅羊毛"。

QQ 空间曾是炙手可热的社交平台，其内容之丰富，主要包括：主页、日志、相册、说说、音乐、留言板等板块。只是随着其他社交平台的兴起，QQ 空间使用量逐渐少了。有兴趣的店家仍然可以在 QQ 空间的"说说""相册"等板块推广商品。

12.10 在论坛中进行营销推广

网络论坛是一个聚集无数人气的平台，如果一个论坛帖子非常流行的话，会带来非常大的传播效应，从而制造无数的商机。店家可以利用人气论坛进行自我推广，实现精准引流。

1. 论坛推广的步骤

在论坛推广中，不能一上来就直接打广告。巧用一定的方法和步骤，让推广效果达到事半功倍。推广的步骤如图 12-26 所示。

图12-26 论坛推广的步骤

- **筛选目标论坛**：营销要有针对性，发布内容的论坛类型也很重要。选择论坛的基本思路为：所选论坛要和推广的内容相关；并且所选论坛的人气和流量要高；或者收录好能够展现在百度搜索结果的第一页位置。
- **参与讨论**：店家应该多加入论坛中发言，积极参与讨论，在混熟脸的同时也能提升账号的等级。例如有人在论坛中咨询美白事宜，店家在回复美白技巧后，可在末尾加上：更多护肤技巧，可加微信：150×××3478。如此一来，既解决了别人的问题，也为自己账号涨了经验值，同时又推广了信息。
- **实现"渐进式"引导**：如果在帖子里放比较"硬"的广告，不仅读者不感兴趣，而且帖子的存活率也很低，容易被管理员删除。因此在写内容时，可以在一个帖子内展开一个场景，然后在最后不经意地传达出商品对用户的重要性或相关性即可，之后再在回帖中进行进一步的引导。这样一步一步"引君入瓮"，就不会太容易引起反感，主帖被删除的可能性也小得多。

2. 撰写内容技巧

店家想要自己发布的帖子有更多的人围观，就必须要有内容吸引读者、触动读者。这里着重讲述论坛软文撰写的技巧。

- **搭名人船**：名人发生的大小事件，比较容易成为人们讨论的话题。在写软文时可以考虑搭乘名人的船，让自己的帖子被更多人看到。如加入明星、行业名人、草根英雄或网络红人等。
- **事件式营销**：事件式是指利用社会热点和网络热点来吸引人眼球，从而赚取高点击和转载率。有了热点然后就是隐形地插入联系紧密的商品信息，这便是事件式的论坛营销文案了。
- **亲历式帖子**：利用第三者的身份，讲述身边朋友真实的生活故事和体验效果的帖子，就是亲历式帖子。这种类型的帖子最适合用来做化妆品一类需要用户反馈的商品。先虚构一个体验事件，然后来说效果，这样对很多有同样需求的人来说是有参考价值的。
- **求助式帖子**：以一个事件开头阐述事情经历，然后直接提出问题需求请大家帮助，内容中自然过渡地移植入商品信息。这样的求助一定要掌握分寸，事件的展开一定要合情合理，而且要容易引出跟帖。
- **幽默式帖子**：以轻松、搞笑、有趣的方式表达，能够给网友带来会心一笑。例如，在帖子中加入几个幽默的表情，加上商品信息或水印，逗人轻松一乐的同时也给网友留下了印象。

12.11 在贴吧中自我推广

贴吧的种类也比较繁多，目前百度贴吧人气较旺。百度贴吧允许用户以某个主题建立贴吧进行交流，比如"减肥吧""宠物吧"之类。由于任何用户都可以建立新的贴吧，因此很多店家平台建立贴吧，与用户进行交流，将商品或活动信息进行推广。

店家在百度贴吧中，发帖回帖都需要掌握一定的技巧，才能让推广效果变得更好。对于没有回复的主题帖，一段时间后很容易被百度清除，而有回复的就能被保存更久，所以发帖子一定要消灭零回复，没人回复时可用自己的其他账号来进行回复。

下面就一起来看看有哪些常见的发帖回帖技巧。

- 自编自导：在热门和相关的贴吧细心写一篇内容详实的软文，然后用马甲号抢占沙发位置发个外链，之后没事就拿各种小号上去顶一下；有时这种"自导自演"的营销效果还很不错。
- 勿回旧贴（精品贴除外）：所谓"旧贴"，是指15天以前的帖子。顶了这类帖子是要被百度扣分的，对贴吧排名很不利。
- 回帖满15字：店家在回帖时一定要满15字，注意是汉字，标点和英文只算半个字。不达15字的回帖等于没回。如果回帖带图的话，不满15字也可算数，如果满15字且带图就是两个帖子的分。
- 鱼目混珠：将自己的商品或活动信息在知名的同类商品、品牌或网站中进行推荐，引诱网友关注。常见的做法如：写一篇《盘点2017年春天十大流行元素》这样的文章，将流行元素罗列出来进行点评，顺便把自己店铺中包含流行元素的商品进行展示，能对读者起着一个引导的作用。

12.12 利用电子邮件推广

随着互联网时代的到来，几乎是人人必备邮箱，邮件成为了人们交流、工作的一种必备工具。电子邮件推广也逐渐成为了一种非常流行的营销模式。通过分析电子邮件推广的特点和优点，来分析得出最好的推广方案。

如图12-27所示，电子邮件推广有着覆盖面广、精准度高、适用性强、成本低廉、操作简单等优势。

- 覆盖面广：只要有邮箱的人，就可以发展为接收信息的用户。甚至没有地域限制，无论用户在国内还是国外，都可以接收信息。
- 精准度高：电子邮件是点对点的传播，其特点包括针对性强、精准度高。例如，经营电器的店家，在发送电子邮件时可选择特定人群、特定行业，使宣传一步到位。

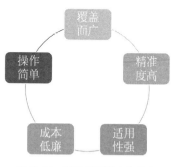

图12-27 电子邮件推广的优点

- 适用性强：几乎每个行业都可通过邮件传播信息，适用性强。
- 成本低廉：市场上有很多好用的营销邮件发送工具，例如常见的电子邮箱有：QQ邮箱、163邮箱、126邮箱等，简单好用的表单和联系人管理工具等，而且都能做到基本的统计功能。其成本费就是人工费和电费，可以说是很低廉了。
- **操作简单**：发送邮件信息，十分简单，没有特定的技术要求；一般邮箱没有发送限制，完全可以实现在同一天中发送成千上万的信息。

虽说邮件推广有着诸多优点，但网民对于一些陌生的电子邮件往往是嗤之以鼻的。店家应该如何做邮件推广呢？如图12-28所示，邮件推广应包括6大步骤。

图12-28 电子邮件推广步骤

第一步：**确定目标顾客群**。通过有奖调查、网站注册、网上搜集等方式来获取一部分的目标顾客群；也可通过线下参加各种展会，交换名片，贴吧、论坛等地发布软文引发讨论获取；还可以利用第三方提供的邮件列表服务。但需要注意的是，利用第三方提供的邮件列表服务，费用较高，且很难了解潜在客户的资料，故店家可以货比三家，尽量找精准的顾客群。

第二步：**制订发送方案**。首先应确定发送的频率，其频率应与顾客的预期和需要相结合。虽然这种频率预期因时因地因商品而异，从每小时更新到每季度的促销诱导，但千万不要走进误区，认为发送频率越高，收件人的印象就越深。其实过于频繁的邮件，会让人厌烦。

第三步：**明确主题**。主题是收件人最早看到的信息，它决定了邮件内容是否能引人注意。邮件主题应言简意赅，有重点，吸引收件人的阅读。

第四步：**内容简洁**。作为广告邮件，很难被人细细阅读。因此，在确定内容时，应力求用最简单的内容表达出重点内容。如果邮件中带有链接，一定要用最具吸引力的文字吸引客户点击该链接。邮件内容最忌讳长篇大论，没有重点，语言尽量通俗易懂。

第五步：**格式清楚**。电子邮件并没有规定统一的格式，但是在布局时应考虑阅读者的感受，且作为商业函件，应参考普通商务信件的格式，包括对收件人的称呼、邮件正文、发件人签名等。

第六步：**后续工作**。反复阅读内容后，可选定群发邮件，也可针对某些客户进行单独发送。伴随着发送邮件，应做好后续工作，例如：查看点击率、转化率，跟踪客户的反映，及时回复邮件等。

QQ群里可以发送群邮件，当一个群相对成熟后，店家可将推广的信息发送至群成员邮箱中去。

12.13 为推广寻找热门话题

无论在哪个平台发布内容，都离不开热门话题。如何才能找到热门话题呢？微博热搜榜和百度搜索风云榜就是不错的选择。

1. 新浪微博

新浪微博搜索排行榜算得上是每天网络热点的晴雨表，当下网络以及线下的一些热门事件几乎都在这儿有囊括。也就是说，这个排行榜里包括的关键词，就是当下微博用户最热的搜索词。那么，店家可以充分利用这些关键词，将其应用到推广信息中。查看这个热搜排行榜，最简便的方式就是微博首页右边栏中的"热门话题"栏，如图12-29所示。

店家也可以单击"查看更多"超链接，查看更多的热门话题。而如果想要更加详细地查看和分析每天的热门搜索排行榜，可单击微博上方的"发现"按钮。可多找些关键词，加入自己编辑的内容。一个最简单的法则就是：把热门搜索排行榜里的前10位的热词都累积在同一条微博里面。

图12-29 新浪微博热门话题页面

2. 百度搜索风云榜

除了微博热搜，还可以每天关注"百度搜索风云榜"，如图12-30所示。这是比较权威的热度搜索排行榜，至少对于一个想拓展百度搜索引擎流量的企业来说，百度搜索风云榜具有很重要的参考意义。

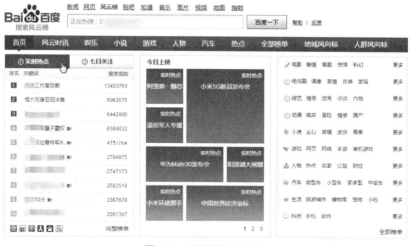

图12-30 百度搜索风云榜

百度搜索风云榜以数亿网民的单日搜索行为作为数据基础，以关键词为统计对象建立权威全面的各类关键词排行榜，以榜单形式向用户呈现基于百度海量搜索数据的排行信息，覆盖10余个行业类别，100多个榜单，信息量非常全面。

百度搜索风云榜里有很多热度搜索的分类，根据一般网友的喜好而言，通常会对热门的娱乐事件、潮流数码、电影电视剧、民生热点等类别具有更强的搜索意愿，再配合当前所处的时间点和需要营销的商品或是服务，就不难炮制出一些吸引眼球的内容来。

案例——他为何放弃淘宝皇冠店，却又能用微信站着把钱挣了

本案例来自三寿老师的分享。

1. 放弃皇冠淘宝店

李睿在福建武夷山经营茶生意，做了5年淘宝电商。没有人会轻易放弃一个皇冠级别的淘宝店。我找到他的淘宝店时，发现几乎处于荒废状态，留在上面的商品销量都很低，一看就知道没有做推广，仅仅当作一个交易平台而已。询问下来，才得知他早就不在平台上做任何推广，现在的销量绝大部分源于个人微信，淘宝店只是一个交易渠道而已。而这言语之间，他没有丝毫惋惜反而有种内心的轻松。

他自己总结了做茶电商这几年的感受。

- 利润低，不赚钱。刚开始做淘宝时，发现别人家价格都很低，不得已跟着玩价格战。但这样一来利润很低，甚至无法支撑日常开销，更别谈提高品质创新商品了。
- 销量不稳定，焦虑担心。做淘宝店一般都是做直通车，报活动，这样的做法对小企业不是长久之计，有时候即便做了推广，也未必奏效。所以每个月能卖多少心里没有底。

这样不确定性的生意让人很累，别说赚钱，忙得连生活都没了。而现在，他把重要的客户都加到自己的微信中，与他们联系，还通过朋友圈发布新茶、茶文化知识以及自己的动态。就这样经营着茶生意也经营着朋友圈。

他让别人了解自己，同时也通过微信了解每个买茶的客户。无论是新茶上市还是日常售茶，哪些人会买，每次大概能买多少，他都心里有底。现在的他，只要带着微信，在哪里都能卖茶、聊茶，甚至有时间上茶山喝茶。

2. 客户要的是价值不单是价格

刚开始做淘宝，李睿也困于价格战。本身价格低，自然不会卖好品质的茶，否则亏得更多。当时，除了淘宝推广的流量，他也曾尝试在一些论坛发布与茶相关的帖子，推广自己的店铺。后来有人看了帖子过来店铺买茶，这些人却给了李睿一次"教训"，也正是这次教训让他改变了经营思路。那些看完帖子的人，多半在实体店买过茶，知道武夷山产好茶，可是发现淘宝店卖的大红袍、金骏眉价格很低，就给人一种，这么好的茶，价格这么低，是不是假货的猜想，也因此不愿意下单。

辛辛苦苦吸引来的客人嫌弃价格低，担心茶不好，不买。这似乎提醒了李睿，他本身不想打价格战，也希望做好茶。他便借着这部分客户，慢慢升级品质。高品质商品利润空间更大，商品反馈也更好，忠诚度则更高。如此一来，不仅仅零售的回头客越来越多，部分与他合作的茶叶经销商主动推荐其他经销商过来。商品质量好，不仅自己能挣钱，跟做的经销商也能挣钱。如此一来，批发和自售两块业务越来越稳定。

这也说明了，有时我们认为客户只关注价格，其实客户最关注的是价值。价值到位，价格合理，才是最好的客户和生意。

3. 社交电商是有温度的生意

李睿很早也在微博上经营自己，分享茶文化与知识。现在开通了微信公众号和个人微信后，他更愿意通过个人微信与客户沟通交流，如卖茶、售后服务和探讨茶艺。他觉得微信更方便，更有温度，更像朋友，他甚至与客户们称兄道弟，他把这样的方式称为社交电商。

他说社交电商有着更强的品牌背书，有人基于帖子的认可找过来，有人因为朋友推荐过来，还有人加了微信之后因为看到他分享的制茶过程、喝茶方法而找他买茶。这些人并不像直通车推广一样，带来的是冷冰冰的客户。他们通过微信互动、朋友圈状态相互了解，更有温度和信任。他与零售客户、经销商的关系已经不单是生意关系，是朋友关系、茶友关系，所以也会更长久。

他用心地经营着个人微信，每天都会发些采茶、制茶、品茶的内容，以及自己生活、旅游、心情感悟的状态，如图12-31所示。即便推荐新茶也是真心实意，不做过多骚扰。他说微信太方便了，尤其是可以用小视频真实地呈现制茶过程，而这些真实的东西最容易打动人。

图12-31 店家关于茶叶的朋友圈内容截图

他也和我讲了过往发短信推销的经历。以前做短信营销，给老客户发短信，难免被客户回电话骂一顿。有些客户认为，我买过东西不意味着你能借着祝福短信来骚扰我。但现在完全不用担心，所有客户或者经销商能看到他每天更新的朋友圈。

4. 信心来自商品，信任源自人品

我一直坚持一个观点：商品是1，营销是0，商品有问题，营销就是作恶。不对用户负责的生意注定不会长久。李睿对自己现在做的茶事业充满着信心，这个信心来自商品。武夷山的茶世界闻名，这就是天然的品牌背书。而他的茶场正是在武夷山的桐木关、红星村，这两个地方都是武夷山种植正山小种、金骏眉和大红袍比较好的山地。

另外，当别人都在追求产量降低价格，而打农药、施化肥时，他更多时间则用在上茶山把控品质，保证有机生产，通过生物灯灭虫和使用人工肥。工艺上他也力求保证品质，比如大红袍，有人为了提早上市，只走水一道就上市。他却坚持古法炭焙，慢工出精品。

商品即人品，信任源自人品，这也是几年下来做营销的感受。一个没有底线坚持的人做不出精品，因为精品必定耗心血。我看过他的一段故事，感触颇深。

一位客户到他这来买茶，却被他拒绝了，为什么呢？这位客户家里有位老人生病了，平时老人挺爱喝茶的，所以想买点送过去。这本是件小事，但李睿平常比较注重细节，就多问了一句老人是什么病，因为有些病不适合喝茶。客户也没有隐瞒，说是尿结石。他告诉客户，尿结石患者不适宜饮茶，还是别买了，另选其他礼品比较好。听完这番话，客户非常感谢，但还是买了一点茶叶，留着自己喝。

这是他身上的故事之一，并不是说他有多伟大，而是我们做生意要能够明白什么钱该赚什么钱不该赚。

我有几个建议想给大家：
- 苦守淘宝并不是唯一的出路，生意可以选择最合适地方开始；
- 坚持低价并不会让你更好，适当的反其道而行之，也许是出路；
- 重要的客户需要掌握在自己手里，微信公众号和个人微信的确是不错的选择；
- 个人微信的经营需要尽可能"生活化"，而不是刷屏商业化；
- 任何时代，商品即人品，信任源于人品，尤其是社交电商时代。

第13章

网店团队建设与管理

本章导读

网店应组建一个优秀的电商团队，提升店铺综合竞争力，降低经营资本、优化资源配置。在组建团队前，应根据店铺实情去搭建相应的电商团队组织架构；为掌握各部门的工作情况，应制定相应的考核机制和激励机制；为提升员工工作能力与企业向心力，还应组织定期的培训与学习。

了解个人主义团队架构

组织架构是企业的流程运转、部门设置及职能规划等最基本的结构依据。通常,在电商中,常见的电商规模包括初创个人主义团队架构、小型规模电商架构和大型规模电商团队架构。

初创个人主义的电商团队,普遍存在工作人员少,且工作没有明确分工的情况。如夫妻二人在业余时间在微店平台开设店铺,大多工作仅限于登录账号做客服工作。在日常生活中,初创个人主义团队,常见于夫妻店或好友店。

- **夫妻店**:夫妻二人利用空闲时间经营店铺。无论大事小事,都由双方商量完成,工作落实则没有明确划分。如王兰全职在家带孩子,闲暇之余打算开网店。老公为支持她,有时间就回复店内客户咨询问题,下班则帮忙打包、发货。
- **好友店**:好友之间有货源或有客服、美工、运营等相关工作经验的,合伙开设网店。相互学习,共同进步。如李强在一家公司做采购,有性价比较高的货源渠道。和3名好友协商后决定一起开设网店,他主要负责货源采购,其他几名同学负责美工、客服、库房管理等工作。

初创个人主义团队架构在成本方面有着明显优势,基本可由亲朋好友来完成店内工作,无须花大价钱聘请员工。当然,这种架构也存在明显弊端,如没有明确分工,工作效率低。这种初创个人主义团队架构,一般单量较小,适合兼职或全职家庭主妇在闲暇之余完成。如果单量上升,就必须扩展人员。

了解小型规模的电商团队架构

当店铺发展到一定规模时,就需要扩展团队,如成立专业的客服团队和运营团队等。小型规模的电商团队由于部门不够健全,一般直接用厂家提供的商品的图片和视频,不再单独拍摄;财务部门也可以直接由店主自己动手计算商品进价、人工、物料等费用,而不聘请专门的财务人员。初见规模的电商院队必须有以下3类人员。

- **运营人员**:负责商品采购;商品上新;编辑详情页文案、制定价格、策划活动等。
- **客服人员**:负责商品售前、售中和售后工作,是直接联系用户的工作岗位。
- **库房人员**:负责商品的打包、发货、退换货等问题。

小型规模的电商团队架构与初创个人主义团队架构相比,工作有了明确分工。但由于成本有限,可能暂时无法保证各个岗位都有专业人员。小型规模的电商团队架构的优势在于人工成本相对较低,但也存在缺陷,如没有设立美工岗位,直接采用厂家提供的图文内容,没有足够的吸引力。随着店铺成交量的上升,应健全各岗位工作人员。

13.3 了解大型规模的电商团队架构

当店铺进入了成熟期,则需要一个高效的团队来进行管理与运营。高效的团队并不意味着一定要有很多雇员,其高效之处在于各部门分工明确,相互之间能够密切配合。如图 13-1 所示,一个成熟期的大型电商团队架构包括以下几个部门。

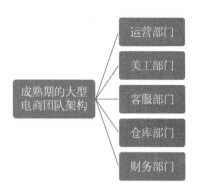

图13-1　成熟期电商团队架构图

- **运营部门**:是一个综合职能部门,对公司经营管理的全过程进行计划执行和控制。主要负责整个团队管理、经营店铺、规划发展等。
- **美工部门**:主要负责网站维护、编辑商品、美工和文案编辑等,店家可以聘请专业美工来负责,或在各大网站找外包的美工来解决网店装修、商品上新等问题。
- **客服部门**:主要负责售前、售中、售后咨询和处理,配合市场部等工作。成熟的客服部门一般设立有售前、售中、售后以及主管等职位,如果规模更大,还应对客服进行分组,另设立组长进行管理。
- **仓库部门**:主要负责订单的处理、打包、发货,配合客服部等工作,一般设立打包、打单、采购、仓库主管等职位。
- **财务部门**:负责团队账户收支、员工工资结算,掌握团队的各项收费准则。

当然,随着店铺的发展情况,也可以成立相应的管理组,负责员工考勤、排班,协调各部门的工作等。高效的运营团队不能离开任何一个部门的支持,不然难以保证工作的有序进行。时间充裕的时候,管理人员可以多促进各部门之间的交流,相互学习。

13.4 运营编辑岗位工作职责与考核表

运营部门岗位的工作职责在于:完成主管下达的各项营销任务,完成公司各项销售与流量指标。如表 13-1 所示,运营部门的主要内容包括 4 大方面。

表13-1 运营部门岗位的主要工作内容

工作职责	具体内容
网络交易平台SEO与优化整治	（1）对商品关键字的SEO处理 （2）研究客户需求，优化商品描述文案 （3）分析竞店情况及行业新动态，发掘新商机、商品 （4）研究平台类目及搜索引擎，提炼有利于店铺经营的信息 （5）对店铺进行常规性的优化 （6）分析店内数据，发掘潜在问题并及时处理
网络交易平台内部营销	（1）付费推广的优化，如优化直通车、智钻展位、淘宝客 （2）平台内部论坛发帖、顶帖，宣传店铺、商品或活动 （3）策划、实施店铺内部活动，如店庆活动 （4）策划、参加、实施平台促销活动，如聚划算、阿里免费试用等
网络平台外部营销	（1）建立各社交平台账号，做好店铺、商品宣传工作 （2）建立有关行业的门户、论坛账号，做好发帖、顶帖等工作 （3）百度贴吧、百度知道等宣传推广活动策划和实施
与其他岗位的交接管理	（1）积极提供美工所需的素材 （2）积极配合财务部的工作，提供费用细则、活动预算等资料 （3）积极联系客服部，咨询及调查最新的用户需求及意见，了解市场最新情况

除以上职责和工作内容外，运营人员可根据网站最新需要与发展，自发地做一些工作，如微博运营、抖音运营等。运营部门的工作人员应每周整理以上工作内容，以文档的形式向上级汇报。考勤方面，运营部门工作时间可不固定，在活动参与期间必须出勤。

运营编辑岗位的主要考核内容分为两部分：关键KPI和工作计划综合能力。如表13-2所示，关键KPI占据总考核的80%，重点考核运营人员的日常工作能力、商品描述页面通过率、活动报名能力和部分商品销售量等。

表13-2 运营编辑岗位考核表

项目	具体指标	指标权重	评分原则	指标定义/计算公式	备注
关键KPI（80%）	日常工作	20	扣分制	（1）关键词、标题、类目、型号等数据是否有缺失，发现缺失一次扣2分 （2）上新不及时，每次/条扣2分 （3）商品描述有误，一次扣2分 （4）重点单品数据登记如遗漏、错误、延时等情况，每次/处一项扣2分	
	商品描述页面通过率	5	百分比计分制	通过率=提交次数/通过次数，符合店铺模板标准和运营特殊要求	
	直通车数据统计	10	扣分制	定时对直通车关键词进行跟踪统计，如统计数据出现遗漏、错误、延时等情况，每次/处一项扣2分	
	活动报名能力	10	百分比计分制	活动率=计划次数/实际报名次数	

续表

项目	具体指标	指标权重	评分原则	指标定义/计算公式	备注
关键KPI（80%）	部分商品销售量	20	百分比计分制	（1）标题、主图、文案匹配率高，流量增长明显，5分 （2）标题、主图、文案匹配率较高，流量有小幅度提升，3~4分 （3）标题、主图、文案匹配率一般，流量增长幅度持平，0~2分	
	了解、整理细分市场表	10	扣分制	细分市场表顺序与展现方式一致，错一次扣5分	
	临时加派任务	5	扣分制	如工作中出现延迟、错误、遗漏，每次/处扣2分	
工作计划综合能力（20%）	部门协作	7	/	（1）十分积极主动，参与部门内外配合协作，遇事主动参与付出不计较，7分 （2）能主动积极配合部门工作，并取得部门满意，5~6分 （3）团结协作性一般，但能配合部门间工作要求，3~4分 （4）不注重团结协作，部门工作勉强配合，0分	
	部门执行力	7	/	（1）工作积极主动，6~7分 （2）工作上不能分清轻重缓急，按部就班，3~5分 （3）工作被动，交办事项多次没有结果，0分	
	学习与分享	6	/	（1）进步速度快，专业提升迅速，积极主动帮助其他同事，6分 （2）进步明显，逐步提升岗位能力，能主动帮助其他同事，4~5分 （3）进步一般，需在领导指导下完成岗位工作，3分 （4）无进步，安于现状、不思进取，0分	

以上计分标准有的可通过数据来决定分数，有的则由部门主管灵活计分。对考核中未规定处做出另行加分，如为公司做出重大贡献等；对考核中未规定处做出另行减分，如因为重大失误造成公司损失等。

13.5 美工编辑岗位工作职责与考核表

美工编辑岗位的主要职责为：对已拍摄的图片进行优化设计，对店铺文案、页面进行美化。美工部门的主要工作内容如表13-3所示。

表13-3 美工部门岗位的主要工作内容

工作职责	具体内容
商品图拍摄	根据不同商品，选择适宜的布景和环境进行实物拍摄
商品图存储	对拍摄图片做好存储管理及备份工作
美化商品图	美化商品图片，如添加"促销""清仓特卖"等字样
商品文案的整合	根据不同商品，结合商品卖点及实物图片，撰写出具有较强竞争力的商品描述文字
网站VI设计	设计网站网络活动的推广宣传活动图片
网站各类活动的气氛营造和布置	（1）活动海报设计 （2）活动店铺装修

除以上职责和工作内容外，美工部门可根据店铺发展需要，自发增加能力范围的工作。为方便主管管理，工作人员应每周整理以上工作内容，以文档的形式向上级汇报。考勤方面，美工部可不受时间的限制，在规定时间内完成好工作即可。

如表13-4所示，美工编辑岗位的主要考核内容是月度计划完成率、出品效率、出品质量以及临时工作配合度。具体的还可以通过分析用户页面停留时间来判断图片是否吸引人；根据收藏量来判断图片是否具有吸引力；根据全店转化率来判断描述图片描述是否到位。

表13-4 美工编辑岗位考核表

考核指标名称		标准分值100分	数据结果来源	考核内容/计算方法	考核计划说明	备注
美工KPI指标（100分）	月度计划完成率	30	月计划	按月度事务分配百分比，完成100%满分，低于按百分比×标准分值	根据月度计划完成程度考核	
	出品效率	20	目标任务书	按下达任务限定时间完成计算，按时完成满分，超过10分钟扣1分，扣完为止		
	出品质量	30	任务书评论	按任务下达人反馈的结果评分，反馈为A不扣分，B扣2分一次，C扣3分一次，扣完为止	B得分数量： C得分数量：	
	临时工作配合度	20	上级评定	临时安排的紧急工作配合度，由上级权衡评定		

管理人员还可以根据任务响应速度的执行力度、改善上个月考核中所存在的问题等来考核美工编辑岗位的执行能力和提高性。

13.6 客服岗位工作职责与考核表

客服部门岗位的工作职责：完成客户主管下达的各项客户服务任务，为客户提供满意的售前、售后服务。客服部门的主要工作内容如表13-5所示。

表13-5 客服部门岗位的主要工作内容

工作职责	具体内容
处理售前咨询，引导其交易完成	（1）根据客户提问，做出及时、准确的回答 （2）熟悉商品规格、属性，做好商品推荐、关联销售问题 （3）对于咨询购买的客户，做好讲价事宜 （4）整理、分析交易过程中发现的问题，如描述不符、邮费设置等，并及时反馈实际情况给上级主管
处理售后的问题	（1）根据客户反馈，做好安装、售后相关问题 （2）及时查看评价管理，遇到不良评价应及时做出相应处理 （3）统一记录售后问题，并及时反馈信息给相关部门 （4）遇到问题单子，做好备注并及时联系相关部门处理
疑难快递处理	（1）早班客服每天首要处理疑难快递 （2）晚班客服每天协助发货部解决当天发货有关问题 （3）遇到解决不了的问题，应及时使用通信工具与仓库部门取得联系并得到解决
客户关系处理	（1）用社交软件，维护有购买记录的老客户，如QQ群、微信群、微信公众号等 （2）定期发送促销消息给老用户 （3）整理和分析在客户关系处理中的问题和改善方法

客服部门的工作人员应每周整理以上工作内容，以文档的形式向上级汇报。客服考勤必须严格按照考勤表执行，月末根据出勤情况、请假次数确定考勤分数。

客服岗位分售前客服岗位、售中客服岗位以及售后客服岗位，各岗位对应的工作内容存在差异，故岗位绩效考核内容将在后续章节中详讲。

13.7 仓库管理岗位工作职责与考核表

仓库部门岗位的工作职责为：完成主管下达的各项仓存及采购、发货任务。仓库部门的主要内容如表13-6所示。

表13-6 仓库部门岗位的主要工作内容

工作职责	具体内容
商品采购	根据订单及仓库的状况，及时进行当天商品采购
与供货商联系	（1）积极与不同的供应商联系 （2）定期整理供应商的资料、名片、宣传单册及联系方式 （3）整理采购与供应商关系的工作汇报
商品发货管理	（1）检查商品有否存在质量、损坏问题 （2）遇到断货导致当天不能发出的订单，需及时联系客户与客户协商退款或换货处理 （3）遇到订单不能及时发出时，应及时联系客服与知客户协商处理 （5）在工作日内及时进行订单的打包处理 （6）定期整理、分析商品质量问题、发货流程问题

续表

工作职责	具体内容
商品品类优化管理	（1）定期观察市场需求，根据竞争对手、批发市场及客服反馈分析出有竞争力的商品 （2）定期对性价比不高的商品或滞销的商品进行下架处理 （3）定期整理上、下架商品的详情
网站商品信息维护理	（1）留意仓库中的商品和违规商品，修改违规商品属性 （2）及时处理客服反馈问题订单、退款订单、换货订单的商品 （3）每天根据财务部的指引进行有关采购成本，营销收入与支出的统计 （4）及时观察店铺的销售状况，分析潜力商品，联系运营部门对其进行宣传和推广
反馈	把上述工作内容分类别每个星期向主管以文档的形式汇报
考勤	根据客服部联系有效次数，及出勤处理进行处理。工作人员应按考勤表出勤，遇特殊情况安排加班，应给予相应的补贴

如表13-7所示，仓库管理岗位一般按月进行考核，考核重点为发货出错率、发货速度、断货率等。各绩效指标的计算方法不一，有的按照具体数额计算，有的则由管理岗位测评。如发货出错率=出错订单数÷总发货数×100%，小张6月出错订单为35件，总发货量为962件，则小张6月发货出错率=3.64%。

表13-7 仓库管理岗位考核表

项目	岗位绩效指标	权重	选取原因	指标定义/计算公式	备注
关键KPI（85%）	发货出错率	30%	判断工作细心度	A达标：$0 \leq 0$ B好：$0 < B \leq 50$ C较好：$50 < C \leq 100$ D差：$100 < D \leq 50$	
	发货速度	30%	判断工作效率	A优秀：$4000 < A$ B良好：$3000 < B \leq 4000$ C一般：$2000 < C \leq 3000$ D差：$0 < D \leq 2000$	
	断货率	30%	工作能力评估	A优秀：$0 \leq 0$ B良好：$0 < B \leq 50$ C一般：$50 < C \leq 100$ D差：$100 < D \leq 50$	
工作计划综合能力（15%）	执行能力	15%	任务响应速度	A取决于日常工作执行力度：$A=5$ B取决于日常工作执行力度：$2 < B \leq 4$ C取决于日常工作执行力度：$C \leq 2$	
	考勤情况	5%	日常考勤	A根据人事部考勤记录：$A=5$ B根据人事部考勤记录：$2 < B \leq 4$ C根据人事部考勤记录：$C \leq 2$	
	提高性	10%	改善上个月/季度考核中所存在的问题	A大部分改进：$A=5$ B改善部分：$2 < B \leq 4$ C全部未改：$C \leq 2$	

仓库管理岗位考核指标中的发货速度、制定能力、考勤情况、提高性都由管理人员灵活评分。管理人员在日常工作中发现有员工消极怠工的情况，就要及时约谈，不能放任不管，只在最后评分时给予低分惩罚。

13.8 财务管理岗位的工作职责

财务部门岗位的工作职责：整理公司财务数据，对日常收入支出等有关财务的资料进行记录。财务部门的主要内容如表13-8所示。

表13-8 财务部门岗位的主要工作内容

工作职责	具体内容
网站日常经营记录及报表整理	（1）详细记录每天收入与支出，整理出财务报表 （2）整理财务月报、季报、年报 （3）整理店铺资产负债表、现金流量表 （4）以数据为根据，梳理运营情况，并及时向老板反映
活动预算审批	根据各大部门活动需要编写活动预算表并审核
合同修订	修订各类经济合同
采购财务记录	（1）根据实际情况统一购买所需用品 （2）对于各大部门自行购买的用品应及时向其主管咨询并记录所用费用
工资分配	每月对员工发放工资
财务监督	（1）监督仓库部进货与发货资金运用 （2）监督营销部活动资金落实 （3）监督客服部备用金的管理和使用

涉及金钱，财务部门的工作人员一定要做到洁身自好，不为个人私欲篡改账目。核算时做到仔细、认真，避免失误带来严重后果。财务部门的工作人员也应每周整理上述工作内容，并以文档形式向上级汇报。财务部的考勤可以灵活一些，但内部部门会议及主管委员会会议要进行考勤。

考核方面，由于财务部门的工作人员必须有信任基础在前，故考核方面也可以相对宽松些。主要考核账目是否有误，资金流向是否正常等。

13.9 建立团队激励机制

在管理中，一定要做到赏罚分明，在约束员工行为规范的同时，也应给予正向激励。所以店铺在制定相应的绩效考核时，对绩效不佳的员工进行批评教育处理。实际上，还应制定相应的激励机制，让员工有进步的动力。

当员工在某项任务中表现出色时，最需要得到认可。管理人员的认可是一个性价比较高的激励手段，但使用的次数不可太频繁，否则其效果将会减弱。如图 13-2 所示，员工激励应将物质激励、精神激励和个性化激励相结合。

图13-2　员工激励方案

- **物质激励**：对表现优异的员工给予物质奖励，有利于提升员工工作积极性。一般体现为工资、奖金、福利等。
- **精神激励**：口头赞美，是激发人、鼓舞人的重要组成部分。
- **个性化激励**：员工的需求多种多样，应根据员工的不同阶段、不同情况，采用不同的个性化激励方案。

管理人员在进行激励时，可以结合物质激励和精神激励。如某客服小组在一场活动中，由于准备充分，做到了有条不紊地接待客户。店主可在周会上对该客服小组进行口头激励，同时给予 500 元的绩效奖励。让该小组在被肯定的同时，也让其他部门、小组的员工有了前进的动力。

13.10　定期培训与学习

培训既是一种投入，也是一种产出。定期的培训能提升员工个人能力、工作技能。在竞争时代中，优质的人才能为企业带来更多的利润。所以，各店铺都纷纷开始引入全方位的培训机构，建立培训小组或部门，加强对员工的培训。

如图 13-3 所示，培训员工的方式多种多样。企业可根据经济状况来选择相应的培训方式。

- **自学培训**：培训不受时间限制、不受地点限制、不受形式限制，特别适合新入职员工培训。团队在缺乏资金时，可以该培训方式为主。
- **视频培训**：市场上有很多视频类学习网站，一般花费几千元就可购买一年的视频服务，可重复用于员工培训。
- **外部培训**：自学和视频存在滞后性，员工在培训过程中遇到问题无法得到有效解答。

图13-3　培训方式

当企业盈亏能维持平衡后，可以花费更多的资金和精力在培训上，如找外部培训机构到公司来进行现场培训。

- **内部讲师培训**：当公司员工规模上百，且持续增长的情况下，请外部讲师培训，势必增加培训成本。这种情况下，可以考虑组建内部培训师团队。内部讲师的培训内容可根据企业发展实情来制定，更具有针对性。

培训也是一种教育活动，是将企业文化、思想、知识和技能得以传播和创新的一种活动。所以在培训前，相关人员需要有完善、科学的计划，并根据实际情况不断修改，才能使培训效果最大化。

13.11 企业文化管理

企业文化，也称组织文化，是指一个组织由其价值观、信念、仪式、符号、处事方式等组成的其特有的文化形象。换言之，企业文化，就是企业在日常运行中所表现出的各方各面。企业文化对企业、内部员工及整个社会都会产生影响和发挥作用。

一个店铺想要树立良好的企业形象，需要企业文化做支撑。企业文化对企业主体以及企业中的每个员工的价值取向及行为取向起导向作用；企业文化对企业员工的观念和行为具有约束和规范作用。

电子商务企业的企业文化具有以下特点。

- **企业文化中具备现代科技**：科学技术是一个具体的知识体系、认识体系、工具体系。科学技术在一定的文化背景下产生和发展，在时代背景中不断发生创新、改变。树立企业文化第一步就是认识现代科技，并灵活掌握现代科技。科技创新与文化创新相互作用、整合互动。
- **企业文化与知识管理相结合**：知识管理主要包括企业在教育、培训方面提高员工综合素质的资本。企业需要创新型人才，人才也需要不断地学习、积累新知识。所以文化创新是企业适应新形势发展的内在动力。
- **企业文化要适应经济全球化的发展**：正是随着经济全球化的发展，国内的电子商务才有今天的成就。但是电子商务企业的发展，不能止步不前，公司发展战略需要适应经济全球化的发展。
- **企业文化要符合当前实情**：各个企业的发展情况不同，所制定的企业文化也有所不同。如部分企业追求利益，则利益至上；部分企业追求维护更多的用户，则服务至上。

企业文化不仅可以用来激励员工，还能体现在店铺首页中，吸引更多志同道合的用户。如图13-4所示，某蜂蜜旗舰店的店招中提到"某某蜜·坚持只卖天然蜂蜜，第某某年"，突出该店铺做蜂蜜的决心。

图13-4 某旗舰店店招

案例1——如何短时间搭建创业团队

龙湘金，主营天猫、京东男鞋，在管理上有多年的经验。尤其在员工招聘培养及团队搭建方面，经验丰富。他把创业团队搭建比作"一场高级的狼人杀游戏"，总结出了一整套创业团队的搭建方法。下面内容源于他的分享。

1. 为什么是狼人杀游戏

我并不太认同"30人以下的团队没有管理"观点，这里的分享也是围绕30人以下的团队如何管理这一话题的。

我认为，小团队的早期就是一场高级狼人杀游戏，这个视角同样适用于大公司的某些部门，只是创业团队早期表现得更为显著。

为什么是狼人杀游戏呢？大多数人应该都玩过这个游戏，我把里面的角色大致分为警察、平民、杀手三种身份，主要考验玩家智力和心理的。

而运用到创业团队中，同样适用。老板扮演着警察的角色，团队中隐藏着杀手还有平民，只是相比狼人杀游戏会更难更复杂，不确定的因素更多，所以称为"高级狼人杀游戏"。

多数管理者应该都遇到过这种情况：新招了一位员工，很希望他能通过转正留下来，并发展成为公司的骨干，但是他受到周边同事的负面影响，在未充分了解公司之前，就选择了离职或表现消极，以致被淘汰出局。

其中，杀手就是伤害团队凝聚力，制造负能量跟公司对着干的人。老板白天用尽一切办法想让新员工融入团队，但是杀手往往会在晚上的私下场合，借由宵夜饭局等去传播负能量，促使新人离开。

2. 高级狼人杀游戏难在哪

不管多大的团队都会有杀手的影子，很容易使团队滋生负能量，并且很难清除这些杀手。主要有两方面原因。

（1）创业团队人手有限。在狼人杀游戏中，警察只要引导大家把杀手干掉就赢了。但是在创业团队，尤其是刚组建的创业团队中不能这么做，并且老板还必须容得下杀手。

因为早期团队基本一大半都会有杀手的影子，甚至武断一点，入职不超过一年的，你都可以视其为杀手，要是干掉他们就成了光杆司令。

所以想要壮大团队，就必须容忍一些有可塑性的新人杀手，将他们逐步转化成警察，即培养成团队所需的人才，这个过程会很费劲。

（2）游戏是固定的，创业团队的成型是动态的。在狼人杀游戏中，人物身份是固定的。但是在团队中，普通成员有时会扮演杀手；骨干有时也会扮演杀手。比如，骨干在某个阶段犯傻，做出对团队不利的事情，但是他自己并未察觉到他的行为对组织的伤害有多大。

尤其在电商创业公司，团队大多以"95后"为主，甚至还有"00后"，他们大多心智不成熟、容易冲动。有时一个人负能量比较重，就很容易把其他人的节奏也带跑。和狼人杀游戏相似的是，还可能经常会遇到猪队友。明明身份是警察，但却做着杀手的事，自我认知不正确。

另外，高级版狼人杀游戏还难在成本太高，玩狼人杀游戏输了就输了。但是创业团队的建立投入的精力和钱太高，如果失败，对人生、对家庭的伤害非常巨大。

3. 为什么用游戏的视觉去看团队

我认为从多个视角去看问题，是一种很好的思维方式。单个视角不能解决的问题，换一个视角可以更好地帮助分析、判断。用游戏的视觉去和成员沟通，有两个好处。

（1）成员更清楚自己的定位。把一个抽象的创业团队成型的过程，具体分解为被人所了解的游戏，他们更容易理解。因为他们都玩过狼人杀游戏，也能让他们跳出来发现自己的问题。

（2）培养团队知行合一的能力。红利褪去后，越到后期，比拼的越是团队知行合一的能力。所以，即使现在正处于某种红利期，也应居安思危，把团队的内核打造好。因为电商局势变化太快，目前能做到百万、千万等规模的，再等五年、十年，可能有的店家做得更好，有的差一点就会掉队，但我认为做得好的，一定都重视了团队游戏。

而我认为，赢得这场游戏的关键：尽可能提高警察的比重，降低杀手的比重。毫无疑问，作为老板，我们的友方就是警察，敌方就是杀手。

怎么辨别呢？我认为警察标准在于两个字"红"和"专"。"红"即我信得过他，他也信得过我，这个人很靠谱，且我们价值观一致。"专"更容易理解，即能力和技能过关。

4. 团队实战经验分享

如图13-5所示，团队管理策略和电商运营很相似，都是漏斗状，重点也都是如何提高此模型在各个环节的转化率。在资源有限的前提下，以比较少的时间、精力和资金去壮大和强化这个组织。

图13-5　团队管理漏斗图

按照这个模型的顺序，讲一下我们是如何做的。

（1）采用裂变式招聘，分内部推荐和外部推荐。内部推荐是指团队成员推荐来的，好处是信任基础更好。外部推荐主要指我的朋友推荐过来的，也有我自己本来就认识的，还有招聘来的实习生。但是，不管是内部推荐还是外部推荐等，我们要求可以适当调低，但一定会坚持基本的标准。

（2）公众号筛选面试的人。我自己是坚持写公众号文章的，写文章的其中一个目的就是去筛选面试者，我会要求他们看公众号的文章，谈他们的理解，从而筛选价值观和认知水平更符合我们期望的人。还有个好处是可以加快新人对我们整个团队的理解，让他更快速地融入团队，同时还能检测出他的情商、智商等。

（3）针对面试的人做性格测试。我们在面试环节有很多测试，虽然测试不能完整地反映一个人的情况，但是借助这些客观的东西，我们能更好地去判断一个人。重点推荐检测美工的方法，即让美工做酸甜苦辣四种味道的图片，通过这个测试既可以看出他的做图功底，也能看出他的创意水平。

（4）加快新人的融入，降低杀手的属性。简单说一下我们用过和将要用的一些方法。

- 读书：让员工看书并记读书笔记，尤其是新人要求读完《阿里铁军》。
- 运动：每周二基本会提前一个小时下班去运动。
- 课间操：因为我们的成员坐在办公室的时间挺长的，就提出了上午、下午各有十分钟的课间操。
- 小食堂：设想是让员工每月每人做一道美食，目的是帮助新成员快速融入群体中。
- 日报、周报等：要求员工在钉钉写日报。

（5）坚决干掉屡教不改的杀手。对于以我为中心，但工作能力特别强的员工。如果我们引导纠正不过来，会坚决辞掉。

（6）重视内部小白的培养。在人才的储备上，我们也尝试过外部招募有经验的操盘手。但现在我们坚定了一个理念，就是内部培养。我会花很多精力去跟新员工沟通，确保在重要的理念上达成共识，并且倡导实战，直接让他们实操。

案例2——从白手起家到3家公司，原来他是这么管理的

牛大力，办公设备类目店家，年销售额2000万元，有1个天猫店和1个京东店。认为做舒服的生意很重要。以下内容源自他的分享。

1. 坚守底层逻辑

所有的事情都是有逻辑的，文艺一点来说，就是不忘初心。我是从一个人独自打拼过来的，现在有3家公司，50人左右的员工。我从2013年开始做电商，当时贷款创业，目标很明确，就是想赚钱。那时虽然人员少，但确实能赚钱。后来开始追求规模、效益，人员多了，效率却越来越低，挣钱甚至不如以前。

所以，我发现任何事情都要遵循最底层的逻辑，才能比较轻松。比如做生意就是赚钱，招聘和管理员工，就是为了找到能帮助店家在竞争中取得优势、完成任务、能赚钱的人。所以根本目的还是赚钱，所有工作都围绕这个目标展开。

那么如何定义小公司老板、管理者和员工呢？对于小公司来说，没有传统意义上的老板或管理者，他们只是员工的服务人员或平台服务商，帮助员工完成任务，提供资源和帮助。

公司需要的也不是员工，需要的是解决公司在赚钱时遇到问题时，能帮助解决问题的人。例如，我的公司，除了仓库发货和售后客服，其他的都或多或少有线上的合作伙伴。

因此，管理者需要管的是目标和任务，只要能解决问题就可以，而不是管理人。

2. 管理须知10大要点

我总结了10个要点，与各位分享。

（1）充分接受人性的恶以及懒惰。很多店家不能接受员工拿了工资，但是不认真做事，偷懒耍滑。其实，大可不必如此，因为人的本性就是这样。公司要做的就是帮助员工克服人性中的懒惰，帮助他们成长。

（2）坦然接受员工的辞职离开。店家要接受员工的离开，不要太过纠结。不断变化才是公司应该有的发展过程，愿意一直跟随的毕竟是少数。如果员工辞职是因为遇到困难，可以提供帮助；对于没办法帮助的，也会办一场欢送会。

（3）小公司，简简单单就好。对于人员比较少的小公司，一开始不用过于追求各种考核。应该考虑如何完善公司运转流程，让新员工和老员工知道遇到问题找谁帮忙解决。

（4）没有人喜欢被管和听别人的。没有人愿意被人改变，因为被人改变就意味着承认自己以前是错的。所以不要想着去改变员工，而是想着如何让他自己做出转变。因为真正的改变一定源自他自己想通了。

（5）没有人喜欢被隐瞒。善意的谎言也是欺骗，公司需要透明。每次组织新员工的聚餐活动，我都会讲一遍我的经历，以及我对一些事情的看法，也会让他们进行分享。让别人了解自己的同时也充分了解别人。

（6）没有对事不对人的说法。所有的事情和情绪对的都是人。因为人本身就是感性的，当一个你不喜欢的人，做了一件你不喜欢的事，你会非常生气；而一个你喜欢人做了一件你不喜欢的事，你绝对没有那么生气。

（7）人是感性的。人是比较懒的，很多你所认为的理性，其实还是来源于你对事物的判断之后直接做出的感性的反应。比如，员工选择公司，衡量最多的是收入等理性要素。但是离职时，更多是因为感性因素，比如不喜欢老板、同事关系不好等。

（8）不要和员工争对错。不要和员工争对错，因为争对错是为了分清责任。难道你要证明是员工的错？这个根本没有意义。

（9）要用人之长，容人之短。公司用人，要看员工擅长的地方。因为小公司注重效率，至于短板可以等公司发展起来了，再让他多学习。目前公司只需要员工各自做擅长的事情，帮公司解决问题。

（10）不要只偏爱聪明人。大多数老板很喜欢聪明人，但是聪明人是少数，能为你所用的更是凤毛麟角。所以，作为老板，更应该去培养你的员工成为聪明人。只要把80%的员工培养成有聪明人80%的能力，你就很轻松。

3. 如何与员工进行有效沟通

在和员工沟通之前，需要明白一点，因为人的经历以及所处的环境不同，会造成认知上的差异。比如，一朵小红花，有人可能想到手机聊天常用的表情，有的可能想到鲜花，很难保持一致。所以，当你觉得你的表述很清楚，但其他人可能并不明白你的意图，而沟通就是完成有效的信息传递。

所以，在和员工沟通时，要清楚地告诉他，你要做什么？为什么去做？目的是什么？还要告诉员工，如果在做的过程中遇到困难如何寻求帮助以及关心他的想法。只有沟通得当，才能得到正确的信息和反馈，才能做对的事情，小团队才能活下去。

另外，在和员工沟通时，最好把"你应该做什么"变成"我需要你做什么"。比如，公司需要加班，"你应该加班"和"公司需要你加班"是两种方式。前者让员工感觉不加班就是错，太过强势；后者让员工产生满足感，是在帮助公司。

4. 找到合适的员工

离职率高一直是很多公司的困扰。为了挽留员工，很多公司会提高薪资水平、福利待遇等。我们的想法不一样，我们招的是不需要高薪、不会离职也不要管理的人，从根源上解决这个问题。

每个人的需求不同，有的需要激励，有的需要用金钱去引诱。所以在招聘时，先挖掘他的需求，再看我们是否能满足，这种人用电商的说法就是精准流量。

我们前期会招聘常年给我们送货的快递员，只要他愿意来，也认为公司发展好。我们初创业务时，更注重的是人。

后期招人也更容易。比如，招运营学员，我招的就是徒弟，愿意去学电商的人。面试时就说："公司是一个学校，你在这边做几年，就是学校在培养你。如果后期你决定离职，我也尊重，想要创业的还可以给你投一笔钱，只要你愿意给我承诺，做几年都可以。"这样做的好处在于，你准备委以重任时，不会有人悄无声息地离职。

为什么招学员？因为学员学习能力更强，薪资要求也不高，他们渴望学习，比只混工资的熟手好。

另外，招人时要坦诚，尽量降低别人对你的期望。因为很多店家在招人时，所许诺的与实际不符，员工会感觉受到了欺骗，导致离职。

第14章

财务分析及管理

本章导读

店家在开店之初,最为关心盈利问题。想全面分析店铺盈利情况,就必须了解影响店铺盈利的因素,掌握控制成本的方法。除此之外,店家还应学会利用工具记录账目。如使用 Excel 制作收支账记录和制作进销存管理表等。

14.1 了解影响盈利的因素

网店运营的核心是盈利，如何利用最小的成本获取最大的利润是店家们最为关心的问题。店铺的利润等于总收入减去总成本，即：利润＝收入－成本。

因此，影响店铺盈利的因素主要包括店铺成交额和店铺总成本。想实现利润最大化，无非是提升店铺成交额及控制店铺总成本。提升店铺成交额需从销量方面入手，如加大商品推广力度、提升客户转化率等。控制成本则主要从降低成本方面入手，如降低平台成本、运营成本、商品成本、人员成本等。

所以，影响店铺盈利的因素是多方多面的。本章主要从控制成本方面入手，降低成本，为店铺带来更多盈利。

14.2 认识平台成本的基本构成

平台成本（Rental cost）属于电商运营的基建成本，指的是店铺保证金、技术服务年费、实时划扣技术服务费。如淘宝、天猫平台，平台成本如图 14-1 所示。

图14-1　淘宝、天猫平台成本

- **店铺保证金**：在天猫平台上开店，必须缴纳一定数额的店铺保证金，其金额根据类目的不同而定，通常在 10 万元到 15 万元之间。这部分费用在退出平台时要退还给商家的。
- **技术服务年费**：是每个店铺必须要缴纳的费用，不同平台的技术服务年费有所区别。天猫商城的商家必须一次性缴纳一定金额的技术服务年费，年费根据类目不同来划分等级，分为 3 万元和 6 万元两个等级，符合相关条件能够返还一定比例。淘宝平台没有这项费用，开店的主要费用就是保证金和付费推广费。
- **实时划扣技术服务费**：与店铺租赁费相似，平台根据类目不同，向商家（比如，天猫商城家）销售后的商品按一定比例收取的服务费。

通常情况下，为了方便财务做账，店家都只将技术服务年费计入成本，未将平台费用中的保证金计入成本，而将实时划扣技术服务费计入商品的费用成本中。通常，在经营网店过程中涉及的几个成本中，平台成本基本都是必须支付的费用，故最难调控。

运营成本的构成与控制

运营成本属于店铺运营的建设成本，包括硬运营成本和软运营成本两部分。
- **硬运营成本**：指电商运营中所需要的一次性或固定额度的硬件，以及后端软件的成本。如 CRM 系统、ERP 系统等硬件成本。
- **软运营成本**：指电商运营的推广费用。如按点击量付费的直通车、按展现付费的智钻展位、按单位时长付费的电话营销、按效果付费的淘宝客等。

为了方便财务做账，店铺常将硬运营成本计入固定成本（或办公费用中），软运营成本计入推广费用。

运营成本在店铺成本中占比较大，其回报却不一定理想。故想控制运营成本，应该从其支出和回报入手。如对运营推广人员建立业绩考核奖励制度，流量越多，转化率越高，平均每个流量的成本越低越好。例如，今年3月智钻展位推广花费1万元，引来1万个流量。要求运营人员次月智钻展位推广花费1万元，引来1.1万个流量。若运营人员达到要求，店家给予一定的奖励。提升比例越大，奖励越多。

当店铺发展到一定阶段以后，越是希望每一分推广费用都能看到回报。所以店家在进行营销推广时，除了应该考虑推广的方式和推广的效果以外，还应该关注推广的成本。

商品成本的构成与控制

商品成本属于店铺经营的核心成本。如图 14-2 所示，商品成本主要包含商品净成本、库存积压成本、仓储成本、物流成本、货品残损成本等。
- **商品净成本**：指购买商品的出厂价成本，不包括物流货运、差旅费。
- **库存积压成本**：包括显性成本和隐性成本。库存的显性成本主要是指商品过季打折处理损失。隐性成本包括仓储成本（管理与盘库）、货物运输成本、毁坏成本等。
- **仓储成本**：指商品存储和商品管理所需的成本，

图14-2　商品成本构成图

包括仓库租赁费用、仓库管理人员的费用，以及商品的包装费用。
- **物流成本**：指采购和销售商品而支付的物流运输和人工差旅费用等。
- **货品残损成本**：指因商品在运输、存储过程中发生破损而支付的修复、报废等费用。

店铺的经营模式不同，其商品的成本构成也有所不同。比如代销性质的店铺就没有商品的成本，这种店铺靠销售提成而获得利润，相当于公司的业务员。

商品的成本是相较于其他成本最主要的控制成本。因为商品进货成本、运货成本和快递成本和包装成本都比较容易缩减。

1. 控制进货成本

控制进货成本主要靠以下 3 个方面。

（1）**直接从批发市场或厂家进货**。一般来说，要想获取低价的货源，最好是从批发市场或者厂家进货。因为如果从网上进货或者从代理商处进货，拿到的货物成本会较高。从批发市场进货还有以下几个优点：

- 商品数量都比较充足，有很大的挑选余地，可以货比三家；
- 批发市场很适合兼职的或者小店家，因为进货时间和进货量都比较自由；
- 批发市场的价格相对较低，这是最大的优点。

（2）**一次进大量货**。一般来说，批发时，进货量越大，商品的单价就会越低。如在阿里巴巴上选择某款袜子时，如果进货量在 50～499 个，每双袜子价格为 2.00 元；如果进货量在 500～4999 个，每双袜子价格为 1.70 元；如果进货量大于 4999 个，每双袜子价格为 1.40 元。所以，进货量越大，其单价就会越低。

但同一件商品的进货量也并非是越多越好，应根据具体的销售情况来定，比如滞销商品就不要进多了。另外，如果在同一家批发商处拿货，即使每种商品的进货量不多，但是如果拿的品种多的话，也是可以按照量大的价格来批发的。

（3）**把握住厂家清仓处理或者是促销活动的机会**。有时候，一些厂家会因为各种原因清仓，如换季、限时活动、库存处理等，如果这个时候店家刚巧赶上了，就可以乘此机会多进一些好销售的货物，但这种机会是可遇而不可求的，只有平时多留心了。

2. 控制进货运费

在网上进货时，必然会产生交通运输费或者是快递费。而且这个费用还不低。商品大批量运送时，采用公路物流、铁路托运的运费是远低于快递和邮政的。所以，想要省钱的店家就一定会选择公路物流、铁路托运。但是这两种方式的速度是比较慢的，如果店家的商品快要售完，甚至已经售罄，再使用这两种方式就不合理了。所以，店家要时常注意库存量，对每种货物的销售速度要有记录，打好提前量，算好时间进货，那样就可以采用便宜的运输方式，节约很大一笔运费。

对于在本地批发市场进货的店家来说，如果路途不远，可以考虑购买电瓶车、三轮车等工具自行运输，省去每次雇用小货车的费用。

3. 控制快递费

包邮的商品，快递费是店家支付的，这一块费用也要进行有效的控制，其根本就是要选择好快递公司。

店家要先清楚了解网上的快递公司有哪些，参考一些资料，了解各快递公司的优缺点。店家不能只找一家快递公司，因为不仅仅只是快递公司不同，服务和速度不同，同一家公司的不同地点也会有不同的服务品质和速度。最后，选定好快递公司后，最好长期合作，签下合同，并和快递收货员搞好关系，可以享受一些特殊待遇。

店家要根据自己的地点和商品类型，看哪家快递公司最合适了。因为没有最好的快递公司，只有最适合的快递公司。最好是能够长期合作，以便能够讲价，降低物流费用，从而控制网店的成本费用。

4. 控制包装费

常用的商品包装包括胶布、包装盒、包装袋、填充物、剪刀、笔、气泡袋、色带（打印快递单用）等。店家在选择安全、合适的包装前提下，应尽量控制成本。控制包装费用一般从盒子与填充物两方面进行。

- **控制外包装费用**：如果是服装类目商品，可选用重量轻的包装袋进行包装；如果是数码类目商品，必须选择包装盒的情况下，也尽量选择重量较轻的包装盒。降低包装过重带来的快递费。
- **控制填充物的购买费用**：填充物的作用是为了防止商品被挤压，对商品进行保护。填充物一般有泡沫块、海绵、泡泡袋、牛皮纸、旧报纸或者书籍等。对于价格低廉的商品，可以使用废报纸等材料做填充物，但如果是电子商品、首饰、化妆品、零食等比较贵重、易碎的商品，就必须花钱买一些好的填充物来填充。

总的来说，店家应该根据自己所卖的商品来选择合适的内外包装和填充物，即可减少包装费用，降低这方面的成本。

14.5 人员成本的构成与控制

如图 14-3 所示，人员成本主要包括员工工资成本、办公场所成本和办公设备成本等。

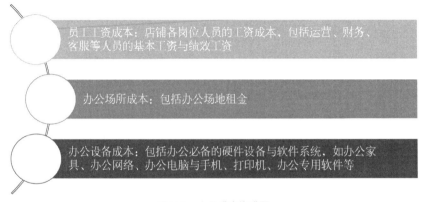

图14-3 人员成本构成图

为了方便财务做账，办公场所成本、办公设备成本都归为办公固定成本，员工的工资成本归为变动成本。

人员成本主要是对人员工资成本这部分的控制，管理上要做到各司其职，紧密配合，提高效率，激励机制和制度上落实，各部门必须完成自己部门的 KPI（关键绩效指标）。考核方式不同，其效果也不相同。比如，克服部门的工资考核，可分成基础工资与绩效工资两部分，基础工资就是固定的一个岗位工资，绩效工资则按工作内容来核算。如转化率高、关联销售高、好评率高的客服绩效工资也高。这样做的目的就是要提高客服的积极性和主观能动性，从而提高服务质量，促成更多订单的同时获得更多好评。

制作网店收支账记录

店铺的财务重点集中在收支上面，如每月房租、员工工资、水电气费、网费、杂项等。去进货时，不仅要记录商品进货费用，还要记录车费住宿费餐费等各类开销，当然每月的销售收入、退货支出等也都是要详细记录在案的。

如果手工进行数据查找、登记、计算、汇总工作，将非常麻烦。而利用 Excel 创建记录表，则可以十分方便且轻松地完成这个事情。下面就以店铺开支账为例进行讲解。

第 1 步：打开 Excel，用鼠标单击第一个方格，并输入"月份"，如图 14-4 所示。

图14-4 输入月份

第 2 步：此处以开支项目为例，在表格中依次输入"房租""员工工资""水电气费""网费""杂项"，如图 14-5 所示。

第 3 步：在"月份"下方输入"1 月"，用鼠标单击"1 月"所在的方框的右下角并按住左键不放，如图 14-6 所示。

第 4 步：向下拖动鼠标，直到显示出"12 月"字样再松开鼠标左键，如图 14-7 所示。

图14-5 输入开支项目

第5步：输入1月具体项目费用，如图14-8所示。

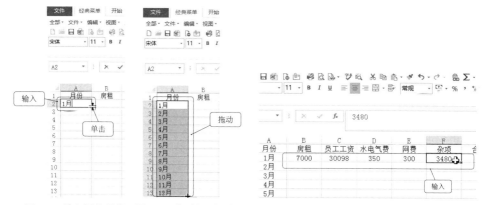

图14-6 输入具体月份　　图14-7 拖动得到更多月份　　图14-8 输入具体项目费用

第6步：选中1月全部支出项目，用鼠标单击上方的"求和"符号，即可计算出1月全部支出费用，如图14-9所示。

图14-9 计算得出1月总支出费用

第7步：按照上述操作步骤，分别输入其他月份总支出，如图14-10所示。

第8步：拖动1月合计方框右下角至12月的合计处，得出其余月份的合计费用，如图14-11所示。

图14-10　分别输入其他月份支出费用　　　图14-11　得到其余月份支出合计费用

店家可用同样的方法步骤计算得出全年总支出。用最后的总收入减去总支出，得到今年的盈利数额。

制作商品进销存管理表

为方便管理库存，可用 Excel 制作商品进销存管理表，便于仓库部门输入进货业务或销售业务数据时，自动计算出每一种商品的当前总进货量、当前总销售量和当前库存量。

"进货"工作表、"销售"工作表和"进销存自动统计"工作表均创建在一个工作簿内，并根据当前的销售状态输入相应的表格数据，再以"进销存自动统计系统"文件名称将此工作簿保存起来。相关操作步骤如下。

第 1 步：新建一张空的 Excel 工作簿，双击 3 张工作表的名称，将其分别修改为"进货""销售"和"进销存自动统计"，并将其进行保存，如图 14-12 所示。

图14-12　修改工作表名称

第 2 步：分别在"进货"工作表和"销售"工作表中，输入表格数据，如图 14-13 所示。

图14-13　输入表格数据

第3步：切换到"进销存自动统计"工作表中，输入需要统计的表头（数据标题）以及商品ID项和商品名称项的数据，如图14-14所示。

第4步：在"进销存自动统计"工作表中，选中C2单元格，输入公式"=SUMIF（进货!B:B,"玫瑰花茶",进货!D:D）"，如图14-15所示。

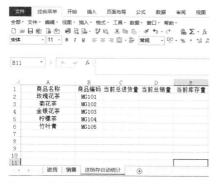

图14-14 在"进销存自动统计"工作表中输入需要统计的数据项

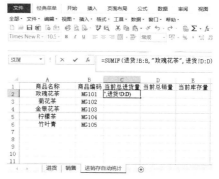

图14-15 输入公式

第5步：按下"Enter"键，并向下拖动C2单元格右下方的黑点至C6单元格，复制公式，如图14-16所示。

第6步：选中C3单元格，将公式中的"玫瑰花茶"修改为"菊花茶"，并按照同样的方法修改C4单元格至C6单元格中的公式。公式修改完成后的"当前总进货量"数据如图14-17所示。

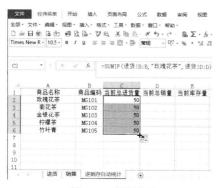

图14-16 复制公式

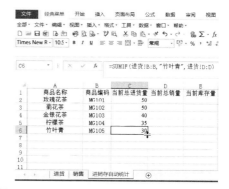

图14-17 公式修改完成后的"当前总进货量"数据

第7步：选中C2～C6单元格，向右拖动C6单元格右下方的黑点至D列，复制公式，如图14-18所示。

第8步：将D2单元格公式中的"进货"修改为"销售"，如图14-19所示。按照同样的方法依次修改D3～D6单元格公式中的相应数据，公式修改完成后的"当前总销售量"数据，如图14-20所示。

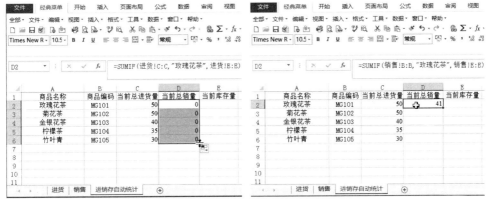

图14-18　复制公式　　　　图14-19　修改"进销存自动统计"工作表中的"销售"公式

第9步：在"进销存自动统计"工作表中，选中E2单元格，输入公式"=C2-D2"，如14-21所示。

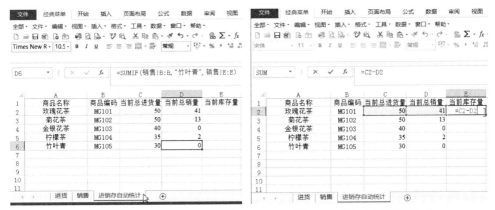

图14-20　公式修改完成后的"当前总销售量"数据　　　　图14-21　输入库存量计算公式

第10步：按下"Enter"键，向下拖动E2单元格右下方的黑点至E6单元格，得出其他商品库存量数据，如图14-22所示。

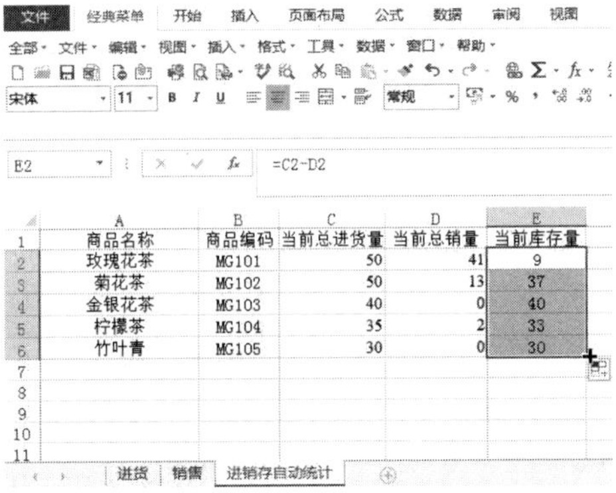

图14-22　复制库存量计算公式

通过该表，店家可分析最近热销商品的进货数量、销售数量、剩余库存等详细数据。

案例1——纸巾商家的一个财务教训

袁亮从事纸巾销售10年有余，故熟悉纸巾的厂家、渠道、价格。再三思索后，袁亮辞去原来的工作，自己在淘宝平台开起了网店，主营纸巾类商品。因为供货的厂家是多年合作关系，能够以较低的价格为他提供货源。故袁亮凭借着这种价格优势，收获不少老客户的青睐。

但随着拼多多、云集等平台低价拼购形式的出现，使得袁亮店内商品的价格优势逐渐减弱。为了缩减成本，袁亮决定自己联系纸浆源，招聘专业人工组建自己的纸巾工厂。由于投入纸巾生产的成本不断增加，只能控制店铺运营成本和人员成本。久而久之，店内生意惨淡，老客户也逐渐流失。

在工厂生产出10多万件商品后，袁亮发现这些纸巾可能迎来滞销风险。为了避免这一问题，袁亮下令纸巾厂暂停生产。且为了快速推广商品，袁亮在拼多多平台开设新店，还为库存最多的一款纸巾设置低价拼购活动。活动一上新，被低价吸引的客户很多，在短短两个小时内，活动商品销量突破3万件。这样的活动效果是袁亮也意想不到的，让他在高兴之余也充满了担忧。一方面是现在库存有限，继续上活动的话可能没货可发；另一方面是怕下活动后商品销量又上不去。

在短暂的思考后，袁亮联系工厂负责人马上安排生产工作，并要求运营人员和客服人员打起精神，维持活动继续。24个小时过去，当日销量高达20万件。库房加班加点在两天内共发出10万件活动商品。

活动结束后，袁亮可以用"热锅上的蚂蚁"来形容。一方面是来自库房人员连续加班的叫苦连天，一方面是来自客服人员反馈的客户催单、退货申请。拼多多平台甚至直接发出罚款通知，上面显示以商家不能在承诺时间内发货，对平台客户造成消极影响为由，处以商家罚款。

袁亮陷入进退两难的局面，只能高价招聘工厂兼职人员加大生产力度。同时，要求客服部尽量劝说客户接受延迟发货。终于在活动后的7天，全部商品发出。但事情并没有结束，客服在劝说客户接受延迟发货过程中，给不少客户留下不好的印象。加上这次活动商品全部由工厂自己生产，纸巾质量上存在偏薄、纸屑多等问题。故该商品陆续收到差评。

整场活动下来，袁亮不仅忙前忙后，还没得取得理想中的利润。最让他失望的是想用低价商品来获得拼多多平台店铺的基础销量和评论，可是却换来了骂声不断。

店家们确实应顺应根据市场变化，跟上热门潮流，案例中袁亮在拼多多平台参加拼购活动没错。问题在于他不善于统筹规划。由于他资金有限，如果开设工厂就必须缩减店铺正常开销的话，那开设工厂就不是个好主意。另外，活动应该量力而行，不能因为一时的贪多，导致自己无货可发，带来更多负面影响。

该案例也告诉各位店家，要合理控制成本。不能因为缩减某方面的成本（如运营成本、人员成本），影响店铺整体盈利。

案例 2——电商创业防踩坑指南

李霄,品牌类服装店家,有多年服装电商从业经验。他这里主要分享关于初期创业团队经常会踩的坑,并且结合实例对 PMF 和 MAP 两种方法进行了详细探究,对初创团队来说是不可多得的宝贵分享。以下内容由李霄分享。

近两年 PMF 和 MAP 玩法在互联网圈子里比较流行。PMF 是指商品与市场的匹配,MAP 意思是最小可用商品。今天就结合这两个方法,为大家分享我个人在创业过程中积累的几点经验。

1. PMF 是概念,MAP 是实践

PMF 是一个概念,一种思维方式,简单讲也叫作"适销对路"。

对于大部分的创业团队而言,最根本的事情就是找到一个对的商品,然后把对的商品放到对的市场上,从而对应到对的人群。所以我们要想清楚自己要做什么,方向是什么。这些可以利用调研、分析来完成。不过,需要注意的是,有些需求单纯用分析很难分析出来。例如,脑白金这个商品,如果上街去询问路人会给父母买礼物,其实是问不出答案的;还有,人人车在创立时,创始人认为他们每个月能成交上百台,但实际上它推出时突然就爆发了。所以,调研和分析也不是万能的,大家不能奉为主臬。

换言之,无论你多么聪明,多么了解市场,但在客户接触商品之前,都只是一种假设。因此,我们一定要去论证、看反馈,接着调整、再论证,直至找到 PMF。也就是说最后要让商品和市场进行有效结合。另外,如果没有找到 PMF,一般不建议大规模推广,反而应该低成本试错,这点大家需要注意一下。

2. 用 MAP 充分调动商品潜力

MAP 也叫作极简商品,它一般体现商品的核心价值。之前我们运作了一个比较成熟的服装品牌,但在做第二个品牌时,犯了路径依赖的错误,也就是完全照搬以前模式,招聘一个设计师、两个运营,就开始做货、备货。

但是一段时间后,我发现虽然投入很多,但效果不好。一番复盘之后,才搞清楚原来我们没有按照 MAP 的方式去做。MAP 方法的重要性在于,如果你的创业团队有 50 万元,必须在有限的资源、资金的情况下,尽快找到对的市场,然后让整个流程快速运转起来。

如前面所言,无论怎么分析,其实都是一种假设。我们必须尽可能多地去尝试,去找到 PMF,验证方向是否可行。也就是要让客户从了解你、看到你、熟悉你、信任你,从而购买你的商品。

3 如何搭建最小可用商品

我们都知道,电商销售用户是触摸不到商品的,所以也就没有触觉、嗅觉、味觉可言,所以对于这些部分就没有必要投入太大。简单来说就是对那些不容易感知到的部分尽可能简化,甚至能削减则削减。

然后在用户能看到的地方多下功夫。例如,视觉图片要不计成本地投入,保证做得非常优秀。在用户看不到的地方尽量简化,比如说办公环境是客户看不到的,他也不关

心。所以，在这部分的花费就直接削减，尽可能简化。

我们公司的桌椅都是仓库打包的那种旧桌子，办公用品，能租就租，不能租的就买二手的。在用户能看到的地方多用心，比如图片。但在图片方面，网页上图片几乎占有70%的比例。所以我们宁愿花高价去请一些技术好的摄影师，保证图片质量。模特方面，从一些专业的外模机构中挑选出气质佳形象好的美女来代言。关于后期视觉，借助外包公司，花钱打造效果。最后一整套流程算下来，有时会超出去国外取景的费用。但该花还是要花，严格要求自己，把客户能感知到的那部分做到最好。

4. 我们踩过的坑

最后，关于团队会踩的坑，我这里简单做一个总结。

- 要有具体的预算；
- 预算要少，有限的资源可以让你更高效地利用，迫使你做更正确的决定；
- 设定目标，奖励要大；
- 财务要进行独立核算（即使让团队成员来记流水账，也要知道钱花在了哪里）；
- 最好能够独立办公，环境可以差一点；
- 给压力，让员工知道干不好就地解散；
- 注意MAP的搭建，给自己的项目在找到PMF前争取时间和回旋的余地，有时候多坚持一下就赢了；
- 安排两个平行的负责人。

PMF和MAP的玩法归根结底其实没那么神秘，就是平时说的几个步骤：确定竞品，分析市场，接着调研商品的购买理由，和竞品的差异化。商品出来后，先小规模让市场体验，快速发现商品的不足，改进，等等。

做一个商品，如果没有经过一个相对有规模的测试，就不要对外大推特推，因为无论做了多少准备，都会有一些不适应市场。推得过早，会让市场对它过早失望，后面改进后大家还会半信半疑。会卖商品，但是不了解品控上的难度也不行，会踩坑。

第15章

客服管理

本章导读

客服作为网店经营中的重要岗位之一,是网店与客户沟通的唯一桥梁。客服工作主要包括售前、售中和售后,每部分工作都对下订单、转化起着重要作用。店家应重视、熟悉客服的工作内容,并制定相应的奖惩机制。为提升店内整体销量,客服应掌握工作中的常用技巧,如设置快捷短语、介绍商品、应对讲价、退换货处理等。

15.1 认识网店客服的重要性

网店客服是从事网店活动服务顾客的一种工作形式，主要为顾客解答售前、售中、售后问题，全程负责顾客关系管理等。

网店客服是网店工作中，人数较多的一个群体，也是店铺最重要的岗位之一。不同水平的客服带给顾客不同的印象，好的客服能为店铺塑造良好形象加分，能更好地提高商品成交率，加大顾客回头率，此外，还能收集顾客信息，为做好顾客关系管理工作打下坚实的基础。

1. 塑造店铺形象

线上购物和线下购物不同，顾客不能直接接触商品，只能通过视频、文字和图片来评估商品是否适合自己。这种不能亲自接触实物的购物形式，往往让顾客在购买时犹豫不决。客服作为商品和顾客之间的重要沟通桥梁纽带，在此时的作用尤为重要。

在顾客提出问题时，客服如果能及时耐心解答，就会给顾客留下好印象，加深顾客对该商品及其相关服务的信息。

例如，当顾客发现某款商品的价格特别便宜，故对商家信誉和商品质量都有所顾虑时，客服可以耐心说明商品低价销售的原因，并强调商品为正品，提供获得品牌厂家的授权且详情页上有授权书的照片，来打消顾客疑虑。除此之外，还能告知顾客自己能提供的一系列售后保障服务，来消除顾客的后顾之忧。这样周到热情的服务，在促使顾客下单的同时，还能给顾客留下好印象，获得顾客信任，为下次回购打下良好的基础。

客服在与顾客的交流过程中，答疑促购仅仅是基本工作，此外还应注意对店铺进行品牌宣传，比如适时传递商家的创业故事或品牌的价值与意义，以使顾客加深对商家的印象及信任。如果顾客在收到商品之后，对商品也满意，就自然会对该商家更加信任，甚至自发地宣传店铺或所购买的商品。

2. 提升店铺销售额

客服需要善于交流并懂得一定的营销方法，能在与顾客交流过程中精准地抓住顾客需求并适时向其推荐合适的商品，有效地提高商品的成交率。同时，客服若能给顾客留下好印象，而商品质量也达到顾客的预期，就能较好地提高顾客回购的概率，从而提高店铺整体的销售额。

如图 15-1 所示，营销能力强的客服，主要体现在主品销售量、关联商品销售量、客单价和回购率 4 个方面。4 个方面紧密相连，互相影响。

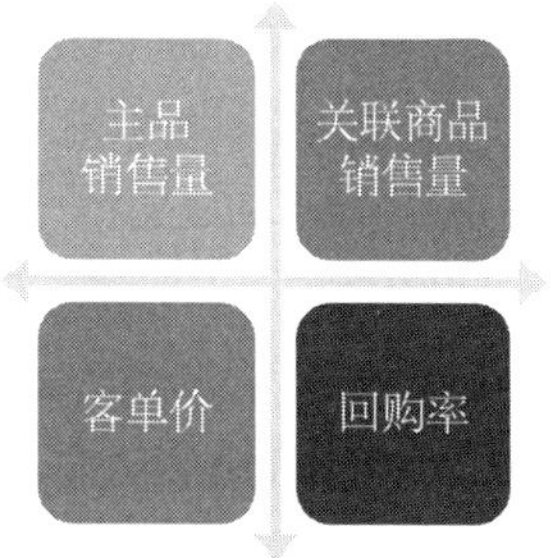

- **主品销售量**：指顾客询问的那件商品。掌握较强销售技能的客服，其主品销售量也较高。
- **关联商品销售量**：与主品相关的周边搭配商品，比如顾客在购买茶时，客服会向其推荐各种茶具、茶杯等关联商品。销售技能越强的客服，其关联商品销售量也越高。

图15-1 应具备的能力营销能力强的客服

- **客单价**：客单价＝总销售额÷总订单数，销售技能较强的客服，个人客单价也比较高，因为这类客服善于把更贵的商品推荐给顾客，并能够成功说服顾客购买。客单价越高，就说明该客服人员每次销售行为带来的价值更高。
- **回购率**：回购率＝一定时段内回购顾客÷一定时段内总顾客量。一名客服人员经手的顾客，如果回购率越高，则越说明该客服善于销售。

因此一名销售技能良好的客服，可以提高商品成交率、客单价和顾客回购率，为店铺带来更多销售额。

3.收集并反馈顾客信息

客服是整个电商从业人员中，与顾客接触最为直接也最为密切的角色。客服能通过交流掌握顾客的喜好、满意与否、不满所在等信息，并将之反馈给店铺，为店铺调整商品或销售策略提供鲜活的第一手资料。

15.2 了解客服团队的组织框架

对于夫妻店、好友店而言，客服可由自己或亲朋好友担任。但对于较为成熟的店铺而言，应组建体系完整的客服团队。一个完整的团队是一个共同体，利用队伍里每个成员的知识和技能协同工作，一起解决问题，以达到一个理想的目标。

如图15-2所示，一个较为完整的客服团队应包括客服经理、客服主管、客服组长和客服组员等。

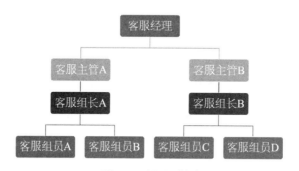

图15-2　客服团队框架

电商客服团队框架最终根据店铺的规模，进行增加或者减少层级。各个岗位都肩负着不同的职责。

- **客服经理**：是整个客服团队的领头人，负责整个团队的工作正常进行。其主要职责为：客户关系、客服关系的协调、管理；贯彻、执行店铺的客户关系管理理念；管理客服团队人员的新进及流出；制定与实施店铺客服管理制度；不定期抽查下属工作。
- **客服主管**：职位仅次于客服经理，主要职责为：培训管理客服组长和客服组员，如工作职责、工作流程、系统操作、绩效考核等；组建客户关系管理系统，负责客户满意度的调查、分析和优化。

- **客服组长**：主要对客服组员进行监督、管理，如检查客服组员的日报、周报、月报，及时发现组员工作中存在的问题，并协助解决。另外，客服组长还应配合客服主管完善规章制度、工作流程等。
- **客服组员**：是客服岗位中人数基数最大的一个群体，负责把上级制订的计划、制度落到实处。主要职责是解决店铺来访客户的售前、售中和售后问题。

店家要明确不同岗位人员的工作职责，明确划分工作内容，将客服团队搭建得更加完善、明确。

15.3 客服的职业素质、行为规范及工作准则

作为一名合格的客服，应具备相应的职业素质、行为规范以及工作准则。

1. 职业素质

任何一个工作岗位都有相应的职业素质要求。一名合格的客服应兼具心理素质、技能素质和品格素质，如图 15-3 所示。

心理素质
- 具有一定的抗挫折抗打击能力
- 面对突发事件，具备较强的应变能力
- 情绪方面的自我掌控及调节能力
- 永不言败的高昂心态

技能素质
- 娴熟的沟通技巧、良好的文字语言表达能力
- 丰富的商品知识与行业知识
- 思维敏捷，具备对客户心理活动和情绪波动的洞察力

品格素质
- 认真、忍耐、宽容与友善
- 敢于承担责任
- 顾全大局，有强烈的团队精神
- 不轻易承诺，但承诺必然实现
- 爱岗敬业，忠诚于企业，兢兢业业地做好每件事

图15-3 客服的职业素质

同时，客服应该在工作中努力提升自己的心理素质、技能素质和品格素质，才能更好地服务于客户，也让自己的客服工作变得更加轻松。

2. 行为规范

想要成为一名合格的客服，应遵守相应的行为规范。每个商家的客服规章制度可能不一样，但一些较有通用性的客服个人行为规范是差不多的，主要包括考勤、工作内容、个人形象、团队协作等。如某商家的客服行为规范如下。

- **不得迟到早退**：有事离岗须向主管请示且请假条须主管签字方成效，如须请假，提前24个小时联系部门主管，参考员工薪资管理制度。
- **不得做与工作无关的事情**：社交软件只能登录公司派发的账号，除此之外不能登录任何私人账号。严禁上班时间看视频、看小说和玩游戏等，严禁私自下载安装软件。
- **注意个人形象**：工作服装穿着不做严格规定，但不许穿拖鞋及过于暴露的服装。保持桌面整洁，保持办公室卫生，办公桌禁止堆放杂物。
- **爱岗敬业**：刻苦钻研业务，努力提高自己。以公司的目标为自己工作的努力目标，以"服务没有终点"为原则，不断进取改善工作、完善自我。
- **遵章规章制度**：遵守公司规章制度，服从公司统一管理，不与客户达成私下服务协议。不私下收取客户任何形式的服务费用。
- **注重团队协作**：所有客服服务人员应该协助或帮助其他同事共同为客户提供优质贴心的服务。

3. 工作准则

客服主管应制定相应的工作准则，并严格规定客服工作人员遵守，如恪守公司秘密、及时反馈意见、接待好客户等。由于每个店铺的实际情况不一，侧重点也有所差异，所以为客服制定的工作准则可能有所不同。下面为一家服装类目旗舰店的部分工作准则。

- **及时回馈意见**：在与客户沟通中，如遇到客户提意见、想法，应及时回馈给领导。
- **反应及时**：交流过程中应做到反应快、训练有素，规定顾客首次到访打招呼的时间不能超过10秒。打字速度要快，且不能有错别字。
- **做好活动接待**：活动更新上架前，客服主管负责培训所有客服，让大家在活动前掌握活动内容。
- **热情亲切**：言语间透露出热情、赞美、自然、真诚。
- **用语规范**：称呼亲昵，自然亲切，有礼貌，让客户感觉热情，而不显生硬。
- **专业**：用专业的语言、专业的知识、专业的技能，解答客户疑问，在客户心目中树立起专家形象。
- **主动推荐和关联销售**：善于向客户推荐店铺主推款及爆款，并主动给予关联推荐，以至于达到更高的客单价。
- **建立信任**：通过交谈，找到和客户共鸣的话题，想客户所想，并提供恰当建议，建立销售信任。
- **坚持写工作日记**：每位客服应形成写工作日记的习惯。记录每天工作中遇到的问题，并对今天的工作进行总结，下班前统一发送给客服组长。

15.4 各岗位客服的工作内容与职责

如图15-4所示,店铺客服分为售前、售中和售后3种,各个岗位之间的工作没有主次之分,都很重要。做好售前客服,能协助客户促成订单;售中客服及时处理订单中的问题,可提升客户满意度和忠诚度;售后客服则负责处理好客户评价、投诉等售后工作。

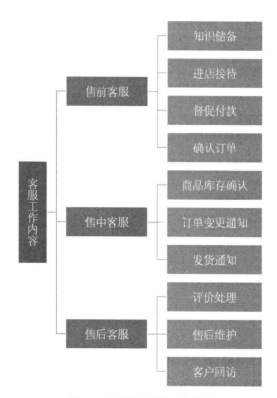

图15-4 各岗位客服的工作内容

1. 售前客服

售前客服的工作内容主要包括:售前知识储备、客户进店接待、督促客户付款、确认订单信息。

- **售前知识储备**:售前客服在接待客户时,常遇到客户咨询商品相关的问题。故客服人员需要在平时储备大量的商品知识。通常,新客服上岗前会接受集中培训,在商品上架前,管理人员也会将相关商品知识发送给所有的客服人员。

- **客户进店接待**:当客户对某件商品产生兴趣时,就会进店询问客服人员相关的问题。客服人员不仅要回答客户的问题,以各种方式促使客户下单购买,在可能的情况下,还要向客户推销关联商品,增加店铺的整体销量。

- **督促客户付款**:部分客户下单后付款不及时,对于这样的订单,客服人员要及时与客户联络，督促客户及时付款。

- **确认订单信息**：客户下单并付款后，客服要向客户确认订单信息。避免出现地址有误、手机号有误等情况。

2. 售中客服

售中客服的工作内容主要包括：商品库存确认、订单变更通知、发货通知。

- **商品库存确认**：部分商品在页面上的库存量与实际库存量有出入，则可能出现客户下单后，仓库里却没有足够的货物。因此，客服在发货前需要与库管确认商品的库存量，以确保商品能够按时发货。如果发现货物不够，就要及时向上级通报。
- **订单变更通知**：如果有各种原因，导致订单不能及时发货，或者根本无货可发，此时需要在订单上做相应的标注，标明变动事由、修改人工号以及修改时间；同时要使用电话或短信及时通知客户，取得对方的谅解。
- **发货通知**：很多客户在网购中都非常关注物流问题，因此在发货之后，最好用阿里旺旺或者短信给客户发送已发货信息，告诉客户商品已经发出，并告知快递单号，这样可以增加客户对店铺的好感。

3. 售后客服

售后客服的工作内容主要包括：评价处理、售后维护、客户回访。

- **评价处理**：交易完成以后，客户要对此次交易做评价，客服也需要对客户进行评价，如果客户对交易做出了好评，则客服人员应在后台给出感谢性的回复评价；如果客户对交易做出了中差评，则客服人员需要联系客户，协商修改中差评为好评，如果对方不同意，则应对此做出解释性的回复评价。
- **售后维护**：当客户对商品的使用或者质量有疑问时，通常会联系客服人员询问相关的问题，客服人员要对此进行详细的回答。当需要退换货时，客服人员应向客户提供相应的退货地址，并与客户协商好邮费等问题。
- **客户回访**：交易完成后，客服还要对客户进行定期或不定期的回访。回访内容主要包括是否满意商品质量，使用中有无问题，对相关商品有没有兴趣，以及一些其他的优惠信息等。回访的目的，一是为了及时发现客户没有反馈的问题，二是为了提高店铺在客户心中的存在感，促使客户再次进店购买，三是为了推销其他的商品。

回访一般采用电话和短信进行。为了增加客户对回访的回应率，可以在回访中加入一定的优惠、奖励，促进客户进行反馈，或者再次进店消费。例如，在接通电话开头先说明："不好意思，耽误您两分钟做个调查。为感谢您的反馈，可到店内领取 8 元无门槛代金券一张。"

15.5 客服人员应熟悉商品信息及促销信息

客服人员应熟悉店内所有商品，并了解商品的优缺点，能巧妙利用优点去推荐商品，避开缺点，促成更多订单。此外客服还应熟悉店内店外的各种促销信息，比如店内的满减、满赠活动，平台的聚划算、免费试用等活动等，在适当的时候告诉客户，可以增加销量，提升客单价。

1. 熟悉商品信息

与商品相关的专业知识是一个客服应该熟知的最基本的知识，否则关键时刻不能解答客户的疑问，自然不能促成交易。客服需要了解的商品专业知识不仅包括商品本身，还包括商品周边的一些知识。

- **商品知识**：如商品的种类、材质、尺寸、用途、注意事项等。最好还能了解行业的有关知识、商品的使用方法、修理方法等。例如，客户询问某款牛仔裤会不会褪色，客服不能想当然地回答会或不会。正确的做法是按照厂家下发的资料来说明会或不会。如果会褪色，还需向客户讲明是什么成分、什么原因导致褪色，褪色后该如何处理，等等。

- **商品周边知识**：商品周边的知识也很重要，比如某些商品可能会不适合部分人群，或某些商品有什么特殊历史，客服应该事先向客户讲解清楚，这样更能获得客户的认同。比如某款多用帽子适用于哪些场合，以及某某同事在戴这款帽子过程中发生了哪些趣事，等等。

客服不仅是店铺的形象大使，也是商品专家，只有了解自己的商品，才知道如何推销给客户。客服主管可以对客服人员进行月考，以商品信息，如颜色、尺寸、商家编码、卖点等内容作为考核标准，并进行适当的奖惩，以此激励客服人员自主自发地熟悉商品信息。

2. 熟悉促销信息

为提升客单价和店铺整体销量，店内常常会筹划一系列的活动。客服应熟悉店内商品的促销信息，在必要时，向客户传递最具吸引力的促销信息，促使客户下单。如每年的"6•18""双十一""双十二"等节日，店铺一般会参加平台的促销活动，或店铺的周年庆也会搞一些优惠活动。虽然在店铺首页或详情页里会体现出具体的促销信息，但部分客户可能仍然没有留意。所以在客户询单时，客服人员需要告知促销信息，加大客户下单的机会。

15.6 设置快捷回复短语提高回复客户的效率

很多客户询问的其实是类似的问题，如果每次都手动输入答案会浪费客服人员很多时间，回复效率也很低。因此，为了提高工作效率，客服可以在相应的沟通软件上设置快捷回复短语，可以快捷地回答常见问题。

设置快捷回复短语，具体操作方法如下。

第1步：登录千牛工作台，进入"接待中心"，打开聊天对话框。单击对话框中的"快捷短语"按钮，如图15-5所示。

第2步：在弹出的文本框里，单击"新建"按钮，如图15-6所示。

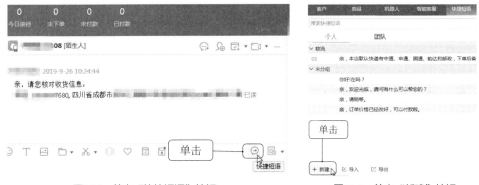

图15-5 单击"快捷短语"按钮　　　　图15-6 单击"新建"按钮

第3步:弹出"新增快捷短语"对话框,设置快捷短语,完成后单击"保存"按钮即可,如图15-7所示。

图15-7 设置新增快捷短语对话框

在设置快捷回复短语时,一般也需根据客户可能会提的问题来设置,如客户关心的问题:是否有货?什么时候发货?……故常用的自动回复话术如下。

开场白:亲,您好。非常高兴为您服务,有什么可以为您效劳的呢?

询问是否有货:亲,您看中的这款宝贝有现货,您可以放心拍。

询问发货时间:每日17:00前拍下,可当日发货;17:00后拍下,次日发货。

询问快递:本店默认发韵达、中通和EMS,如果您地址比较偏远,可以指定EMS;如果您要得比较急,可以考虑自己补差价,发顺丰哟。

是否能讲价:亲,非常抱歉,我们的价格已经是底价了呢,没办法再优惠了。

对质量问题的质疑:我们的商品都是某某正品商品,质量都是有保证的,您可以放心拍。

对退换货的存疑:如存在质量问题,退换邮费由我们承担;如果是非质量问题,退换费用由您自己承担。

是否包邮：我们家商品类目多，总有合适您拼单的，可以多看看，选满 28 元即可享受包邮哟。

15.7 客服应掌握的商品销售技巧

店内促销活动是一家店铺获取流量、提高销量最有效的手段之一。促销活动同时也能够为客户制造一个很好的购物理由，通过丰富多彩的促销活动，能够有效地提高客户对店铺和商品的关注度，为店铺的销售增添动力。

如图 15-8 所示，常见可用于促单的活动包括限量发售、限时促销、赠送运费险、买一送×、搭配套餐等。

1. 限量发售

限量发售是在数量上进行限制，让客户产生紧迫感，以此推动客户下单。当客户感觉某款商品快卖完的时候，就会产生"再不买就买不到了"的心理，这种心理能促使客户快速做出下单购买的决定。

客服在限量促销期间常用的促单话术技巧为：

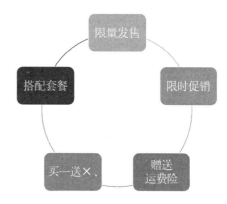

图15-8　可用于促单的活动

- 亲，这款帽子只有 100 件，卖完就没有了，因为这个款式做工特别烦琐，厂家做起来非常费事，都不愿意做了，下次还能不能联系到厂家做还是个未知数，这一批有可能就是最后的绝版了。如果您是真的喜欢，可以考虑下单哟。
- 我们这款挎包是外贸尾单，只有 200 个，卖得非常好，现在只剩几十个了。如果您真心喜欢，可以考虑下单，不然后期可能就没有那么物美价廉的了。

限量促销有两种，一种是写在商品详情页上的限量促销，这种通常容易被客户注意到；另外一种是没有写在商品详情页上，但是通过详细页的库存量可以看到其数量不多了。当写在详情页里不够显眼时，客服就要特别提醒客户。

2. 限时促销

限时促销是在时间上进行限制，制造紧迫感。有很多客户喜欢在了解商品之后，考虑上几天再决定购不购买。对于这种类型的客户，限时促销是一个非常好的推动方式。

限时促销的一般在众所周知的节日进行，如春节、国庆节，也可以在淘宝平台举行的"双十一""双十二"购物节时举行，为期一般为 2～7 天。客服在促销期间常用的促单话术技巧为：

- 亲，我们这次促销的时间到 5 日就截止了，以后可能不会有这么大力度的优惠了，请您抓紧时间考虑。

- 亲，这次促销只有 3 天时间，到今晚 24:00 就结束啦！24:00 以后立即恢复原价！原价会多出 50 多元，您可以考虑现在下单，省下这 50 多元去做其他事。

在与客户沟通时，客户说要考虑考虑，或者长时间没有反应，这个时间就可以提醒对方"本商品限时促销，一定要把握好时机"，以此推动客户下单。

有的客户比较谨慎，即使看到限时促销，可能还是会到别的店去比较。对于这样的客户，不用频繁发消息，只要他/她看到限时促销的优惠，自然会考虑是否下单。

3. 赠送运费险

客户下单前考虑得比较多的一个问题是：假如自己不喜欢这款商品，退货的话就会自己承担运费，这对客户来说是一个不大不小的负担，特别是商品价格不太高的情况下，运费的比重就显得比较大了，对客户来说是很划不来的。

要打消客户的这类疑虑，店家在投保运费险的前提下，客服可以用以下几种话术促单：

- 请您放心购买，如果商品您不满意，请直接申请退货，我们为每个客户都投了运费险，客户退货可以获赔运费哦！
- 你可以买回去先试用几天，如果商品出现问题或者您不喜欢，走个退货流程退给我们就是了。我们为每个客户都投了运费险，您可以放心退货，稍后运费险赔付的运费会退到您的支付宝账号。

> **注意**
>
> 需要注意的是，必须提醒客户收了货不要忙着确认收货，因为一旦确认，运费险就失效了，再退货就只有客户自己承担运费了。

4. 买一赠×

买一赠×是最常见的营销手法，比如，洗面奶买一送一。买一赠×活动能够显而易见地提升店铺的销量，客服在促单时也比较轻松。成本较大的买一赠×不能一直实施，会给店铺造成较大的损失。如图 15-9 所示，买一赠×一般可以在以下几个场景进行。

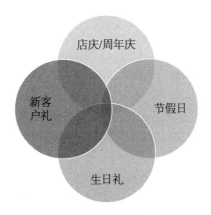

图15-9 适合买一赠×的场景

- **店庆/周年庆**：在店庆/周年庆时，比较适合进行买一赠×活动。在活动的前几天，可以在店铺首页就打上醒目的广告，让客服提前有个准备。在买一赠×活动当天，也要让客服做好准备，迎接比平时更多的工作量。
- **节假日**：节假日是送礼的好时机，在春节、元宵节、重阳节、端午节等节日都可以举行买一赠×的活动吸引客户。例如，经营香水类目的商家，在七夕节当日举行在店内购买超过520元金额的商品，即可获赠情侣T恤。
- **生日礼**：客户生日，是联络感情的最佳时机。客服不但可以通过电话或短信祝福客户，同时还可以告诉客户可以享受买一赠×优惠。客户既受到了精神上的关怀，又得到了实际上的利益，对店铺的好感就会上升到一个新的高度。
- **新客户礼物**：当新客户第一次在店里购物时，客服可以针对该客户实行买一赠×活动，这样不仅能促使新用户下单，还能让新客户就对店铺留下深刻的印象，以后购物时，都会很自然地先想起这家店铺。

5. 搭配套餐

搭配套餐是将几种商家店铺中销售的商品组合在一起设置成套餐来进行捆绑销售，这样可以让客户一次性购买更多的商品。从而提升店铺的销售业绩，增加商品曝光度，节约人力成本。

客服在与客户交流中，可以推出搭配套餐，提高客单价。例如，女装类目客服在客户购买一件衣服后，给出搭配建议，并提到"再选购正价商品，还可以再优惠5元"，用主动搭配加优惠的方式来建议客户多买商品，提高客单价。

15.8 应对客户讲价的技巧

讨价还价是一种根深蒂固的购物习惯，很多人把这个习惯带到了网购中，在购物前喜欢和客服讲讲价，成功了可以节约一点小钱，不成功也没有任何损失。所以客服在与客户交流的过程中，经常会碰到讲价的情况。

客服应该尽量不让客户讲价成功，否则损失的不但是店铺的利润，客服本人的提成也会受到影响；此外让其他客户知道了，也会纷纷要求降价，将对店铺造成不好的后果。客服在应对讲价时，可使用以下技巧。

- **说明自己没有降价权限**：有的客服有一定范围内的降价权力，有的客服则没有。不管有没有，当客服决定不接受客户讲价时，都可以向客户表示自己没有降价的权力，从根本上杜绝客户想讲价的企图。
- **说明价格已经很低廉**：当客户讲价时，客服可以用"横向对比法"，将其他店铺的同款商品价格摆给客户看，让客户明白这个店铺的商品价格已经是比较实惠的了，降价空间不大，从而放弃继续降价的想法。
- **摆明利润空间**：客户讲价的根本是希望商家让利，假如客服能够说服客户相信店家利润本来就很低，就可以理直气壮地拒绝客户的讲价。
- **分解高价**：如果客户觉得商品贵，不妨换个角度解释，让客户觉得比较便宜，可以接受，从而瓦解客户讲价的心理基础。一个常用的方法就是：将商品价格分摊到每月、每周或每天，自然就变得不是那么让人难以接受。
- **说明附加功能、价值**：客户觉得商品价格过高，无非是觉得商品的价值配不上它的价格。如果能够说服客户相信商品的价值比较高，那么较高的价格客户也就可以接受了。说明价值高可以从附加功能多和附加价值高两方面入手。
- **象征性降价**：部分客户喜欢死缠烂打，无论客服说什么都不接受，一定要求讲价。这类客户往往是喜欢讲价本身，并不在意降多降少。针对这类客户，客服可以在权限范围内象征性地降一点价，满足客户的成就感，又不会让店铺利润损失太大，达到两全其美的效果。

15.9 售中订单的操作处理

客户下单后，客服首先应查看订单信息，并确认是否已经付款，如已付款则向客户确认订单信息，并安排发货及更新物流息，保证货物顺利达到客户手中。在交易完成后，双方还要互相评价。如图15-10所示，为一般的订单处理流程。

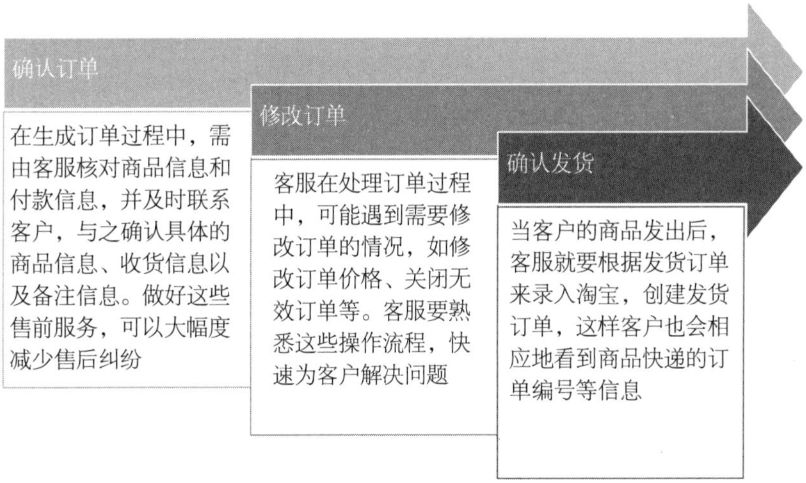

确认订单
在生成订单过程中，需由客服核对商品信息和付款信息，并及时联系客户，与之确认具体的商品信息、收货信息以及备注信息。做好这些售前服务，可以大幅度减少售后纠纷

修改订单
客服在处理订单过程中，可能遇到需要修改订单的情况，如修改订单价格、关闭无效订单等。客服要熟悉这些操作流程，快速为客户解决问题

确认发货
当客户的商品发出后，客服就要根据发货订单来录入淘宝，创建发货订单，这样客户也会相应地看到商品快递的订单编号等信息

图15-10　订单操作处理流程图

客服在确认发货后，应及时将物流信息发送给客户查阅，并及时提醒客户签收货物。同时，为了提升商品的展现量，客服应委婉提醒客户给予评价。待双方互评后（包括追评），整个订单才算完结。

15.10 退换货问题的处理

退换货问题在售后问题中较为常见，客户在收到商品后，有时会因为商品的质量有问题，或者大小、颜色、款式等不满意，要求店铺退换商品。其中，更换商品可能涉及差价问题，退换商品则会涉及退款和运费问题。处理好退换货，是一名售后客服的基本工作。

1. 判断商品是否符合退换货标准

客户要求店铺更换商品，可能涉及价差问题，而退换商品则会涉及退款和运费问题。关于退换货与运费方面的说明，商家一定要事先放在商品详情页，让客户了解本店的相关规则，如图 15-11 所示，为某天猫店的退货、赔付声明。

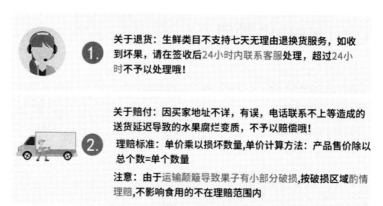

图15-11 某店铺关于退换货的声明

客服在和客户沟通协调一致后，应在规定的时间内同意申请，再将相关的信息发送给发货人员；收到客户退回的商品后，须确认商品不影响第二次销售，再寄出调换的商品或退款，如影响二次销售，则应与客户协商或申请平台介入。

如果商家对客户退回的商品存在争议，需要与客户协商，甚至需要平台介入时，必须出示相应的证据，一般来说需准备的证据有：退换货问题上协商达成一致的聊天记录截图，以及物流公司出具的收到退货有问题的公章证明或换货发出的快递单。如有其他相关凭证也应一并出示。

2. 劝说客户取消退换货

客服考虑到销量、客单价等因素，应尽量劝说客户取消退换货。在劝说时，要注意态度和言语措辞。通常，客户在对商品不满时，语言和态度方面可能会比较激动，客服应询问退款理由，并安抚客户情绪。如部分需安装才能使用的商品，客户由于不知道安装方法，导致安装有误，商品不能正常使用，因而发出退货申请，此时客服应询问原因并做出相应的安装指导，并劝说客户不要退货。

客服在设法缓和客户情绪时应主动承担责任，并注意把握交流过程中的态度与语言，避免激怒客户，因为此时客户的情绪容易失控。

3. 确定退换货

实体商品一旦确定退换货，必定涉及邮费问题。不同的电商平台对退换货邮费归属有不同的规定，故售后客服应配合客户处理好邮费的归属及相应的补差价。在做这项工作之前，客服须先和客户交流，确定责任的归属。

（1）退回邮费。客服在退换之前应与客户协商好，由客户垫付邮费，商家收到退货商品并确认商品无明显使用痕迹，不影响二次销售的情况下，再退给客户约定的邮费。如果交易双方都没有购买运费险，在寄回商品时则涉及运费的归属问题。在处理这种情况时，应根据具体问题具体分析的方式来解决。如商品有质量问题和无质量问题，如果遇到商品无质量问题，单纯由于客户不想要了，要进行退货处理时，退货运费由客户全部承担。但如果商品存在瑕疵或质量问题，客服应主动承担邮费，并安抚客户情绪。

（2）退回差价。部分商家对一些商品做了"买贵退差价"的承诺，在承诺期限内，如果商家将商品降价，客户可以要求商家退还差价，这种情况下，商家必须要履行承诺，将差价退给客户。

（3）发票问题。当客户申请发票退款时，应先确认客户申请的原因，如果是发票抬头、商品类型、金额有误，先查看自己在与客户的聊天过程中是否存在错误，并让客户提供出错证明，例如聊天记录截图。如果确实是客服开票出错，建议与客户协商妥善解决，如请客户退回重开并由客服承担运费。

4. 与仓管人员协调处理退换货

在处理退换货事宜时，客服可能还需要仓管人员的协助与配合，交接工作一般是通过退换货表格来进行的。如表 15-1 所示，某客户在店内购买一款胸针，在收到货后表示不喜欢需退货处理，接待客服应在"退换货详情表"内完善订单信息，并转交给仓管人员。仓管人员在拣货时，严格按照表格内的信息进行处理，避免失误引起客户不满。

表15-1 退换货详情表

日期	客户ID	订单号	退回快递号	退换商品	退换原因	是否重发	运费承担	办理人
2019/10/1	张三	2879***	邮政***	A款胸花	不喜欢	否	客户	客服***
2019/10/1	李四*	2898***	邮政***	F款胸针	残次商品	是	店铺	客服***
2019/10/1	赵五*	2967***	邮政***	H款耳钉	款式发错	是	店铺	客服***

15.11 通过对比工作成绩促进客服人员成长

做好客服的销售统计数据分析，不但方便电商商家计算客服人员的工作绩效，还能发现客服人员在工作中存在的问题，从而有针对性地培训与指导客服人员，以消除其工作短板，提高其工作效率，让全店的销售量得到提高。

例如，张倩在淘宝平台经营一个土特产店铺，考虑到年终奖金的发放，对店内几名客服客单价和转化率进行统计分析。

如表15-2所示，该店铺在下半年的客单价为88元。客服主管对某组4名客服客单价进行横向对比时发现客服工作之间存在明显差异。为提升店铺整体客服客单价，客服主管提出整顿计划。

表15-2 客服下半年客单价统计表

客服	7月	8月	9月	10月	11月	12月	平均
甲	90	95	99	101	134	125	107.33
乙	88	88	94	100	128	130	104.67
丙	100	103	102	108	128	117	109.67
丁	76	88	80	78	135	69	87.67

根据正常情况，客服客单价会高出店铺客单价15%～30%，那么客服客单价至少要达到101.2元，才算是基本合格。店内4名客服客单价对比结果如下。

- 客服甲、乙是刚入职的新员工，在实习期间，客单价呈稳步递增的形式上涨，平均客单价均超过了合格标准。
- 客服丙6个月的客单价稳定性强，平均客单价最高，是重点培养对象。
- 客服丁在6个月中，客单价低至69元，高至135元，创下了店内客单价的最低、最高，但平均客单价为87.67元，未达合格标准，属于重点问题客服。

通过分析发现，客服丙客单价高的原因在于转化率高、关联商品多。为提升其他客服工作能力，店家在年会上为客服丙发放奖金时要求丙分享工作日常经验。客服丙分享内容如下。

一般影响询单转化率的因素有：商品的专业知识、店铺促销信息、销售技巧和服务态度等。大家只有在掌握这些基本知识，并将其灵活的应用到工作中，才能提升转化率。

- **熟练掌握商品的专业知识**：只有快速清晰地回答客户的问题时，才能够在客户心中建立信任，从而增加下单可能性。当客服遇到不熟悉的问题，需马上与同事、上级沟通，再将相应答案反馈给客户，而不要以"这个其实不重要"或"说明书里讲得也不是很清楚"等话语来搪塞客户。
- **熟悉店铺促销信息**：当客户犹豫是否购买商品时，客服就要看准机会，抛出店铺促销信息，促使客户下定决心购买。
- **有熟练的销售技巧**：能够迅速判断出客户的需要、客户的类型，有针对性地引导客户下单。
- **具备良好的服务态度**：客服的良好服务态度可以让客户感到自己受到了认真、热情的对待，从而对客服和店铺产生好感，这样客户下单购物的可能性也就增加了。

至于关联销售方面，客服丙给出的建议是在客户犹豫期，马上用"福利""优惠""抢"等字眼刺激客户下单。如，客户在询问某款蜂蜜价格、快递后，客服丙往往会加上一句"亲，这款蜂蜜近期在做活动，搭配某某蜂王浆下单，立减20元。这样的机会可不多，喜欢就入手哦"。

15.12 了解客服考核与薪资

为更好地管理客服工作，店家应建立相应的考核制度及合理的薪资构架。在制约客服工作的同时也给予相应的激励。制约方面，可根据具体的KPI考核表为客服打分。分数的高低直接影响薪资的高低。

1. 客服KPI考核

"KPI指标"是指"关键业绩指标"，通常被用于数据化衡量一个岗位的工作成绩，在客服工作中，关键业绩指标包括DSR指标、平均响应时间、客单价、接待量、回购比等指标。由于各个店铺的情况不一，具体KPI指标和分数也有所不同。如表15-3所示，为某服装类目店铺给出的售前客服岗位指标表，店家可根据此表对自家客服制定相应的KPI考核表。

表15-3 某服装类目店铺售前客服KPI的关键指标

KPI指标	详细描述	标准	分值	权重比
DSR	DSR指的是客户在交易完结后给店铺的"描述相符""服务态度""发货速度"3项的评分，判断标准为与月初基准值相比	提升	100	5%
		持平	90	
		下降	80	
		严重下降	50	
主动性	在与客户交流过程中，主动询问客户需求。按抽检比例算（如抽查了10次，6次主动发问，则为60%）	=100%	100	20%
		95%～100%	90	
		90%～95%	80	
		80%～90%	70	
		70%～80%	60	
		<50%	50	
接待量占比	客服接待访客数量占总访客的比例	=100%	100	10%
		95%～100%	90	
		90%～95%	80	
		80%～90%	60	
		70%～80%	50	
		<50%	30	
平均响应时间	客服对客户回复用时的平均值，单位为秒	≤20	90	10%
		20～30	80	
		30～40	70	
		40～60	60	
		60～80	50	
		>90	40	
客单价	某客服的所有订单金额除以订单总笔数，单位为元	≥70	100	15%
		65～70	90	
		60～65	80	
		55～60	70	
		50～55	50	
		<50	30	

续表

KPI指标	详细描述	标准	分值	权重比
询单转化率	客服接待的询单客户中，下单购物的客户数量与总接待数量之比	≥70	100	20%
		65～70	90	
		60～65	80	
		55～60	70	
		50～55	50	
		<50	30	
聊天质量	抽查聊天记录，根据聊天质检标准打分，重点检查投诉、错误等	日常服务聊天记录抽查	100	20%
			90	
			类推	

客服主管还可制定其他的其他加分项和扣分项。如客服促成金额较大的单子，奖励加5分；客单价当月第一的客服，奖励加3分；转化率当月第一的客服，奖励加3分。

2. 客服日常行为规范

除以上维度外，客服接待客户的行为规范也影响着客户对商品、店铺的印象好坏。所以如表15-4所示，该商家还制定了客服日常行为规范表，用于约束客服的行为规范。

表15-4　某服装类目店铺的客服日常规范表

分类	描述	扣分
响应慢	在与客户交流中或客户评价中被指责响应慢、不理人、超时响应未致歉未得到谅解	-2
服务态度差	（1）服务过程中给客户较差体验，重复使用2次相同快捷语 （2）超过5条快捷语 （3）出现反问/质疑/抱怨/无奈/比喻不当 （4）用词不当 （5）通篇完整的少于2次以上10字的回复 （6）聊天中明确表示不满，服务过程中无姿态，敷衍	-5
业务知识解读错误	在服务过程中未解答客户问题或解答错误，包含不限于活动问题/商品问题等各个细节，如复制粘贴错误，使用错误快捷语等	-3
拒绝服务	客服对客户反馈问题爱搭不理，包含不限于不给处理时效及处理方式，要求处理内容不操作，如发货前客户要修改地址，未及时跟进退货退款导致客户体验过差等	-2
答非所问	指服务客户的过程中，不能针对性解决客户的问题，问东答西、少回答或多回答问题	-5
单方案提供	在接待及处理的过程中客户不满意提供方案时，没有提供另一种方案以求得客户满意	-3
私自挂断电话	服务过程中，不可无故挂断电话和打断客户	-5
电话微博微信投诉	客户通过微博/微信/贴吧/电话等平台进行投诉	-5
回评	出现词不达意的回评	-10
执行力	同一个错误提醒后再犯，按正常扣分的2倍扣	/
订单备注	对于客户的要求需转接其他客服或库房的，备注不详，造成未及时转接，导致客户投诉	-5

从表中可以看到，客服响应慢、服务态度差、答非所问等情形，可视具体情形扣分，而分数又与绩效、奖金等挂钩，因此根据此表格可以有效规范客服的日常行为。

3. 客服薪资构成

对于管理，不能一味地选用制约、管理，还应给予相应的激励。所以店家应制订好具体的绩效方案，再按照方案管理客服的薪资，实现对客服的正负向激励。

如图15-12所示，某服装类目商家的薪资由底薪、绩效、提成和奖金构成。

图15-12 某服装类目商家的薪资构成图

- 在底薪方面，可分为两大部分：新客服底薪为老客服的80%。如老客服底薪每月为2500元，则新客服底薪每月为2000元。
- 提成可按公司每月销售额来计算，如公司当月销售额超过120万元，开始按销售额0.1%来计算提成。若当月销售额为130万元，则每个客服的提成为：1300000×0.001=1300元。
- 具体的绩效和奖金则可以根据各个客服的KPI评分高低来计算。例如售前客服，主要考核接待量、响应时间、客单价、销售额等。

以上考核和薪资都来自同个店家提供的资料，仅供各位店家参考。店家可针对自己店内实际情况，制定专属店铺的考核表。

案例——如何实现客服的精细化管理？

王晶，主营居家布艺类目，有8个天猫店铺，2个淘宝店铺，年销售额8000万元。下面由他分享关于客服的精细化管理和KPI定制，以及通过这种全套的KPI和管理，如何实现让整个客服团队能够有效的、高速的，且有保障的运转。

1. 客服的初步筛选

面试客服的时候一定要尽量严格把控，因为培养一个优秀客服的成本挺大的。我们一般会让新人到公司的第一天先熟悉环境，认识同事；第二天给他布置任务，比如记一些扣分规则以及常见的违规问题等；紧接着，为了测试他们对客服知识掌握情况，第三天安排他们考试。我们要注意，新人来的第一周，往往也是离职率最高的一周。各店家情况不同，对策可能也就不一样。

2. 客服的管理

我们客服的工资结构主要由这样几部分组成：基本工资＋基础考核＋个人优秀奖金＋

团队年终奖＋处罚。

（1）基本工资。在制定基本工资的时候，常常会遇到这样的问题，就是客服A和客服B的基本工资都是2500，客服A一个月上28天班，工资是2500，客服B一个月上31天班结果工资也是2500，这个时候客服B就会想，为什么上31天班和上28天的一样？客服B心理上就会不平衡。

那么如何去解决这个问题呢？我们是这么做的：

用一个月的基本工资（2500）×一年（12个月）÷365天（一年）＝客服每一天的工资。

客服一周休一天时，带薪休息。也就是说，如果客服一个月上28天班，那么最后拿到的工资就是24+4天的工资；如果客服上了31天班，那么拿到的工资就是27+4天的工资。休息天数是不变的，上班天数因人而异，多劳多得，多上一天就能多拿一天的工资。

（2）基础考核。我们考核的内容主要包括询单转化率、平均响应时间、首次响应时间、问答比、回复率。

询单转化率考核客服近30天的数据，看他们的平均水平在一个什么程度，我们制定的平均转化率低于50%的话奖金为0，70%及以上奖金为1000元，也就是说，平均转化率越高奖金相应也就越多。

其次，就是平均响应时间。这里和上面的平均转化率的考核方式是一样的，就是划定一个区间，比如说你的平均响应时间超过20秒，那么你的奖金为0，但是你的平均响应时间在12秒以内的话，你就能拿到190元，响应越快拿到的越多。

首次响应时间、问答比和回复率也是和询单转化率、平均响应时间如出一辙。店家可以灵活调整各指标的考核内容。

（3）个人优秀奖金。奖惩结合，表现好的客服给予奖励，表现差的也有相应的处罚。例如，某客服30天的数据统计排名第一的话，给予300元的奖励；如果第一周排名第一，给予100的奖励；如果达不到要求就罚款100元；连续表现差的话，调动主管帮忙找问题。总体而言，以奖为主，以罚为辅。

（4）团队年终奖。我们公司的销售额提成是和团队捆绑在一起的，就是说售前客服和售后客服休戚与共。大家好才能真的好，只有齐心协力把一家店铺做好了，每个人才能拿到相应的钱。

举个例子，一个店一个月做45万元的销售额的话，大家就有600块钱的提成。如果是4个客服团队的话，每个人就能拿到150元。如果是旺季做到了240万元呢，那就可能翻10倍，一个人平均1500元。

但是这里要注意一点：我们团队的年终奖，分两批发，一次是年前发70%，年后6月再发下面的30%。这样做的目的是为了控制离职率，不至于一下子给公司带来太致命的损失。如果年前离职的话，是没有年终奖的，如果是在年后6月前离职，那么剩下的30%也是不发的，最后归团队所有。

（5）工作要求。为了协助整套KPI能够更好地落实，我们还制定了比较具体的工作要求：

关于上班时间：

早班：上午8点到下午5：30

晚班：下午5点到凌晨1点

迟到或者早退半个小时以上扣100元；20~30分钟扣50元；10~20分钟扣20元。一个月迟到超过6次，本月奖金扣除30%；超过8次，扣50%；超过10次，奖金清零。请假要提前4天向主管报批，不允许无故旷工。

关于工作禁忌：

禁忌工作期间玩微信、刷抖音、看电视、玩游戏，发现一次处罚500元；发现两次罚1000元；第三次开除。禁止同事之间聊与工作无关的内容，发现一次罚款100元。

3.客服的学习

最后，我还想和大家分享一个比较重要的内容，就是客服关于专业名词的学习。如果说一个客服自己都不懂专业名词的话，那么他就不能和用户很好地沟通，相应地询单转化率就是个问题。所以，我们要让客服自己首先得明白一些专业名词，比如像7天无理由退换货、纠纷退款率、退款自主完结率、DSR评分、退款率、转化率、客单价等。

我们要求客服在聊天的时候要注意3点：第一是速度要快；第二是问什么答什么；第三是注意沟通技巧。

总之，我们在和客户聊天的过程中，要以让他买单为导向，一般只要是不损害我们利益的前提下的一些小要求我们都可以答应，或者我们还可以用赠送小礼物之类的来加速用户下单。

第16章

做好客户关系管理

本章导读

客户是店铺长期发展的关键因素,维护好客户关系,可以为店内带来更多流量及销量。大量流失客户,则可能带来推广成本增加、跳失率增加等负面影响。因此,店家应重视客户管理。通过分析客户最近消费时间、购买间隔时长等数据,为客户建立信息档案库,对客户进行分级管理。店家还应掌握激活客户、挽回客户的方法,注重提升客户满意度和忠诚度。

16.1 认识客户关系管理的重要性

客户关系管理(CRM，Customer Relationship Management)，指通过培养店家的客户，使其对店家的商品更偏爱和认可，并以此提升店家业绩的一种营销策略。客户关系管理既是一种管理概念，也是一种管理机制，更是管理软件和技术，其最终目的是提升客户满意度、忠诚度。

- **客户关系管理是管理理念**：核心思想是将店家的客户作为最重要资源，而不是传统地把商品或市场作为中心。通过完善客户服务来满足客户需求，实现客户终生价值。
- **客户关系管理是改善店家和客户关系的管理机制**：CRM 的实施离不开店家的销售、服务与技术支持，需要售前客服、售后客服、运营人员、库房人员、采购人员的支持与配合。
- **客户关系管理是管理软件和技术**：CRM 的实现需要商业实践与数据挖掘、数据仓库等信息技术紧密地结合在一起。

店家应了解客户关系管理的作用，才能在日常工作中注意维持客户关系。如图16-1所示，客户关系管理的作用主要围绕建立客户关系、维护客户关系、挽回流失客户和研究客户关系等4点展开。

图16-1 客户关系管理的作用

- **建立客户关系**：主要是认识客户、了解客户需求和开发客户等环节。对客户进行初级筛选，如部分胡搅蛮缠的客户，直接排除。对优质客户进行详细分类服务。
- **维护客户关系**：掌握客户基本信息，与客户沟通互动，对客户进行分级，提高客户忠诚度等。
- **挽回流失客户**：在与客户关系破裂情况下，尽量挽回客户关系。如多次在店内购买某款商品的客户，很久没再回店内购物。客服可借助节假日或新品上新等方法，主动联系客户，询问改进建议，重新取得客户信任。
- **研究客户关系**：根据商品特点，勾勒目标人群画像，再研究这类人群的喜好和维护关系时应注意的点。

与促销、赠券、返现等营销手段相比，客户关系管理有着降低营销成本，提升客户满意度、忠诚度等优点。

16.2　分析客户最近消费时间

最近消费时间是指客户上一次购买的时间，是维系客户的重要指标之一，通过该指标可以反映客户忠诚度。统计时，上一次消费时间越近的客户越理想，因为最近才购买商品或服务的客户才更可能是回购客户。

例如客户 A 1 个月前在店内购买了一盒护手霜，客户 B 12 个月前也在店内购买了同款护手霜一盒。针对 A 客户，在她认可该商品的前提下，只需提升服务价值或给予价格优惠，就容易刺激二次消费。如以短信或旺旺的形式询问护手霜的使用效果，是否能提供建议或意见？老客户回购可享受折扣优惠等。对于客户 B，即使她认可护手霜的质量，但在一年内没有回购存在流失可能。在这 12 个月内，客户 B 可能已经购买了其他家的商品。所以唤醒难度有所增加。

运营人员通过最近一次消费时间还可以检测店内目前的发展情况，如最近消费的客户人数递增，表示店铺处于稳步发展中；如最近一次消费的客户数量递减，表示店铺业绩正在下滑。

16.3　分析客户购买间隔时长

客户购买间隔时长是指距离客户上一次在店铺消费的时间长度，用以衡量店铺客户活跃度。客户购买间隔时长越短，说明客户对于店铺的重视度越高，属于活跃客户；反之，则说明客户的忠实度降低，属于休眠客户，甚至是已经流失的客户。

店家应对客户购买间隔时长进行统计，并根据不同客户制定不同的营销策略。如表 16-1 所示，为某服装类目店铺的客户购买间隔时长分析。

表16-1　分析客户购买间隔时长

客户名称	间隔时长	客户特点	营销策略
活跃期	1个月内	忠诚度较高、成交转化率相对较高，属于店铺的主力消费群体	制定各类营销活动，刺激客户成交转化的欲望
沉默期	2～4个月	忠诚度逐渐降低，消费频率有所下降，与活跃期的客户相比，其成交转化率有所降低	采取短信营销给客户发送近期各类促销的信息，加以折扣、优惠吸引再次消费
休眠期	5～10个月	除大型促销活动、较大优惠力度的情况外，几乎不在店内消费	在大型促销活动前制定好针对休眠期客户的营销策略，用较大的优惠来刺激唤醒客户
流失期	11个月以上	即使有大型促销活动，也很难再刺激消费	制订针对店铺贡献明显的流失客户挽回计划，如新品试用名额、礼品赠送名额等

不同商品的客户购买间隔时长存在差异，如电脑、电视等低频高价的商品，回购率较低，购买间隔在 12 个月以上也不一定属于流失客户。故店家在分析客户购买间隔时长时，应根据商品的具体情况再进行分析。另外，值得一提的是，在挽回流失客户时，如果所需成本过高，甚至超过其对店铺的利润贡献，则不建议再花费时间和金钱去挽回了。

16.4 建立客户信息档案库

做好客户管理的第一步，应是收集客户信息并建立相应的档案库。如果没有掌握客户信息，盲目推荐，则会对客户造成不好的购物体验，从而造成流失。在淘宝"千牛卖家中心"查看运营数据，如图 16-2 所示。各个小项目都提供了具体数据，如"客户列表"中可查阅成交客户、未成交客户、询单客户的交易额、交易笔数、最近交易时间等数据。

图16-2 淘宝平台的客户运营平台

客服在获得客户信息后，可在相应平台建立客户信息档案，如淘宝平台可在"客户管理"下的"客户分群"将店内所有客户进行分类整理。除了平台整理，客服也可单独将客户信息整理在 Excel 表格里，便于今后查阅。

如图 16-3 所示，在建立客户信息档案库时，应重点整理最近消费时间、消费频率、消费金额、平均消费金额等数据。

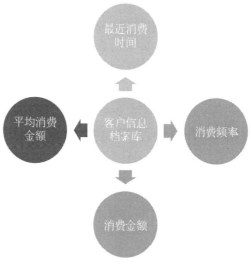

图16-3　客户信息档案库的重点数据

- 最近消费时间：是维护客户关系的重要指标，可以从中反映出客户忠诚度。
- 消费频率：客户在限定时间内在店内购买商品的次数。消费频率越高的客户，越好维护。
- 消费金额：客户购买店内商品的金额。这里重点对比的金额不是客户与客户之间的金额，而是近几次的消费金额。
- 平均消费金额：客户在限定时间内消费总额除以消费次数，如半年内甲客户在店内消费总额为800元，消费次数为3，平均消费额为266.67元（800÷3）。客户的平均消费额可侧面说明客户结构，从而帮助店家认清目前的客户规模和市场大小。

16.5　客户分级及管理

每个客户能为店铺带来的价值有差异，这也决定了客服需要根据不同价值的客户提供不同的资源和服务。通常，客户可分为关键客户、普通客户和小客户。

- 关键客户：是核心客户，数量在总客户中约占20%，利润贡献约占50%，是重点维护对象。
- 普通客户：是重要客户，数量在总客户中约占50%，利润贡献率约占30。这个群体数量大，但购买力和忠诚度远不如关键客户，也属于重点维护对象。
- 小客户：属于问题客户，数量在总客户中约占30%，利润贡献率约占20%。这个群体购买量小，基本没有忠诚度可言，反而还会提出苛刻的服务要求，属于需扭转对象。

故客服应为关键客户提供最优质的资源和服务，让这部分客户为店家获取更好的经济效益。

16.6 分析客户生命周期

任何一个客户都是有生命周期的，不同的客户具有不同的价值。客户生命周期价值（Customer Lifetime Value，CLV）是指一个客户从与店铺建立成交转化联系到完全终止成交转化联系的全过程。从客户的潜在挖掘到最终的客户流失，形成了客户的一条完整生命周期线，如图16-4所示。

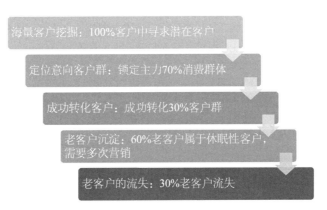

图16-4 客户生命周期流程图

客户生命周期是有限的，并且是一个单向的流程，并没有形成闭环。所以，当店铺的客户在流失的过程中，需要在维护老客户的同时，不断地开发新客户，不断为店铺输送流量，进行第二轮客户的开发和挖掘。

 ## 16.7 激活沉睡的客户

客户沉睡的原因包括：商品更新频率太低，无法满足客户追求新鲜的心理特征；与客户的互动少，客户被其他店铺所吸引，商品被其他商品所替代，这些都是导致客户沉睡的因素。根据客户沉睡的原因，制订相应的唤醒计划，如商品优化更新、活动促销、特色服务等。

1. 商品优化更新

客户的需求会不断变化，如果商品一成不变则必然会流失客户。例如，经营手机类目的店家如果坚持售卖几款手机，则肯定会造成客户流失。因为手机、相机、电脑等数码商品，其功能处于不断更新中。跟不上变化，只会被淘汰。

2. 节日活动促销

通常，店铺在节日期间会推出各种各样的促销活动。例如，经营纸巾的店铺在中秋节推出第二件半价的活动。该活动一方面可以吸引新客户的参与，另一方面可以作为激活老客户的方法。让客户觉得被店家重视，且在利益的诱惑下，再次购物。

3. 推出特色商品、服务、内容

当店铺推出特色商品、服务时，最先通知的应该是老客户。让老客户享受优待，从而更加信任店铺。如某款指定水杯推出刻字服务，店家应第一时间把这项功能通过短信、旺旺的方式通知老客户。老客户在认可杯子质量的前提下，加上特色服务——刻字的诱惑，会考虑再次回购，或将该消息分享给亲朋好友。

4. 大力度的优惠条件

在激活沉睡客户时，往往只用心是不够的，还需要加上一些利益诱惑，让客户看到店家的"诚心"。优惠方式多种多样，如价格折扣、满赠、满减等。其中，最直接也最吸引人的就是价格折扣。商品的价格，往往是除了商品质量、性能和款式以外，决定客户是否购买的关键因素。

16.8 挽救流失的客户

客户流失指的是客户不再忠诚店家，转向购买其他店家的商品或服务的现象。目前，商品和服务的差异化日益减少，市场上出现雷同、相似的商品和服务都逐渐多起来，客户流失也不断增大。

店家应分析客户流失的原因及挽救方法。通常，客户流失主要由两方面的原因引起：店家原因和客户自身原因。其中，店家原因可由店家自行分析得出，并做相应调整。由店家引起的客户流失原因，主要包括：

- **商品质量问题**：由于到手的商品质量没有达到客户预期值，往往就会造成客户流失；
- **服务态度问题**：客服在接待客户过程中，如果言语或行为没达到客户预期，则会导致客户的不满，进而造成客户流失；
- **功能夸大问题**：如果店家在详情页中对商品功能放大，在客户收到实物后，易造成客户预期的落空，会造成客户流失；
- **商品落后问题**：任何商品都有生命周期，如果店家提供的商品不能进行创新，客户自然会去寻找更新的商品，进而造成客户流失。

另外，造成客户流失的原因还包括：忠诚客户获得的奖励少、对店家不够信任以及没有依赖等。店家在客户流失后，应认真分析，造成客户流失的原因集中在哪部分，并及时做出调整。例如，某普通客户近半年内在店内重复购买3次面膜，前两次都给予了高度评价，第三次却在收货后联系客服说面膜和前两次的不一样，要求退货，遭到拒绝，故造成了流失。

针对这种情况，店家的正确做法应由客服主管查找第三次面膜和前两次有差别的原因，并及时联系客户，告知面膜有差别的原因，并让之前拒绝退货的客服道歉，同意退货并赠送小礼物，表示希望得到谅解。

前文提到，客户有等级之分，关键客户对店内利润贡献度大，一旦流失会造成严重后果；可小客户毕竟对店内贡献小，偶尔流失也是可以理解的。所以，店家需要区别对待流失客户。

- **极力挽回关键客户**：关键客户是一个店家重点维护对象，一旦发现流失，一定要在第一时间内找准流失原因，并给出解决方案，而不能任其流向竞争对手。
- **尽力挽回普通客户**：普通客户是数量庞大且最有可能发展为关键客户的一个群体，其贡献率也仅次于关键客户。所以，店家要尽力挽回普通客户的流失，让其继续为店家创造价值。
- **见机行事的小客户流失**：小客户价值低，数量小且零散，对店家的要求又多。针对这类客户，可采取冷处理，在使用最小的人力、物力情况下去挽回。如果要付出较大的代价才能挽回，则宁可放弃。

16.9 提升客户的满意度

客户对店家的商品、服务满意，是一个电商店铺运营的重要目标。客户只有在认可一个商品的前提下，才会给予正面评价，以及帮助宣传、推荐给更多好友。所以，客户满意度对店家而言有着重要意义。

让客户满意是店家取得长期发展的必要条件：曾有数据表明：平均每个满意的客户会把他满意的购买经历告诉至少 12 个人；而每个不满意的客户会把他不满意的购买经历告诉 20 个人以上。所以，如何提升客户满意度，为店家获取更多流量和销量，成了很多店家都极为关心的问题。

1. 把握客户预期

如果客户对某件商品、服务预期过高，在得到实物、服务后就会感到失望，导致客户不满。但如果客户对某件商品、服务预期过低，可能连购买欲望都没有。所以，客户预期过高、过低都不是好事，应把握客户预期。

影响客户预期的因素中很多，其中有可控和不可控之分。例如，客户以往的消费经历、价值观、需求、爱好、习惯等因素有都属于不可控因素，店家不能做改变。但是部分因素是可控的，如店家的宣传、包装等。

所以，作为店家，应该对可控因素进行调控，如不过度宣传、做适宜的包装等。

- **不过度宣传**：在吸引流量的同时，也要注意宣传度。对设计商品主图、视频和详情页的描述，尽可能展现商品的优点，不要夸大宣传。例如，某款面膜有皮肤美白的功效，不能为了吸引流量，直接在主图中说这是一款可以极速美白的面膜。
- **价格和包装**：可通过制定合适的价格来影响客户预期，例如，商品质量上乘，可以通过制定高价来形成客户高期望。包装也能影响客户预期，比如普通保温杯就是一个纸盒包装，如果某个保温杯特地采用木质礼盒装，自然也能形成客户的高期望。店家在选品后，考虑到客户对该商品的预期值，就应该考虑好价格和包装等。

2. 提升感知价值

感知价值，指的是客户能感知到的利益与其在获取商品或服务时所付出的成本权衡后给出的总体评价。如果店家能在把握客户预期的基础上，为客户提供超期望的感知价值，能让客户高兴，从而可以提升满意度。

提升感知价值可以从增加客户的总价值，如商品价值、服务价值；和降低客户总成本，如货币成本、时间成本等入手。总之，要让客户获得的总价值大于付出的总成本。细分下来，提升感知价值可以从以下几方面出发。

- **提升商品价值**：无论如何，商品本身才是影响客户感知价值的重中之重，如果店家为了节约成本，选取劣质商品出售，那再多的增值服务都是无用功。所以在选品时，一定要注意在节约成本的同时，考虑商品的质量。其次，在包裹里赠送小礼物，也可以提升商品的总体价值。
- **提供定制商品或服务**：店家可通过提供特色的定制商品、服务来满足客户需求，提高客户的感知价值，从而提升客户满意度。
- **塑造品牌**：品牌可以提升商品价值，如客户认准一个品牌的商品，在购物时直接进入店铺选购、下单即可，节约了时间成本、体力成本，从而提升商品感知价值。
- **提升服务价值**：这点是客服人员的工作，为客户提供良好的服务，得到客户的认可，自然能提升客户对商品的感知价值。
- **降低货币成本**：合理制定商品价格也是提高客户感知价值和满意度的重要手段。店家还可以从客户满意度出发，合理打折、满减，让客户感到物有所值。
- **降低时间成本**：在客户购物时，客服询问需求，为其推荐合适的商品，可以节约客户的时间。
- **降低体力成本**：特别是大家电行业，如果考虑到客户搬运不便，为其提供送货上门等服务，可降低客户的体力成本，获得更高的感知价值。

店家要实现客户满意，就需要在把握客户预期的基础上，让客户感到价值超越预期价值，自然就会有较高的满意度。

16.10 提升客户的忠诚度

客户忠诚度，也称为客户黏度，指的是客户对某一商品或服务产生了好感，形成"依附性"偏好，进行重复购买的一种趋向。忠实客户是店家最基本、可信赖的客户，是店家长期发展的重要客户。

提高电商客户忠诚度的方法包括：努力让客户满意、对忠诚客户进行奖励、增强客户信任感和增强客户的情感。

1. 努力让客户满意

只有让客户满意，才更有可能让客户忠诚。所以店家在选品时要选取物美价廉的商品；

在撰写商品详情页时要实事求是；客服在服务客户时要尽心尽力，从多方面让客户满意。

2. 对忠诚客户进行奖励

店家想要赢得客户忠诚，要用奖励让忠诚客户从中受益。至于如何奖励，应从多方面入手。

- **降低客户重复购买的成本**：店家可采取的奖励形式包括折扣、积分、满赠、满减等。总之是让客户一次性多购买几个商品，提高客单价，则可享老客户的关爱，降低重复购买的成本。
- **奖励配套礼物**：以老客户购买某个商品，可获得配套礼物的方式进行奖励。如老客户购买某款蜂蜜，可赠送少量的蜂王浆。既让老客户感受到特殊待遇，又品尝了新款蜂王浆，如果认可这款蜂王浆，可能后续会回购。
- **杜绝平均主义**：在奖励时，不能统一奖励价值，让所以客户都享受一样的奖励，要按贡献大小区别奖励。如在店内购满 999 元的 VIP 会员，可享受全单商品 8.8 折；店内购满 699 的普通会员，可享受全单商品 9.3 折。

3. 增强客户信任感

长期的客户信任形成客户忠诚，店家想建立高水平的客户忠诚，必须要增强客户对店家的信任感。

- **树立客户至上的理念**：客服在服务客户时，要站在客户的角度去思考问题，解决客户的疑虑，提供能满足客户需求的商品或服务。
- **提供有可信度的信息**：不管是商品详情页还是客服的信息传递，都要是真实可靠的信息。当客户认可并接受这些信息时，自然会增强对店家的信任。
- **规避客户风险**：客服要重视客户在购物过程中可能出现的风险，有针对性地提出保证和承诺，加以实际行动，减小客户的风险。
- **尊重客户隐私**：不外泄客户的个人信息、购物信息等隐私，让客户有安全感，进而增强信赖感。
- **妥善处理投诉**：客服如果能妥善处理客户投诉，解决客户疑虑，和客户做朋友，更容易得到客户的信任。

4. 增强客户的情感

店家在与客户建立交易关系后，要寻找交易之外的关系，加强与客户的情感交流。这样才能增强客户对店家的忠诚度。

- **积极沟通**：客服在为客户选品时，就要多问客户需求，并针对性地给予建议，让客户感受到一对一的暖心服务。
- **找机会回访**：在客户购物后，不要坐着等客户再上门，应主动找上门去。如客户在店内购买某款蜂蜜，在 3 个月后，客服可通过旺旺、微信、电话等方式联系客户，询问蜂蜜的使用效果，询问建议，让客户打从心底里感到被重视。
- **人格化服务**：虽然服务客户的客服、库房都是真实人物，但在客户看来，店家是一个店铺，不是活的。但是如果有一个客服专门服务这一个客户，每次聊天都以"我"自称，提供人格化服务，会更加强化店家和客户的情感。

16.11 认识客户满意度与客户忠诚度的关系

客户满意是客户忠诚的前提，但也不是满意就一定会忠诚。客户满意度和忠诚度之间的关系既复杂又微妙。总体而言，如图 16-5 所示，包括满意可能忠诚、满意可能不忠诚、不满意则不忠诚和不满意也可能忠诚 4 种情况。

图16-5　客户满意度与客户忠诚度关系图

1. 满意可能忠诚

根据有关统计表明：1 个满意的客户，比 6 个不满意的客户更愿意回购商品或服务。根据客户满意的状况，可将客户忠诚分为信赖忠诚和势利忠诚。

- **信赖忠诚**：客户在完全满意的基础上，对该店家的一个商品或多个商品情有独钟，且长期购买。信赖忠诚客户是完全信任店家的，不仅自己喜欢购买店内商品，还会自发地为店家做宣传。
- **势利忠诚**：客户为了某些好处，长久地重复购买某一商品或服务的行为。有的客户对店家的商品或服务不完全满意，但喜欢店家的优惠、折扣，就会多次回购。而当店家不再给这种好处时，这类客户就不再忠诚该商品或店家。所以，这类的客户对店家的依赖度低，容易流失。

店家应区分信赖忠诚客户和势利忠诚客户，如果实在无法实现客户的"信赖忠诚"，可以追求客户的"势利忠诚"。

2. 满意可能不忠诚

《哈佛商业评论》的报告显示，对商品满意的客户中，仍有 65% ～ 85% 的客户选择新的替代品。例如，有的店家在节假日期间做活动，店内客户满意度达到 80%，然而只有 30% 左右的满意客户会再次回购。

由此可见，满意也可能不忠诚。想要得到客户的忠诚，除了受满意度的影响外，还有其他因素。所以店家不能单纯考虑客户的满意度。

3. 不满意则不忠诚

通常，让不满意的客户忠诚某个商品或店家的可能性非常小。有的客户是在迫不得已的情况下，才会表现出忠诚，但内心深处依旧是不忠诚的。还有的客户保持观望态度，既没有不满意，也不表示忠诚，当条件一旦成熟，马上表现不忠诚。

总的来说，还是不满意则不忠诚的情况常见一些。想要提升客户忠诚度，还是要先提升客户满意度。

4. 不满意也可能忠诚

对商品、服务不满意的客户，也不是完全不忠诚。特别是忠诚里的这两种情况：惰性忠诚、垄断忠诚。

- **惰性忠诚**：指的是客户对商品、服务不满，但由于自身的惰性，不愿意去寻找其他店家。对于这类客户，店家可以给予更多优惠、折扣，尽量发展其成为满意度高的忠诚客户。
- **垄断忠诚**：指的是店家在市场中的地位十分重要，几乎找不到其他的替代品。客户在这种市场背景下，即使对商品、服务不满，也只能忠诚。

由此可见，客户满意度和忠诚度不是绝对的关系，也不是毫无关系。正常情况下，对商品满意度高的客户，更易发展为忠实客户；但并不说明，忠实客户一定就是满意客户。店家想要维护客户关系，第一步是提升满意度，其次才是提升忠诚度。

零食店客户消费时间与客户关系的划分小案例

某主营零食的店家统计客户最近消费时间，如图16-6所示。从统计表中可以看出：客户最近消费时间集中分布在30天内，占据32%；其次是60天内和75天内，共占据27%，数据直观地说明了店内有59%回头客在75天内有购买行为。

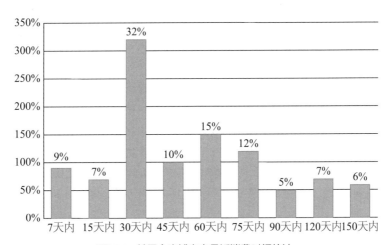

图16-6　某零食店铺客户最近消费时间统计

大多零食类目商品都属于高频低价商品。从店铺的客户消费情况来看，75天内购买商品的客户占据大多数，符合零食类目的回购情况。故该店客户回购率属于中等偏上。

据店家分析，只有保持在较短的回购周期内，才能够保持店铺的客户活跃度，降低店铺的拓客成本，保持店铺的客单价。为了保持店铺客户的成交活跃度，店家采取以下的营销策略来解决。

控制新客户的成本：店铺的拓客成本主要限制于新客的成本，而采取一定的营销策略则可以控制新客的成本。店内实行老带新享折扣的优惠，老客户介绍新客户，新老客户均可领取无门槛代金券一张。

留住老客户：老客户进店消费的最大优势在于，既能够为店铺带来成交转化，又能够降低店铺的拉新成本，实现店铺的利润最大化。店铺要尽最大限度地留住老客户，尤其是客单价较高的老客户。店铺内部制定完善的老客户服务制度，并且安排固定的客服进行接待，做好老客户的维护也是实现成交转化率快速提升的重要手段。

打造粉丝效应：粉丝就是店铺忠实客户的统称，粉丝所产生的经济效益叫作"粉丝经济"。若一个店铺能够培养一批忠实的粉丝，即使店铺不用过多地宣传，店铺粉丝也会主动关注，尤其是新品上市的时候，粉丝的静默转换率非常高，极大地减轻了客服的压力。

该店家直言，客户的最近消费时间和店铺的客户关系的划分和维护紧密相关，若店铺做好客户的分类，制定出完善的客户服务制度，让客户感受到店铺为其量身打造的服务体系，也会增加客户对于店铺的好感度。

案例1——把淘宝客户加到微信，做好这3步，多卖1000万元

很多店家都不知道如何维护老客户。这里由老叶分享，如何从零做起，通过微信后端，实现纯利润200～300万元。

1. 我的电商之路

先简单介绍一下我的电商历程，2012年开始做潮牌男装类目，至今近7年了，一直在做淘宝C店。虽然做淘宝时间不短了，但是谈到专业技巧，还是迷迷糊糊，一知半解。

我们比较擅长微信后端的老客户维护。为什么会想到做微信呢？因为我当时辍学去广州做淘宝，当时，客服、美工、运营都是自己在做。喜欢潮牌的客户，以学生为主。在聊天时，知道我是辍学创业做淘宝的，很感兴趣就加了微信。

当时并没有把微信作为销售渠道，只是偶尔在朋友圈发一些市场上比较好看的款式和日常穿搭，有的老客户在朋友圈看到商品图片，会直接让我帮忙代买。我觉得这样比淘宝销售更简单，所以后期淘宝每成交一笔，我都尽量把客户引到微信中。

2014年，因为资金和运营出现问题，淘宝店濒临倒闭。为了挽救店铺，我尝试在朋友圈推出私人服装搭配师的服务，每年收取100元服务费，筹集到十几万元资金，帮我渡过难关。

2016年8月，淘宝又遇到资金问题，又尝试在微信卖定制T恤。因为营销和文案做得很成功，一个月盈利几十万元，又撑过去了。

2017年尝试直通车，花费了200多万元，只做了1300多万元的营业额，还堆积了一堆库存。最后算下来，亏损100多万元。幸好微信后端的利润填补上了。

2018年，虽然缩减了1/4的直通车费用，但因为商品利润不高，供应链也不稳定，

淘宝还是亏损了 50 多万元。由于 2018 年我把 90% 的精力都放在了微信后端，所以 2018 年的后端盈利在 200～300 万元。

2. 如何打造微信后端

对于微信后端的打造，我们做得也比较成熟，拥有多个类目微信号从零打造的经验。分享一下我们总结的三步打造微信后端的过程。

（1）第一步：养号维护阶段。注重 IP 定位，也就是设计微信号个人形象和背景故事。以我自己的 IP 为例，我的定位是一个创业者，平时会分享日常工作、正能量的个人感悟等；背景故事是大学辍学的创业者。

朋友圈文案布局：40% 日常生活，20% 正能量，20% 商品，20% 团队。建议不要把微信当作交易工具。虽然后期目的在于卖货，但前期还是以加粉和维护为主。

我们在打造新账号时，前一个月不会发广告，主要发一些创业日常、店铺新品、幽默段子和互动文案，也会在深夜分享一些令人感动的文章。这些文案要提前备好，做前期的维护工作是防止被新加客户屏蔽或删除，导致前功尽弃。

（2）第二步：引流成交阶段。

- 引流加粉：主动加粉话术的打造、被动加粉卡片的设计、粉丝裂变玩法的设计。做淘宝的，对引流的方法都不陌生。话术方面，建议不断测试，用转化率最高的话术。
- 建立信任：浅中深层次地聊天。一个新客户加进来，首先通过头像、名称、朋友圈判断客户的性格。根据不同性格的客户，使用不同话术。前期让客户对你有印象就可以，后期再慢慢聊熟。
- 建立标签：通过客户的属性喜好和消费能力对客户进行细分。每加一个客户，都要把淘宝订单中客户的信息备注到微信，比如旺旺名称、身高、体重、姓名等。再通过这些信息，和客户打开话题。在后期客户回购时，也可以快速了解客户信息，提高客户好感度和信任度。
- 有效的互动：布局朋友圈文案，和客户互动，再聊熟。我们的微信客服每天都会刷朋友圈，通过评论和客户进行有效的互动。如果客户回复了，客服就会主动私聊，然后聊熟。团队有专门的人员截图整理比较成功的聊天案例，然后分享到工作群，以便下次遇到相同情况时，可以有效处理。
- 产生交易：通过透明化的商品切入，促成第一次交易。大多数店家不愿做微信后端或认为微信后端不好做，是因为正常从客户加到微信到首次成交，至少需要 1～2 个月的时间维护，而付费引流（如直通车）推广效果会更快、更直接。但是微信维护做得好，后期的成交会越来越容易。
- 寻找适合自己客户群体的商品：通过朋友圈对各种商品进行测试。淘宝前端和微信后端在思维上还是有差异的，因为前端更多的是做爆款，把一个商品卖给更多的客户；而后端是把更多的商品卖给同一个客户。

对于我们而言，前端用来筛选客户，挖掘客户需求，而后端会通过不断测品，挖掘更多商品。比如想做鞋子，就会找工厂或档口，让他们提供制作鞋子的生产过程，把这些素材在朋友圈进行分享和互动。例如，询问客户这款鞋子好不好看？如果有订单，直接让工厂代发货，所以基本没有库存。

（3）第三步：复购加绑定客户终身价值阶段。

培养客户的复购：客单价的递增，交易次数的累计，丰富商品的多样性。前面提到我们会给客户备注和打标签。对于复购率比较高的客户，会让客服定期去给他们的朋友圈点赞评论，而且主动找他们聊天。因为微信后端的80%营业额是由20%的忠诚客户贡献的。

在维护老客户的同时，还会不断地去开发新客户。关于朋友圈的互动文案，发一张我总结的技巧，如图16-7所示。

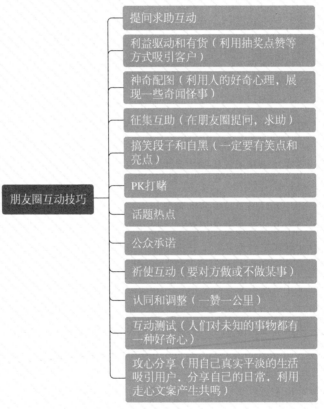

图16-7 朋友圈的互动文案

客户锁销：通过锁销策略，会员机制绑定客户，实现终身价值的培养。这里分享两种玩法。

比如，办领会员卡188元/年，里面包含一件衣服和一条裤子，淘宝店铺的售价在200～300元，但成本在150元以内。除此之外，还赠送18张10元的无门槛红包，淘宝店铺和微信通用，不可叠加使用。

每天跑步，每天发文案，让客户点赞，把时间定为1年。如果客户能够坚持点赞1年，就给客户1000元的奖金。因为我们的客户大多是学生，每天每个账号通过这个活动会有固定的100～200个点赞。

3. 深度挖掘微信后端的红利

我一直很羡慕销售额高的店家。因为我们年销售1000多万元，利润就在200～300万元。按照这样推算，那些高销售额的利润应该有几千万元。但实际上他们除去管理成本、推广费用等，压力也很大。

因此，我建议淘宝店家多重视微信后端，只要把客户后端价值挖掘出来，会发现推广费用并不贵。

例如，淘宝前端我们卖售价格为100元的裤子，那么在微信后端会把商品的客单价提升至300元、500元等。目前，我们微信的最高客单价能达到1000多元。

另外，我们也有一些助理账号，专门负责细分商品。例如，有专门做奥特莱斯球鞋代购或定制的等，把感兴趣的客户引导到助理账号中。

2018年，我们一共拥有10多个私人账号和3个助理账号，近3万名的粉丝，每个账号月销售额在10万元左右。今年又新开了20多个私人账号，希望有新的突破。

案例2——小店家的逆袭，靠的就是与众不同

本案例来自三寿老师的分享。

春哥小裁缝，一家专注欧美风格的大码女装店。两年时间微信从0到1，2015年初客户不到3万人，月销售额40万元左右。2016年微信客户5万人，70%的复购率，微信月销售额稳定150万元。

这些数字的背后有着坚持。试问哪个店家能够坚持1年只投入不求产出？因为坚信微信一定可以创造价值，他们把老客户一点点地往微信里面搬，一直到现在。

他们认为每个老客户不仅是精准流量，并且是流量入口。服务好客户就是在创造利润。没有想到的是客户不仅持续购买商品，还成为他们免费的商品经理，不断推广商品。春哥一直在成长，但是成长的背后有规律可循。下面我来讲解春哥的成功三板斧。

任何微信营销都离不开3个环节：吸引客户、留住客户、转化客户，这也是我一直反复强调的。但春哥把这3个环节形成自己的三板斧，威力巨大。

1. 第一板斧：吸引客户

每个店家都想加客户，但在吸引关注时，有没有想过客户为什么要关注你？是不是真的喜欢你？

春哥在加粉时，已经有清晰的定位。他考虑到客户感知问题，要让客户感知他是一个真实的人，所以春哥亲自代言。而一个真实的人，还需要一个有亲和力的昵称。这个昵称决定了客户有没有兴趣加你。再说说男闺蜜角色，因为大码女装客户，身材一般偏胖。偏胖的女性一般都不自信，甚至有些自卑。所以有个懂她的异性反而更容易产生信任。

当春哥主动和客户聊天时，常聊客户感兴趣的话语（如减肥、日常生活等）。通过聊天，也更了解客户。对自己定位越清晰，越知道如何与客户相处。

与其他店家不同的是，春哥只吸引老客户。客户昨天在店内购买了商品，春哥今天就会主动用短信提醒的方式，添加客户微信。目的是为了服务客户，也会赠送红包、礼品等。吸引客户只是第一步，光吸引没用，还要留住客户、转化客户。

2. 第二板斧：留住客户

在留住客户这块，我讲两点：内容和互动。

- 微信内容这部分，很多店家都在做，但能坚持下来的少之又少。很多店家在更新朋友圈内容时，数量没有规律、内容没有规划，内容更是以广告为主。但春哥不一样，他每天更新 5～7 条朋友圈，内容以呈现真实春哥生活为主。
- 关于互动方面，要思考是不是只有链接，没有互动。春哥会创造互动主题场景，比如真心话大冒险、找图、签到有礼，让客户参与进来。越互动越信任。很多店家不敢打扰客户，但是春哥反其道而行之，每个月都会去创造各种话题主动和客户互动、聊天，过程中有不少客户主动问春哥最近的活动和新品。

吸引客户和留住客户对于店家而言，都是前戏。他们更希望客户能产生购买行为。春哥与客户有了感情之后，剩下的就是聪明的销售。

3. 第三板斧：转化客户

目前春哥绝大部分的订单都是与客户主动聊天聊出来的。春哥很少发商品，他需要的是软广告。比如买家秀、商品投票和专属定制。春哥是名副其实的"男闺蜜"，他把一帮"胖妹妹"照顾得很周到。而这种周到，就是春哥对客户的了解和互动。

销售转化无处不在，关键在于找到最合适的方式和节奏。春哥在两年时间里，把客户引到自己的流量池，降低对平台的依赖，这本身就是巨大的成功。